DIE GÖTTIN

SHAHRUKH HUSAIN

DIE GÖTTIN

Das Matriarchat
Magische Kräfte
Ekstase und Heilung

Aus dem Englischen von Martina Bauer

Knaur

IMPRESSUM

Titel der Originalausgabe:
The Goddess
Originalverlag:
Duncan Baird Publishers,
London

Fotorechte:
siehe Bildnachweis

Umschlaggestaltung:
Agentur Zero, München
Produktionsbetreuung:
Print Company Verlagsgesellschaft m.b.H., Wien
Lektorat:
Volker Scherer

ISBN 3-426-66409-7
Printed in Singapore

Inhalt

Einleitung

In seinem Buch „Der goldene Esel" schildert der römische Philosoph Apuleius (geb. 125 n. Chr.), wie die Göttin Isis die verschiedenen Namen, unter denen sie von den Völkern der Erde (siehe S. 33) verehrt wurde, rezitierte. Trotz ihrer mannigfachen Attribute, Titel und Kräfte hatten alle weiblichen Gottheiten einen gemeinsamen Ursprung, die höchste Realität, die als die Göttin beschrieben werden kann, in welcher Form und wo auch immer sie in Erscheinung tritt.

Die Göttin offenbart sich in vielen Gestalten, von denen einige dem scheinbar unveränderlichen Bild der Weiblichkeit nicht entsprechen. Herrschaftsgewalt, Krieg und Jagd stehen ihr zu Gebote. Sie ist autonom, von betonter Sexualität und stark. Aus all diesem fügt sich das Bild einer absoluten Gottheit, die der menschliche Verstand nur ungenügend zu definieren vermag.

Um die Dominanz der Göttin in derselben Weise zu bekräftigen, wie patriarchale Monotheismen die Dominanz Gottes betonten, ließen viele Feministinnen den bestimmten Artikel weg und bezeichneten sie einfach als „Göttin". Ihre wesentliche Eigenschaft ist das Allumfassende: Sie vereint alle Gegensätze in

OBEN *Hölzerne Figurine von Guanyin, der Göttin des Erbarmens, Sung-Dynastie, China, ca. 13. Jh. n. Chr.*
UNTEN LINKS *Moderne Pappmaché- und Gipsfiguren zu Ehren der Göttin beim Fest Durga Puja in Varanasi, Indien.*

sich: Männliches und Weibliches, Schöpfung und Zerstörung. Sie erkennt, daß Leben und Tod gleichgewichtig sein müssen, um die Ordnung des Universums aufrechtzuerhalten. Die Vielfältigkeit der Göttin kommt in den Schriften von Nag Hammadi zum Ausdruck, einer Sammlung überwiegend gnostischer Texte aus dem 2. oder 3. Jahrhundert n. Chr. In einer der Schriften bezeichnet sich eine ausnahmslos weibliche Stimme, die der Isis oder der gnostischen Sophia, als „der Donner: Vollkommener Geist“:

Ich bin die Erste und die Letzte.
Ich bin die Verehrte und die Verachtete.
Ich bin die Hure und die Heilige.
Ich bin die Ehefrau und die Jungfrau.
Ich bin die Mutter und die Tochter.
Ich bin die Unfruchtbare und die Mutter vieler Söhne.
Ich bin die, deren Hochzeit groß, und ich habe keinen Mann genommen.
Ich bin die Hebamme und die Nicht-Gebärende.
Ich bin der Trost meiner Wehen.
Ich bin die Braut und der Bräutigam, jene, die mein Gemahl zeugte.
Ich bin die Mutter meines Vaters und die Schwester meines Mannes, welcher mein Nachkomme ist …
Ehret mich.
Ich bin die Verurteilung und der Freispruch.

MITTE *Mesopotamischer Fries, den Baum des Lebens zeigend, der von geflügelten Frauen bewacht wird, ca. 9. Jh. v. Chr.*
UNTEN Venus und Cupido, *Gemälde von Lucas Cranach dem Älteren, 1509.*
UNTEN *Lakshmi, die indische Glücksgöttin (Druck).*

Die Wiederentdeckung der Göttin

Während des 20. Jahrhunderts wurden immer wieder neue Theorien über die Vor- und Frühgeschichte aufgestellt. Die Fülle archäologischer Funde aus dem Paläolithikum und dem Neolithikum beflügelte die Phantasie und regte zu Spekulationen an, zumal es keinerlei Dokumentation gab. Die Entdeckung weiblicher Figurinen und Symbole der Venus führte wohl zu den aufschlußreichsten Interpretationen. Viele wurden bei ihrer Freilegung ähnlich beschrieben wie die 1937 bei Dolní Věstonice in Osteuropa ausgegrabene Venusfigurine – als „diluviale [aus der Eiszeit stammende] pornographische Plastik".

Seit dem Zweiten Weltkrieg verstärkt sich international die Tendenz, diese Figuren als Göttinnen zu beschreiben – als Symbole der Fruchtbarkeit und, was noch wichtiger ist, als Wechselbeziehung von Leben und Tod. Sie werden als Beweis für die Existenz archaischer matriarchaler Gesellschaften angesehen und als zeitlose Symbole einer mythologischen Quelle, aus der die ganze Menschheit – einst wie jetzt – schöpft.

Eine Frau beim Geburtsakt, gemalt von Aborigines in Arnhemland, Australien. Die Figur wird meist als die „Alte Frau" oder Urmutter beschrieben, die im Norden Australiens in Gestalt einer Schlange ankam und die Ahnen des Volkes gebar. Diese Bilder der Aborigines waren Jahrtausende hindurch Gegenstand einer kontinuierlichen, nur mündlichen Tradition, wodurch, im Gegensatz zu ihren europäischen Entsprechungen, ihre Bedeutung nicht gänzlich in Vergessenheit geriet.

Entdeckungen in jüngster Zeit

Der Begriff „Prähistorie" wurde erst 1865 nach der Publikation des Buches „Prehistoric Times" des britischen Gelehrten John Lubbock allgemein gebräuchlich. Lubbock verfocht die Thesen des französischen Zollinspektors Jacques Boucher de Perthes, der 1841 erstmals von Menschen bearbeitete Steinartefakte mit den fossilen Knochen ausgestorbener Tiere in Zusammenhang brachte – was bedeutete, daß die Geschichte der Menschheit weit älter war als die biblischen Aufzeichnungen –, und es begann ein riesiges internationales Forschungs- und Ausgrabungsprogramm.

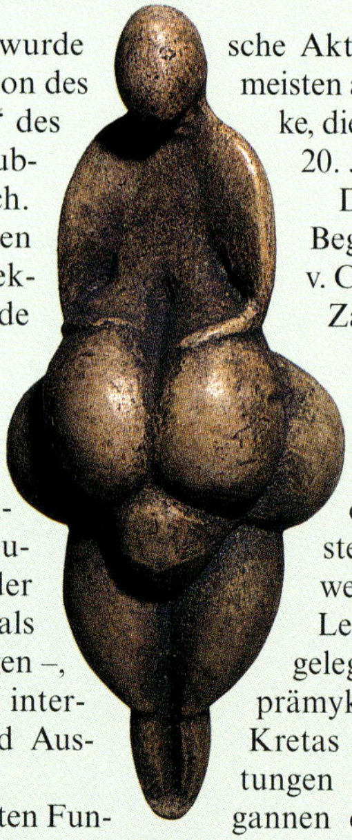

Die Venus von Lespugue, eine typische paläolithische weibliche Figurine mit übertriebenen Geschlechtsmerkmalen, ca. 20000 v. Chr.

Zu den aufsehenerregendsten Funden zählten paläolithische Gravuren, Figurinen und Malereien, die Frauen – vorwiegend in ihrer Mutterrolle – darstellten. Vulva, Brüste, Gesäß und schwangere Bäuche waren immer ausgeprägt und hoben sich von den kaum ausgearbeiteten Köpfen und Gliedmaßen ab. Die Figurinen erregten öffentliche Aufmerksamkeit und wurden bald mit dem Titel „Venus" ausgezeichnet. Meist wurden sie als archetypische Bilder der Weiblichkeit beschrieben, doch schon vom Tag ihrer Entdeckung an vermutete man, daß sie Beweise für den uralten, weitverbreiteten Glauben an eine universelle Muttergöttin seien.

Diese Theorie fand erst in der zweiten Hälfte des 20. Jahrhunderts breite Unterstützung durch Wissenschaftler, Künstler, Feministen, Hexen, ökologische Aktivisten und Polemiker. Die meisten archäologischen Beweisstükke, die sie zitierten, wurden erst im 20. Jahrhundert gefunden.

Die Induskultur – die zu Beginn des 2. Jahrtausends v. Chr. unterging und eine große Zahl weiblicher Statuen hinterließ – wurde 1921 entdeckt. Die königlichen Gräber bei Ur im alten Sumer, deren Relikte auf die Verehrung einer höchsten Fruchtbarkeitsgöttin hinweisen, wurden von Sir Leonard Woolley 1934 freigelegt. Über die Existenz der prämykenischen Minoer-Kultur Kretas wurden erst 1896 Vermutungen angestellt. Um 1900 begannen die Ausgrabungen auf der Insel; bis heute wurden auf keiner der neolithischen Fundstätten Bilder erwachsener männlicher Götter gefunden: Die Männer werden immer als Säuglinge oder Kinder neben einer Muttergöttin dargestellt. 1974 wurde auf der Zykladen-Insel Phylakopi ein Altarraum, der 1120 v. Chr. verlassen worden war, entdeckt, wo erstmals männliche Kultfiguren neben den weiblichen Bildern auftauchten. Dies wies auf das Schwinden der die Göttin verehrenden minoischen und die Ausbreitung der männerdominierten mykenischen Kultur hin. Die vielleicht eindrucksvollsten neolithischen Funde, die mit reichen Zeugnissen der Göttin ausgestatteten Bauten von Çatal Hüyük in der heutigen Türkei, wurden erst Mitte der 60er Jahre entdeckt (siehe S. 14).

Minerva besucht die Musen am Berg Helikon *von Hans Jordaens (1595–1643). Minerva unterstützte viele Helden; die Musen förderten die Künstler. Schon seit dem klassischen Griechenland wurden die Musen als göttliche Sanktionierung der Idee mißbraucht, daß Frauen Männer nur inspirieren, während diese die eigentlichen Schöpfer sind. Dieses Stereotyp prägte die meisten Theorien über die Menschheitsevolution und prähistorische Kulturen.*

DIE KÜNSTLERISCHE UND SCHÖPFERISCHE WEIBLICHKEIT

Viele der Kommentatoren, die die paläolithischen Venus-Figurinen als Fruchtbarkeitsstatuen oder auch Darstellungen der Göttin akzeptieren, setzen unhinterfragt voraus, daß sie von Männern angefertigt wurden. Die große Anzahl der Venus-Figurinen wird als Hinweis auf die männliche Faszination für Frauen als Quelle des Lebens betrachtet.

Im Jahr 1996 wies Le Roy McDermott, Kunstprofessor an der Missouri State University, USA, darauf hin, daß die charakteristischen Verzerrungen dieser Figuren – wie große Bäuche, Brüste, kurze Beine und winzige Füße – Parallelen zu den Selbstporträts schwangerer Frauen zeigten. Anhand einer Reihe von Fotografien demonstrierte er, daß die verkürzte Perspektive einer schwangeren Frau, die an ihrem Körper hinabblickt, dem Erscheinungsbild der Venus-Figuren glich, wie etwa denen von Lespugue (siehe S. 10) oder von Willendorf.

McDermott erklärte anhand der Fotos auch subtilere Verzerrungen in den Venus-Figuren, wie der häufig zu große, elliptische und zu nahe am Schamdreieck liegende Nabel. Die Köpfe der Figuren haben keine Gesichtszüge, weil die Künstler in einer Welt ohne Spiegel ihre eigenen Gesichter nicht sehen konnten. Wenn diese Theorie stimmt, wäre der Großteil der paläolithischen Skulpturen von Frauen hergestellt worden, was die feministische Argumentation stützen würde, daß Frauen und nicht Männer die ursprünglichen Handwerker, Künstler und Kulturmittler von Generation zu Generation waren. Aber auch wenn die Venus-Figuren möglicherweise Selbstporträts waren, schließt dies nicht aus, daß sie eine rituelle oder religiöse Funktion hatten.

Paläolithikum und Neolithikum

Aus dem Paläolithikum sind ungefähr 1000 vollständige oder fragmentarische weibliche Bildnisse erhalten, darunter Skulpturen, Reliefs und Holzschnitte. Die frühesten entstanden 27000–26000 v. Chr. in einem 3000 Quadratkilometer großen Gebiet, welches den Großteil Europas einschließt.

Über den ursprünglichen Zweck dieser Bilder gehen die Meinungen beträchtlich auseinander. Möglicherweise waren sie Abbildungen damals lebender Frauen, illustrierten Schönheitsideale der Vorzeit, waren Beispiele altertümlicher Pornographie oder sollten vielleicht erstgebärenden Müttern den Geburtsvorgang veranschaulichen. Der verbreitetsten Theorie nach stellten sie jedoch Priesterinnen der Göttin oder die Göttin selbst dar. Die berühmte Archäologin Marija Gimbutas, die das Verständnis über die Stein- und die Bronzezeit revolutionierte, meint, daß die Figurinen „symbolische oder mythische Gestalten darstellten, die man zur Wiederaufführung jahreszeitlicher oder anderer Mythen verwendete“.

Diese Auffassung wird von A. Marshack, dem Verfasser von „The Roots of Civilization“ (1972), geteilt, für den die Figurinen „Bildergeschichten“ in Zusammenhang mit dem jahreszeitlichen Zyklus und der Erneuerung des Lebens heraufbeschwören. Beide Experten verbinden die Figurinen wegen ihrer Rolle bei den Zeremonien mit einer Erdgöttin bzw. deren Priesterinnen. Diese Auffassung erscheint plausibel, da die Gesellschaften der Altsteinzeit wie alle bekannten vorwissenschaftlichen Völker (und auch viele technologisch entwickelte Kulturen) wahrscheinlich eine Form der Fruchtbarkeitsmagie praktizierten.

Eine während der Jungsteinzeit in den Fels geritzte Vulva im Abri Cellier, Dordogne, Frankreich. Erotik im heutigen Sinn spielte bei den paläolithischen Darstellungen von Genitalien kaum eine Rolle. Dreiecke aus Ton und kreisförmige, mit einem Samenkorn oder Auge verzierte Anhänger waren verbreitete Symbole der Vulva. Sie wurden vermutlich als Amulette getragen und spielten auf die schöpferischen Funktionen der Frauen und der Erde an, wobei das Samenkorn menschliches und pflanzliches Leben symbolisierte.

Fruchtbarkeit war mit ziemlicher Sicherheit die oberste Funktion jeder paläolithischen Göttin. Ein Hinweis darauf ist die Betonung der schwangeren Bäuche, der ausladenden Brüste und der breiten, vollen Hinterteile bei den Venus-Figuren. Oft lenkt die Hand der Skulptur die Aufmerksamkeit auf ihre Scham oder ihre Brüste, was einige Forscher automatisch als symbolische Betonung der primären Zeugungs- und Nahrungsorgane auslegten. Die Glaubensvorstellungen undokumentierter Kulturen der Vergangenheit müssen jedoch mit besonderer Vorsicht analysiert werden, weil ein Symbol seine Bedeutung von Kultur zu Kultur verändern kann. Lange glaubte man z. B., daß die Darstellungen von Frauen in ägyptischen Pyramiden, die ihre Brüste halten, sich auf die Sexualität oder das

Stillen von Kindern bezogen. Im frühen 19. Jahrhundert entpuppte sich diese Darstellung durch die Arbeit am Stein von Rosette (einer 1799 entdeckten Steinplatte, die einen Hieroglyphentext sowie eine Übersetzung enthält) als Geste der Trauer.

Die Ähnlichkeit einiger paläolithischer Figurinen mit solchen aus dem Neolithikum (mit dem Beginn etwa um 10000 v. Chr.) verweist auf die Möglichkeit eines religiösen Zusammenhangs von einem Zeitalter in das nächste. Marija Gimbutas bezeichnet die Region, die diese Tradition pflegte, als „das alte Europa". Dazu gehörten das Gebiet der Ägäis, Kreta, der Balkan und das östliche Zentraleuropa, die Mittelmeerländer und Westeuropa.

MARIJA GIMBUTAS UND DIE INTERPRETATION VON SYMBOLEN

Marija Gimbutas ist mit der Erforschung der prähistorischen Göttin untrennbar verbunden. Während ihrer dreißigjährigen Feldforschung stellte sie eine verblüffende Ähnlichkeit zwischen den Darstellungen der Göttin aus der Steinzeit und denjenigen von diversen Tieren und vor allem Wasservögeln fest. Diese Ähnlichkeiten gibt es in 26000 Jahre alten Figuren ebenso wie auf neolithischen Bildern und auf Töpferarbeiten aus dem Kreta der Bronzezeit. An zahlreichen Töpfen, Figuren und Holzschnitten entdeckte sie vogelähnliche Hinterteile oder eiförmige Schenkel, Brüste und Hüften, die eine Kreuzung von Frau und Wasservogel andeuteten – die aus den Mythen der ganzen Welt bekannte Vogelgöttin.

Gimbutas verglich auch die unterschiedlichen Symbole auf Rücken oder Beinen der Göttinnendarstellungen mit Eigenschaften von Flüssigkeiten: Ein Doppel-V bedeutet fließendes Wasser; die senkrechten Linien auf den Göttinnen-Krügen und -Ikonen stellen Regen dar. Ähnliche Symbole auf den Brüsten bedeuten Milch, auf der Rückseite der Schenkel Fruchtwasser. Damit verband Gimbutas die Göttin mit dem Urelement Wasser und legte den Grundstein zu ihrer Theorie einer paläolithischen Schöpferin, die sich selbst und die Welt aus der Urflüssigkeit erschuf. Weiterhin entdeckte sie, daß ihre eulenähnlichen Augen sie mit dem Tod und dem Jenseits verbanden, wodurch ihre Funktion von der einer reinen Schöpferin auf die der großen All-Mutter erweitert wurde.

Ein Krug aus Knossos, Kreta, ca. 1450 v. Chr. Gimbutas interpretierte die Doppelaxt als Motiv der Göttin, das sich aus dem Schmetterling, dem gebräuchlichen Symbol der Seele, entwickelte.

Gebrannte Tonskulptur einer Muttergöttin auf einem Leopardenthron aus Çatal Hüyük, Türkei, ca. 5750 v. Chr. Der Archäologe James Mellaart vermutet, daß damals die Statuen männlicher Götter (in Form eines Stiers) aus der dortigen Religion verschwanden, was den Triumph des Feldbaus über die Jagd anzeigt.

Die zahllosen bei Ausgrabungen entdeckten Ton- und Marmorfiguren aus der Periode zwischen 7000 und 3500 v. Chr. zeigen in bezug auf Größe, Stil und Typus ein sehr unterschiedliches Bild der Weiblichkeit. Dieses reicht von den monumentalen Göttinnen, die in den Felsentempeln von Malta gefunden wurden, bis zu winzigen Figurinen und zeigt die Göttin im Schlaf, beim Geburtsakt und in einer anbetenden oder segnenden Haltung.

Der Archäologe James Mellaart, der die Ausgrabungen an der neolithischen Fundstätte bei Çatal Hüyük leitete, beschrieb die Räume in den verschiedenen Gebäuden als Schreine, die vermutlich der Anbetung der Göttin vorbehalten waren. Kritiker wenden ein, daß es sich auch um Versammlungsräume der Jäger gehandelt haben könnte. Andererseits sind die bei den Ausgrabungen freigelegten Gebäude großenteils Tempel, deren Wände und Reliefs nur die Göttin zeigen, was Mellaarts These zu bestätigen scheint. Nach Mellaart läßt die Entwicklung einer Agrarwirtschaft auf ein Anwachsen von Macht und Bedeutung der Frauen schließen, weil diese traditionell den Boden hüteten.

Die Theorie, daß die Menschen des neolithischen Çatal Hüyük eine formulierte Religion und Kosmologie besaßen, wird durch die Ausgrabungen teilweise bestätigt. Wandmalereien in den Tempeln zeigen Geier neben kopflosen Körpern, was die Möglichkeit eines Glaubenssystems andeutet, in dem die Göttin die Toten – vermutlich zum Zweck der Wiedergeburt – zu sich nahm. In den Grabkammern wurden neben den Leichen Stierschädel gefunden, was eine Weiterführung dieser Thematik vermuten läßt (die Form des Stierschädels wurde mit dem menschlichen Uterus, die seiner Hörner mit Eileitern verglichen; die Aufbahrung eines Leichnams neben einem Stierschädel wäre demzufolge eine Art Präparierung für die Wiedergeburt). Der Stier wurde auch als männlicher Gott oder Gefährte (und Sohn) der Göttin gedeutet. In einem Schrein wurde eine Göttin entdeckt, die drei Stierschädel geboren zu haben scheint; der heilige Stier, der in keltischen und zahlreichen späteren Kulturen verehrt wurde, könnte demzufolge aus dem Neolithikum stammen.

Zwar läßt sich durch die Analyse archäologischer Funde ein großartiges Gedankengebäude zur Nachvollziehung religiöser und sozialer Verhaltensweisen der Prähistorie konstruieren, jedoch ist die Zuverlässigkeit der Theorien in Ermangelung entscheidender Zusatzinformationen schwierig zu bewerten.

DIE GÖTTIN UND DER LÖWE

Die vertraute und weitverbreitete Verbindung der Muttergöttin mit Löwen besteht vermutlich seit dem Paläolithikum. Der früheste Hinweis darauf wurde in der Kapelle der Löwin in der Höhle von Les Trois Frères in der Dordogne, Frankreich, entdeckt, wo sich auf einem Altar die gravierte Darstellung einer Löwin und ihres Jungen befindet und auf einer Wand ein naturgetreues Abbild einer weiteren Löwin, das im Mittel-Paläolithikum entstand.

Der katzenartige Aspekt der Göttin taucht in Form einer ungewöhnlichen roten Gestalt, der Löwenkönigin, erneut im paläolithischen Tempel von Pech-Merle, Frankreich, auf. Das aufsehenerregendste Löwenbild ist aber vielleicht das von einer anatolischen Muttergöttin in Yasilikaya, der einstigen Hauptstadt des Hethiterreiches. Die mehr als 2 Meter große Figur sitzt auf einem Löwen; ihr nähert sich ein Gott, und im Hintergrund reitet ein kleiner Junge auf einem anderen Löwen. Die Szene stellt vermutlich eine Art göttlicher Hochzeit dar (siehe S. 100–103), die zu einer magischen Befruchtung des Reiches führen sollte. Da der Löwe mit seiner goldenen Mähne mythologisch manchmal eine Analogie der Sonne ist, könnte die auf einem Löwen reitende Erdgöttin die Verbindung natürlicher Elemente andeuten.

Ein anderes in diesem Zusammenhang bedeutsames Bild ist jenes einer überdimensionalen Göttin auf einem Geburtsthron, deren Arme auf einem Panther ruhen, während der Kopf eines Babys zwischen ihren Schenkeln auftaucht. Babylonische und ägyptische Statuen von Göttinnen mit Löwenköpfen (ca. 3000 v. Chr.) lassen eine noch engere Verbindung zwischen der Göttin und dem Löwen vermuten und verweisen auf Mythen und Rituale der Metamorphose, die vermutlich mit den Sonnenzyklen in Zusammenhang standen. Die ägyptische Göttin Hathor hatte nach vorne und nach hinten blickende Löwenhäupter, die die Zeit symbolisierten.

In dieser indischen Darstellung aus dem 19. Jahrhundert vernichtet die auf einem Löwen reitende Göttin Durga den Dämon Mahisha, der gedroht hatte, die Götter zu berauben. In Kriegszeiten wurden Durgas Altäre und Bilder mit dem Blut gefangener Krieger übergossen, um ihren Durst zu stillen.

Das Goldene Zeitalter der Frau

Der Traum, *Gemälde von Henri Rousseau, entstanden 1910 kurz vor seinem Tod. Der Maler deutete das Werk folgendermaßen: Die Frau auf dem viktorianischen Sofa ist eingeschlafen und träumt, sie sei in ein archaisches Naturparadies versetzt worden.*

Die Idee vom „göttlichen Weiblichen" erregte großes Interesse, weil sie zur Neubestimmung der Stellung der Frau in modernen Gesellschaftsformen herangezogen werden konnte. Viele Feministinnen der westlichen Welt begrüßten die These, daß einst eine auf einer Göttinnen-Religion basierende Gesellschaft existierte, deren Ziel, modernen Göttinnen-Bewegungen zufolge, nicht Eroberung oder Herrschaft war; sie konzentrierte ihre Energien vielmehr auf ein auf das Weibliche zentriertes Organisationsmodell mit Betonung friedlicher Beziehungen. Diese Thesen scheinen durch die Entdeckung der Kultur von Çatal Hüyük (6250 bis 5400 v. Chr.) bestätigt zu werden, die von Mellaart als „Supernova in der eher düsteren Galaxie gegenwärtiger Bauernkulturen" beschrieben wurde. Bildhauerei, Malerei, Weberei und Töpferei florierten, und Gebäude und Schreine – viele davon offenkundig einer höchsten Göttin gewidmet – waren nach einem ausgeklügelten architektonischen Entwurf errichtet. Verteidigungsanlagen fehlen, und die etwa 150 in dem Gebiet entdeckten Gemälde zeigen keine Gewaltszenen. Die erhaltenen Mythologien der Region bestätigen den Eindruck einer friedlichen agrarischen Lebensweise.

Die Göttinnen-Bewegungen halten das Neolithikum für ein Goldenes Zeitalter, in dem auf der Verehrung einer einzigen, universellen Göttin basierende Matriarchate mehrere Jahrtausende lang existierten, bis sie allmählich ab dem 4. Jahrtausend v. Chr. von einer Reihe großer Invasionen der sogenannten Indoeuropäer ins Wanken gebracht wurden. Zwar wurde die Göttin in vielen Kulturen weiterhin verehrt, doch nicht mit der gleichen Entschiedenheit. Nach Ausbreitung des Christentums soll die Göttin trotz der europaweiten Hexenverfolgung während der Reformation in Wicca-Religionen (siehe S. 154–155) überlebt haben. Die heutigen Göttinnen-Anbeter führen derzeitige soziale Unruhen auf die widerrechtliche Aneignung des Throns der Göttin zurück. Das Goldene Zeitalter wird als notwendiges Zukunftsmodell betrachtet: als der Versuch, durch die Neuschöpfung einer friedlichen, ökologiebewußten Welt eine Katastrophe abzuwenden.

Man hofft, daß das Ideal einer Göttin die Frauen vereinen und inspirieren wird, eine weniger materialistische Gesellschaft zu gründen, in der die Völker friedlich nebeneinander leben. In den nordamerikanischen Göttinnen-Bewegungen werden Mythen der Ureinwohner herangezogen, um die gynozentrische Ethik zu veranschaulichen, in der die Frau die Spenderin des Lebens ist, Gesellschaft und Erde als ein einheitliches Ganzes angesehen werden und das Wohl der Allgemeinheit über den Willen des einzelnen gestellt wird.

Doch selbst wenn es das Goldene Zeitalter gäbe, würde in einem Matriarchat, wie Kritiker der hiervon abgeleiteten Ideologien betonen, geschlechtliche Dominanz bestehen bleiben. Die Gewichtung der Geschlechter wäre zwar umgekehrt, doch gibt es kaum eine Gewähr, daß eine an einer Göttin orientierte Zivilisation friedlicher wäre. Selbst in Ländern wie Indien, wo die Göttinnen-Anbetung jahrtausendelang ungebrochen war, hat die Frau selten einen dem „göttlichen Weiblichen" angemessenen Status.

DIE ERSTE MUTTER

Den Penebscott, Ureinwohnern Amerikas, zufolge begrüßte „Erste Frau" „Großen Geist" und „Ersten Mann" mit den Worten: „Kinder, ich komme, um bei euch zu bleiben und euch Liebe zu bringen." Als ihre zahlreiche Nachkommenschaft die Welt bevölkert hatte, brach eine Hungersnot aus. Als sie das Unglück ihrer Kinder sah, bestand sie darauf, daß ihr Ehemann sie in Stücke schnitt und ihren Körper um ein Feld schleifte, bevor er ihre Knochen in der Mitte desselben begrub. Sieben Monate später trug das Feld, wie sie versprochen hatte, reiche Früchte. Das Getreide war, wie sie ihnen sagte, ihr Fleisch, und sie trug ihnen auf, einen Teil davon in der Erde zu belassen, damit es weiter existieren könne. Der Ertrag ihrer in der Feldmitte begrabenen Knochen war Tabak, das Symbol der Ureinwohner Amerikas für Frieden.

In den Göttinnen-Bewegungen veranschaulicht dieser Mythos die Vorrangstellung der weiblichen Gottheit, ihre Inkarnationen das Prinzip der Regeneration sowie den gesellschaftlichen Wert der Selbstlosigkeit.

Die Tat der „Ersten Frau" findet in zahlreichen Mythologien der Muttergöttin Widerhall, und das Ritual, bei dem eine Göttin um ein Feld geschleift wird, taucht auch bei den Kelten und den Anbetern der Kybele auf.

Der Archetypus der „Großen Mutter"

Die Bedeutung der Göttin als Symbol der Mutterschaft kann durch die Theorien des Psychologen und Psychiaters Carl Gustav Jung (1875–1961) analysiert und erläutert werden. Nach C. G. Jung ist die Muttergöttin als übernatürlicher Ursprung der Welt eine dem menschlichen Bewußtsein vorgeburtlich vererbte Vorstellung, auch deshalb, weil die erste universelle menschliche Erfahrung während der Schwangerschaft geprägt wird. Die pränatale Idee wird nach der Geburt verstärkt, wenn die Mutter ihr Kind mit Nahrung, Liebe und Wärme versorgt und Wohlbefinden und Sicherheit völlig von ihr abhängen.

In diesem Stadium erfährt das Kind die Mutter als „numinos" (göttlich). Ihre beiläufigste Handlung ist von überwältigender Bedeutung, und rasch beginnt das Kind, sie in die „gute Mutter", die hingebend und beschützend ist, und die „böse Mutter", die bedrohlich und bestrafend ist, aufzuspalten. Allmählich wird die Mutter als Ganzheit und damit ambivalentes Individuum mit positiven und negativen Eigenschaften erfaßt.

Dieser kindliche Prozeß spiegelt sich in mythischen Erzählungen vom Beginn der Welt wider, der oft als aus dem Chaos auftauchendes Bewußtsein geschildert wird. Eine andere Art der Darstellung ist der Uroboros, eine Schlange, die sich in den Schwanz beißt und einen ungebrochenen Kreis bildet. Der Kreis schließt viele vermeintlich gegensätzliche Paare ein: männlich und weiblich (implizit im Schlund des Mauls symbolisiert, das den phallischen Schwanz aufnimmt), bewußt und unbewußt, produktiv und destruktiv. Anfangs sind diese nicht von einander zu unterscheiden.

Aus dieser chaotischen Totalität entwickeln sich zahlreiche unterschiedliche Wesen, die vom menschlichen Verstand als gut und böse (und männlich und weiblich) eingestuft werden. Obwohl das mythologisierende Bewußtsein, wie jenes des Kleinkindes, sich gute Mütter, wie Sophia oder die Weisheit und die Jungfrau Maria, vorstellt und böse Mütter, wie die Gorgonen mit Schlangenhaar und versteinerndem Blick oder die blutrünstige Sekhmet und Anath, bringt es auch andere, noch unwiderstehlichere und mächtigere Mutterfiguren hervor: jene ambi-

Eine Szene aus dem Walt-Disney-Film Schneewittchen und die sieben Zwerge, *voller Symbole der Göttin: die böse Hexe, die gute Jungfrau und der Apfel mit guter und vergifteter Hälfte.*

JUNG UND DIE ARCHETYPEN

Jung glaubte, daß seine „Theorie der Archetypen" für die Untersuchung der Religionspsychologie von grundlegender Bedeutung war. Sie besagt, daß sich das Bewußtsein des Individuums nicht nur in das Bewußte und das Unbewußte aufspaltet, sondern daß das Unbewußte weiter in das kollektive und persönliche unterteilt ist. Das kollektive Unbewußte, an dem jeder teilhat, besteht aus einem angeborenen Gedächtnis und der von unseren Vorfahren ererbten historischen Erfahrung. Das persönliche Unbewußte ist das sich ständig verändernde Produkt unserer individuellen Erfahrung, die bereits im Mutterleib beginnt.

Das ererbte Gedächtnis oder das kollektive Unbewußte drückt sich in einer Reihe von Symbolen oder „instinktiven Mustern", Archetypen genannt, aus, die uns über Träume, Bilder und Worte sowie Erwartungen an bestimmte Menschen bewußt werden. Ein Kind hat vorgegebene Vorstellungen von einer Mutter, einem Vater oder einem Lehrer, die erst im Verlauf der Entwicklung abgewandelt werden. Der erste, mächtigste und dauerhafteste Archetypus ist der der „Großen Mutter".

Large Standing Figure: Knife Edge *(rechts), eine Skulptur von Henry Moore, 1976, und die türkische Fruchtbarkeitsfigur (links), ca. 6000 v. Chr., sind Teil einer ungebrochenen, bis in das Paläolithikum zurückreichenden Tradition, den Archetypus der Mutter in monumentaler, oft furchteinflößender Form darzustellen.*

valenten Göttinnen, die sowohl negative als auch positive Aspekte vereinen, wie Hera, Aphrodite, Kali und Hine. Diese Tendenz der Göttin, die komplementären Gegensätze von Schöpfung und Zerstörung, Sicherheit und Gefahr zu verkörpern, wird im Unbewußten und im Mythos meist durch ein rundes Ganzes symbolisiert, das an Uroboros erinnert. Der Mond, der im Laufe eines Monats Licht und Dunkel vereint, ist weltweit ein Symbol der Göttin. Auch der Apfel wird mit der „Großen Mutter" assoziiert: Es ist ein Apfel, den Eva (deren Name sich von „Mutter aller" ableitet) vom „Baum der Erkenntnis" pflückte; er ist auch eines der Attribute der Venus und der Grazien.

Erich Neumann, ein Schüler Jungs, verfaßte mit „Die große Mutter: Der Archetyp des Weiblichen" (1963) eine Studie über diverse Muttersymbole. Er kam zu dem Schluß, daß alle frühen religiösen Kunstwerke „Darstellungen der einzigartigen großen Göttin, des paläolithischen Bilds der Mutter, waren, bevor es – sei es im Himmel oder auf Erden – irgendeinen Vater gab".

Kampf und Überleben

Obwohl prähistorische Artefakte auf die Existenz einer primitiven Religion der Göttinnen-Anbetung und möglicherweise sogar auf Matriarchate verweisen, liegt im dunkeln, welche Bedeutung diese Gegenstände für die Menschen hatten, die sie anfertigten. Zur Erforschung der Glaubensvorstellungen alter Kulturen bedarf es einer anderen Art der Archäologie: Archäologie des Mythos.

Die überlieferten Erzählungen der ältesten Kulturen lassen Spuren von noch älteren Glaubenssystemen erkennen. Viele Geschichten schildern urtümliche Kämpfe männlicher und weiblicher Mächte, doch ist fraglich, ob diese Streit-Mythen sich in verschlüsselter Form auf tatsächliche Machtkämpfe beziehen, ob sie von Männern erfunden wurden, um den (unter der Kontrolle der Männer stehenden) Status quo zu erklären (oder zu rechtfertigen), oder ob sie auf archetypische, psychologische Unterschiede der Geschlechter zurückgehen. Welche Interpretation auch immer zutrifft, die männlichen Versuche, Kontrolle über die Religion zu erlangen, waren nur teilweise erfolgreich: Die Anbetung der Göttin, obgleich häufig verleumdet und verboten, überdauerte – oft auf seltsamsten Umwegen – bis in die heutige Zeit.

Die sakralen Tänze von Kerala, Indien, gehen möglicherweise auf einen in den ersten Jahrhunderten n. Chr. entstandenen heiligen hinduistischen Text mit dem Titel „Natya Shastra“ zurück, in dem die Gesetze des Tanzes festgelegt sind. An den Tänzen dürfen nur Männer teilnehmen, die von der Göttin, die sie darstellen, oft regelrecht besessen sind. Dieser Mann ist vom Avatara der kriegerischen Göttin Durga besessen und als solche verkleidet.

Die Verlagerung des Gleichgewichts

Die Mythen Europas, Asiens, Ozeaniens, Afrikas und Amerikas schildern vielfach, wie Männer sich ursprünglich den Frauen gehörende Mächte aneigneten. So sollen z. B. sakrale Gegenstände, die nunmehr ausschließlich von Männern verwendet werden, wie die Flöten der Xingu-Indianer oder die Schwirrhölzer der australischen Aborigines, einst in der Obhut der Frauen gewesen sein, bis sie mittels Gewalt oder List entwendet wurden. Derlei Mythen könnten möglicherweise Archetypen eines angeborenen Geschlechterkampfes oder -gegensatzes sein. Diese Auffassung wird durch die in vielen Gesellschaften übliche Teilung in männliche und weibliche Paare – wie Sonne und Mond, Götter und Göttinnen oder jeweils Männern oder Frauen zustehende Teile eines Hauses oder eines Dorfes – bestätigt.

Freilich könnten die Geschichten auch tatsächliche historische Vorkommnisse allegorisch beschreiben, doch ist diese Annahme kaum schlüssig zu belegen, da sie auf der Interpretation von Mythen, dem Entziffern alter fragmentarischer oder obskurer Texte und der Ausgrabung archäologischer Stätten von Kulturen beruht, die keine schriftlichen Aufzeichnungen hinterlassen haben. Die vorhandenen Indizien stimmen jedoch mit der Auffassung der modernen Göttinnen-Bewegung überein, daß es einst ein „Goldenes Zeitalter" (siehe S. 16–17) des Göttinnen-Kults gab, das von patriarchalischen Kulturen mit männlichen Göttern abgelöst wurde.

Die Mythen einer Region spiegeln häufig deren politische Umwälzungen wider. Die Stadtstaaten im einstigen Sumer, das in einer riesigen Ebene lag, die Invasionen besonders begünstigte, bekämpften sich regelmäßig. Der Aufbau des sumerischen Pantheons wechselte ständig und spiegelte die stattfindenden Machtkämpfe deutlich wider. Um 1700 v. Chr. wurde das Gebiet von Babylon übernommen. Der Sieg seines mächtigen Schutzgottes Marduk über die Göttin Tiamat (siehe S. 47) wurde in einer Erzählung beim jährlichen Frühlingsäquinoktium vorgetragen.

Die Geschichte von Tiamat und Marduk, assyrisches Relief, ca. 900 v. Chr., gilt als erstes Beispiel „priesterlicher Politik", bei der die Götter einer alten, besiegten Kultur zu Dämonen der neuen werden (siehe S. 47).

Die Tötung einer Schlange durch einen Helden (Illustration eines isländischen Textes aus dem 14. Jahrhundert). Dieses Motiv wurde, ausgehend vom Nahen Osten, zu einem universellen Symbol für den Triumph des Lichts (der Männlichkeit) über die Dunkelheit (das Weibliche).

SEXUELLER NEID, EROBERUNG UND RAUB IN ALTEN KULTUREN

Ein verbreitetes mythologisches Motiv, bei dem sich die Interpretation als verschleierte Beschreibung eines Machtkampfes aufdrängt, ist der Raub einer Göttin durch einen Gott. Seit jeher raubten die Eroberer die Frauen der von ihnen unterworfenen Völker, und sie behaupteten, daß auch die Götter die Göttinnen ihrer Opfer entführten und vergewaltigten. In der Sprache der Eroberung bedeutet Raub Herrschaft, und die Schändung der heiligen Mutter eines Volkes schwächt die vorhandene nationale oder kulturelle Identität. So sagt man auch vom Gott der Invasoren, daß er die Töchter regionaler Könige schändet. Zeus etwa schwängerte Danaë, eine Prinzessin von Argos, Leda, die Prinzessin von Sparta, und Antiope, die Prinzessin von Theben, sowie viele andere Königstöchter. Sein eifersüchtiges Weib Hera ließ seine Rachegelüste oft am Opfer anstatt an ihrem Gatten aus. Zeus wurde währenddessen in allen Teilen der griechischen Welt der Vater von Nationen. Diese Erzählungen beschreiben, wie ein fremder Gott bestehenden Dynastien seinen genetischen Stempel aufdrückte, wodurch er die Herrschaftsrechte seiner Nachkommenschaft etablierte.

Die Mythen sexueller Eroberung scheinen Furcht oder sogar Neid der Männer vor der Gebärfähigkeit der Frauen zu bestätigen. Neben der einfachen Beschreibung der Art, wie Männer Frauen überwältigen, stellen sie auch eine Erklärung der vorwiegend in den Händen von Männern liegenden Formen sozialer und politischer Macht dar. Im großen und ganzen lassen diese Mythen vermuten, daß ursprünglich tatsächlich die Frauen die politische Vorherrschaft innehatten oder daß diese nur ein symbolischer männlicher (und vielleicht ein unzulänglicher) Ersatz für die weibliche Fortpflanzungskraft war.

In den Riten der Frauen von Pitjantjatjara in Zentralaustralien – deren Details vor Männern geheimgehalten werden – ist die Vergewaltigung einer Ahnin das Vorspiel für einen Racheakt, bei dem der verantwortliche Mann verstümmelt wird. Die Rolle des Mannes wird immer von einer unfruchtbaren Frau gespielt. Die australische Kalwadi ist ein Beispiel für eine heilige Frau, deren Macht der Fortpflanzung sich Männer aneigneten. Kalwadi ist eine wichtige Figur bei männlichen Initiationsriten. Es heißt, sie verschlucke Jungen und speie sie als Männer wieder aus. Dadurch geriet sie aber auch in den Ruf einer Kannibalin. Die Männer verfolgten und töteten sie, doch als sie aufgeschlitzt wurde, befanden sich die Kinder in ihrem Schoß, wo sie der Wiedergeburt harrten. Trotz ihrer Unschuld hatten die Männer ihre Macht teilweise an sich gerissen; sie stehen nun den Initiationsriten vor, bei denen Jungen blutverschmiert in ein Loch im Boden, genannt „Schoß der Kalwadi", gesteckt werden.

Der Raub Europas, *pompejanisches Fresko, 1. Jh. n. Chr. Europa war eine prähellenische Göttin, und die Legende von Zeus, der sich in einen Stier verwandelte, um sie zu entführen, könnte eine Auslegung alter Bilder sein, auf denen eine Priesterin einen Opferstier reitet.*

Indien

Der indische Subkontinent ist vermutlich der einzige Teil der Welt, in dem die Bedeutung der Göttin im Verlauf der bisherigen Geschichtsschreibung ständig anwuchs. Die frühesten heiligen Schriften des Hinduismus, die Veden, entstanden zwischen 1200 und 500 v. Chr. Ursprünglich waren sie nicht als Hort für Mythen gedacht, sondern dienten der Aufzeichnung von Hymnen zum rituellen Gebrauch sowie dazugehöriger philosophischer Erläuterungen. Wie aus den Erzählungen der Veden hervorgeht, war das Pantheon auf etwa dreiunddreißig Götter beschränkt. Die bedeutendste Gottheit ist Indra, der Kriegsgott, gefolgt von Agni, dem Gott des Feuers.

Zwar kommen in den Veden Göttinnen vor, doch spielen sie eine untergeordnete Rolle. Indras Gemahlin Saci wird selten erwähnt und meist Indrani (die weibliche Form des Namens ihres Gatten) genannt. Die Sarasvati der Veden ist eine Flußgöttin und hat wenig Ähnlichkeit mit der beliebten Göttin der Gelehrsamkeit und der Künste im modernen Hinduismus. Tauchen weibliche Gestalten in vedischen Mythen auf, dann eher beiläufig: als Opfer (wie Diti, in deren Schoß Indra eindrang, um den Fötus zu töten, der zu einer Bedrohung für ihn heranwuchs), als Verwandte der Protagonisten oder Vermittler der Götter wie die Botin Sarama, die manchmal als Hure beschrieben wird, die von Indra gesandt wurde, um von Dämonen gestohlenes Vieh zurückzuholen.

Das heißt nicht, daß die Göttin im alten Indien bedeutungslos war. Es sind viele Darstellungen der Göttin aus der prävedischen Induskultur erhalten.

Statue aus der Pala-Dynastie (10. Jh. v. Chr.), aus Nalanda, Bihar, repräsentierend die göttliche weibliche Kraft.

Hauptsächlich sind es Fruchtbarkeitsfiguren, die vermutlich *Apsarases* (Flußgöttinnen) und ähnliche unbedeutende Göttinnen wurden, wenn sie bis in die arische Kultur überlebten. Im späteren Hinduismus kam die Vorstellung der Mahadevi („Große Göttin") auf. Erstmals erwähnt wird die Göttin als höchstes Wesen im 5. Jh. n. Chr. in der *Purana* („Alte Erzählung") mit dem Titel *Devi-Mahatmya* („Lobpreisung der Göttin"), die Lobgesänge enthält, die nach wie vor allgemeine Verwendung finden. Zu dieser Zeit wurde die Anzahl der hinduistischen Götter auf mehr als 300 Millionen geschätzt, die jedoch alle für Erscheinungen der *Trimurti* oder „Dreiheit" der einen höchsten Realität gehalten wurden, die dem Universum zugrunde liegt. Darunter befanden sich Vishnu, Shiva (beide Nebenfiguren in den Veden) und der neu hinzugekommene Brahma.

Die *Trimurti* war zwar immer noch ausschließlich männlich, doch umfaßte die höchste Realität im 8. Jh. „sechs Pfade", von denen Vishnu und Shiva zwei zugeordnet wurden; Brahma war bereits verschwunden. Die anderen „Pfade“ waren Surya (die vedische Sonne), Karttikeya, Ganesh und Devi, „die Göttin“. Von all diesen werden nur Vishnu, Shiva und Devi noch als panindische höchste Gottheiten betrachtet, und die drei bedeutendsten Ausprägungen des modernen Hinduismus werden allgemein als Vasihnava (Vishnu-Verehrung), Shaiva (Shiva-Verehrung) und Shakta (von *Shakti*, weibliche Macht, siehe S. 156–157) beschrieben.

Wie die anderen indischen Gottheiten nimmt Devi viele Formen an, vom liebenden Weib Parvati bis zur todbringenden Kali. Einige sind auch in verschiedene Schulen des Buddhismus als *Bodhisattvas* oder Erlöser eingegangen und wurden von buddhistischen Missionaren in ganz Asien verbreitet.

Das Gangaur-Fest in Udaipur (Rajasthan). Junge Frauen tragen Gefäße oder Puppen auf dem Kopf, die sie symbolisch in Auserwählte der Göttin Gauri (anderer Name für Parvati) verwandeln. Eines von tausend regionalen Festen in Indien, bei dem die Göttin offen und nicht – wie sonst weltweit üblich – unter einem Deckmantel gefeiert wird.

WETTKAMPF UND VERFÜHRUNG

Die Spannung zwischen dem Status der Frauen in den Mythen und jenem in der indischen Gesellschaft kommt durch die Vielzahl von Geschichten, in denen die Göttin mit männlichen Gottheiten oder Dämonen kämpft, zum Ausdruck. Aufschlußreich ist, daß sich dieses Kräftemessen nicht immer in direktem Kampf äußert: In einer Schriftenreihe, in der Kali Shiva herausfordert, einigt man sich auf einen Tanzwettbewerb, den Shiva gewinnt, weil Kali zu bescheiden ist, um seine hohen Sprünge nachzuahmen. Besiegt, nimmt sie die traditionellen Tugenden der indischen Frau – Beherrschtheit und Unterordnung – an und huldigt Shiva. Volkstümliche Darstellungen zeigen Kali jedoch häufig nicht als Unterworfene, sondern auf dem Leichnam Shivas tanzend.

Trotz heftigem Kampf können erotische Untertöne mitschwingen. Ein Mythos erzählt, wie der Fluß Ganga Shiva zu überwältigen droht, so daß er in dessen Wasser eintaucht. Manche Versionen des Mythos, die den Kampf der Göttin Durga gegen den Büffeldämon Mahisha beschreiben, zeugen von einer Unentschiedenheit zwischen den Rollen des Ehemannes und des Feindes. Der Dämon bietet Durga die Heirat an und interpretiert ihre furchtbaren Drohungen als Metaphern für den „Kampf der Liebe“.

Australien und Ozeanien

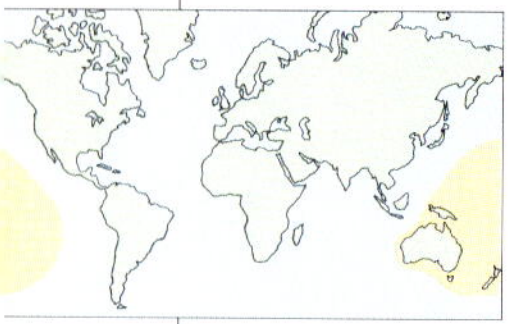

Der kosmologische Mythos von Vater Himmel und Mutter Erde findet sich auf den meisten bewohnten Inseln Polynesiens, doch variiert die Bedeutung ihrer Mitwirkung an der Schöpfung des Universums stark.

In Hawaii ist Papa, die Erdmutter, auch unter dem Namen Haumea bekannt und als solche die Schutzherrin der Geburt und der Landwirtschaft. Sie wird auch als Mutter der gefürchteten Vulkangöttin Pele angebetet. Früher verehrten die Hawaiianer Felsformationen, die vereinigten männlichen und weiblichen Genitalien glichen, als Stammesgötter, denn die Ergänzung von Männlichem und Weiblichem steht im Zentrum der traditionellen Religionsvorstellungen Hawaiis. Die Maori Neuseelands hingegen betrachten Männer traditionell als *tapu* oder heilig, Frauen hingegen als *noa* oder profan. Obwohl Rangi, der Himmel, und Papa, die Erde, die Ureltern sind, haben sie nur geringen Anteil am Schöpfungsprozeß, für den hauptsächlich ihr Sohn Tane (in Hawaii als Kane bekannt) verantwortlich ist. Er befestigt die Sonne, den Mond und die Sterne an seinem Vater, dann wohnt er, auf der Suche nach einer Frau, vielen seltsamen Wesen bei und zeugt dabei die Pflanzen und die Tiere, bevor er sich letztendlich eine Frau aus der Erde formt. Die Rolle der Frauen in den Maori-Schöpfungsgeschichten ist manchmal gänzlich negativ. Die Tochter von Tane und Hine-ahu-one („Frau, aus Erde geformt") wird Hine-nui-te-po („Große Frau die Nacht") genannt. Ihr wird nachgesagt, den Tod in die Welt gebracht zu haben (siehe S. 86–87). In einem anderen Mythos der Maori versucht der betrügerische Held Maui die Sterblichkeit zu besiegen, indem er in die Vagina Hine-nui-te-pos einzudringen versucht, um den Prozeß umzukehren, daß alle Menschen aus dem Schoß einer Frau geboren werden und beim Tod im Grab (dem Mund von Hine-nui-te-po) verschwinden. Sein Versuch jedoch mißlingt, und er wird dabei getötet.

Eine Maori-Wandplatte, 18. Jh., vermutlich eine Darstellung Mauis, wie er in die Vagina von Hine-nui-te-po eindringt. Er wurde von den Zuschnappenden scharfen Steinzähnen der Vagina getötet.

Obwohl Maui ein männlicher Held ist, verbindet ihn sein Name, der „links" bedeutet, mit der *Noa*-Seite des Körpers. Er ist ein Unruhestifter, und selbst bei jenen Streichen, die für die Menschheit nützlich sind, bricht er die Gesetze des *tapu*. Er bedient sich auch der überaus mächtigen Kräfte von weiblichen Ahnenfiguren. Das Feuer etwa, das Maui der Menschheit brachte, wurde ursprünglich unter den Fingernägeln der Ahnfrau Mahuika aufbewahrt. Als Maui zum Fischfang geht und die nördliche Insel Neuseelands aus dem Meer zieht, verwendet er einen mit magischen Kräften gefüllten Ha-

AUSTRALISCHE TOTEMS

Känguruh-Totem im Röntgen-Stil aus dem Westlichen Arnhemland, Australien.

Bei den Aborigines Australiens werden die Taten der totemistischen Vorfahren, die in einer mythischen „Traumzeit" lebten, durch Australien reisten und Felsen, Pflanzen, Tiere und Menschen erschufen, in Zeremonien neu inszeniert, damit die Menschen sich in ihre eigenen Vorfahren verwandeln. Der Mythologie zufolge müssen die Schöpfungsakte ständig neu inszeniert werden, da die Welt ansonsten dahinsiechen würde.

Die Zeremonien sind aufgeteilt in „Männer- und Frauenangelegenheiten", wobei die weiblichen Zeremonien die physische Fortpflanzung und die Gesundheit betreffen, während die der Männer die Weitergabe des Geistes versinnbildlichen.

In den meisten Mythen der Aborigines hinterließen die totemistischen Ahnen an manchen Orten Geister, und eine Frau empfängt ein Kind dann, wenn einer dieser Geister in sie eindringt. Dieser besondere Ort, wo das geschieht, bestimmt einige Totems des Kindes.

Manchmal werden diese dem Vater im Traum enthüllt, bisweilen verkündet die Mutter den Ort. Die Macht der Fortpflanzung wird in diesen Mythen von den Männern beansprucht, da ihre Zeremonien für den Nachwuchs an Geist-Kindern sorgen.

ken aus dem Kieferknochen einer Ahnfrau (Haken aus Menschenknochen waren tabu).

In den meisten polynesischen Mythen brechen zwar nur die Männer zu Abenteuern auf, sie bedürfen aber der Hilfe von Zauberfrauen, die die Gesetze der Normalität aufheben können. Im Alltagsleben der Maori erlegten die Verpflichtungen des *tapu* den Männern manchmal sehr große Einschränkungen auf. Die Frauen genossen viel größere sexuelle Freiheiten, weil sie nicht an das *tapu*-Verhalten gebunden waren (andererseits mußten sie alle Lasten tragen, weil die Männer nichts auf den Rücken nehmen durften).

Während die Gemeinschaftshäuser der Maori gebaut werden, müssen die Frauen fernbleiben, weil sie das Gebäude entweihen würden. Nach der Fertigstellung ist ein Gemeinschaftshaus jedoch mit einer gefährlichen, geheiligten Macht erfüllt, und eine hochrangige Frau muß das Gebäude betreten, um einen Teil des *tapu* zu entfernen. Eine Frau, die das überschüssige *tapu* entfernt, wird *Ruahine* genannt; die allererste *Ruahine* soll die Urahnin Hine-te-iwaiwa gewesen sein. Sie war eine archetypische Mutterfigur und begab sich selbst auf die Suche, wenn auch nur, um einen Ehemann zu finden.

Der Doppelkontinent Amerika

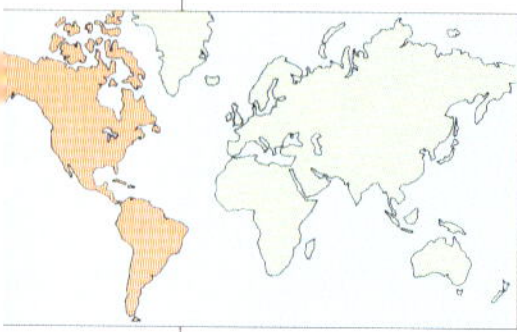

Als die Spanier im 16. Jahrhundert Zentral- und Südamerika eroberten, trafen sie auf zwei große Reiche: das der Azteken in Mexiko und das der Inka in den Anden. Sie interpretierten die Mythen dieser Kulturen in ihren eigenen Begriffen und behaupteten, daß diese bereits primitive Formen der Dreifaltigkeits- und der Heiligenverehrung enthielten. So trugen sie unwissentlich zum Überleben einheimischer Gottheiten bei, die weiterhin unter den Namen der Heiligen, denen sie am ähnlichsten sind, verehrt werden.

Überraschenderweise haben Göttinnen davon mehr profitiert als Götter. Das wichtigste Beispiel ist vermutlich das der Jungfrau von Guadeloupe, die erstmals 1541 erschien und verlangte, daß an der Stätte des Schreines der Göttin Tonantzin eine Kirche errichtet würde. Die Widmung der Kirche zur Verehrung Mariens war ein reines Lippenbekenntnis. Dennoch wurde die Kirche der Jungfrau von Guadeloupe zu einem der katholischen Hauptpilgerzentren von Mexiko. Es gibt viele weitere Beispiele von Göttinnen, die nach der Eroberung als Heilige verehrt wurden, doch keine vergleichbaren Phänomene männlicher Götter.

Zur Zeit der Eroberung besaßen die Azteken an die 300 Gottheiten, nur wenige davon waren Frauen. Vieles deutet darauf hin, daß das weibliche Prinzip in

Diese Korn- oder Mais-Mutter ist eine der wenigen je in einem Kiva – einem meist unter männlicher Leitung stehenden Zeremonienhaus – gefundenen weiblichen Darstellungen.

GESCHICHTEN ERZÄHLEN

Bei den Pueblo-Indianern Nordamerikas sind die Männer die Geschichtenerzähler. Forscher, die ihre mündlichen Überlieferungstraditionen untersuchten, fanden im allgemeinen eine um den Mann kreisende Mythologie. Die weitverbreitete Figur des Zauberers z. B. wird ausschließlich männlich dargestellt, obwohl ein Aspekt seiner Zauberei der Wechsel des Geschlechts ist.

Ähnlich haben sich Studien ritueller schamanistischer Bisexualität bei den Ureinwohnern Amerikas immer auf den männlichen Transvestiten, meist Berdache genannt (vom arabischen *badaj*, Sklavenjunge), konzentriert. Der erst in den 80er Jahren umfassend analysierten Rolle „zeremonieller Lesbierinnen“ wird nach wie vor zuwenig Beachtung geschenkt. Auch die komplexen Rituale um das Hebammentum wurden noch nicht entsprechend untersucht, obwohl offensichtlich eine Verbindung zu den meisten Schöpfungsmythen der Ureinwohner besteht.

Die weiblichen Mythen sind mehr in Töpferei und Weberei zu finden. Bei der Herstellung der Navajo-Teppiche entsteht eine ganze Kosmologie, die den Weber mit dem Garn, dem die Wolle produzierenden Schaf, der Bewegung der Sonne etc. verbindet. Auf diese Weise verknüpft er die Künstlerin mit der Schöpferin des Netzes der kosmischen Ordnung, der Spinnenfrau.

den vorangegangenen Jahrhunderten systematisch abgewertet wurde. Quetzalcoatl, „die Federschlange", im Mythos männlichen Geschlechts, war vermutlich, wie „sein" Name andeutet, ursprünglich androgyn; die Bezeichnung verbindet den männlichen Vogel Quetzal mit „coatl", was sowohl „Zwilling (auf eine zweifache Natur verweisend) als auch „Schlange" (ein Geschöpf, das die Azteken mit der weiblichen Psyche verbanden) bedeutete.

Auch die verehrteste Göttin der Anden vor der Zeit der Inka weist androgyne Züge auf. Pachamama, der fruchtbaren Erde, werden nach wie vor in ganz Peru Trankspenden und Opfer dargebracht. Obwohl „mama" Fruchtbarkeit bedeutet, ist nicht unbedingt die einer Mutter gemeint. Das Wort hat auch männliche Bedeutungskomponenten, z. B. werden reine Metalladern in Bergwerken als „mamas" bezeichnet. Die gütigen Aspekte der Pachamama werden oft mit der Jungfrau Maria gleichgesetzt. Pachamama wird auch häufig als Santa Tierra („Heilige Erde") bezeichnet, wenngleich ihr zerstörerischer Aspekt ebenso verehrt wird. Manchmal ist sie kannibalisch, eine Eigenschaft, die sie mit anderen, auch heute noch verehrten präkolumbischen weiblichen Geistern, den *Condenados*, teilt, von denen es heißt, daß sie beim Sex die Energie des Mannes absaugen. Diese Eigenschaft besitzt die Göttin auch im Amazonasgebiet Südamerikas (siehe S. 110).

Die Göttinnen der Ureinwohner Amerikas waren nicht die einzigen, die in Gestalt von Heiligen wiederauferstanden. Diese Frau, eine Priesterin des Candomblé-Kults in Brasilien, ist als Oxum, eine afrikanische Wassergöttin, gekleidet, die als „Unsere Frau von La Carida" christianisiert wurde.

Afrika

Die Ländergrenzen Afrikas in ihrer heutigen Form gehen auf die Aufteilung des Kontinents durch die Kolonialmächte zurück. Völker, die historisch betrachtet nichts als Feindschaft verbindet, leben heute innerhalb gemeinsamer Grenzen, während traditionelle Stammesgebiete auseinandergerissen wurden. Benachbarte afrikanische Völker haben bisweilen völlig unterschiedliche traditionelle Glaubensvorstellungen; die einzigen einheitlichen religiösen Inhalte stammen vom Christentum oder dem Islam und wurden der Bevölkerung durch die Invasoren aufgezwungen. Manche Vorstellungen tauchen jedoch, wenn auch mit beträchtlichen lokalen Abwandlungen, bei sehr unterschiedlichen afrikanischen Gruppen auf.

Eine bisexuelle Schlange, die häufig als Göttin verehrt und mit einem Regenbogen in Verbindung gebracht wird, scheint in den Schöpfungsmythen von Benin als die sich selbst befruchtende Mawu Lisa, in Südafrika als die große Python Chinaweji und in Süd-Algerien als die gigantische Minia auf, aus deren Leib die ganze Welt hervorging. Ein anderes traditionell mit Göttinnen verbundenes Schöpfungsmotiv, welches

DIE VERBREITUNG DER SCHWARZEN GÖTTIN

Die etwa 7000 bis 10000 Jahre alten Felsmalereien im Tassili-Gebiet der afrikanischen Sahara zeigen weibliche Figuren mit Merkmalen, die allgemein mit den Göttinnen Ägyptens oder des Nahen Ostens in Verbindung gebracht werden. Vielleicht wurden diese Bilder tatsächlich von den frühen Ägyptern beeinflußt, während schwarzafrikanische Historiker behaupten, daß sie die schwarze Göttin, von der alle anderen abstammen, darstellen.

Obwohl die Menschheit in Nordostafrika ihren Ursprung hat, haben sich die in den Mythen und Ritualen der Welt vorherrschenden Motive erst entwickelt, als die Menschen in andere Gebiete ausgewandert waren. Später könnten sie infolge von Migration und Eroberungszügen wieder in Afrika eingeführt worden sein. Schwarze Historiker des 20. Jh.s wie John G. Jackson argumentierten, daß die afrikanischen Küstenvölker tüchtige Matrosen und Forschungsreisende waren, die eine matriarchale, göttinnenbezogene Kultur nach Asien, Europa, Amerika und Ozeanien trugen. Manche dieser Historiker meinen, daß die schwarzen Madonnen, die in ganz Europa gefunden wurden (siehe S. 122) – meist als Darstellung der „dunklen Seite" der göttlichen Psyche interpretiert –, einfach Spuren einer Zeit sind, als die Göttin wirklich schwarz war. In jüngerer Zeit führten Sklaven aus Westafrika ihre Gottheiten – vor allem die Wassergöttin Oya – in Religionen wie Candomblé, Umbanda und Batuque auf dem ganzen amerikanischen Doppelkontinent ein. Typisch

Eine Spiritistin und Dienerin Oyas an den Ufern des Nigers in Nigeria.

für diese Religionen ist die Besessenheit durch die Götter und, wie in den nigerianischen Kulten, daß es viel mehr Frauen als Männer in der Priesterschaft gibt.

Weibliche Figur, 19.–20. Jh., die von den Anhängern und Besessenen von Shango, dem nigerianischen Donnergott, bei zeremoniellen Tänzen getragen wird. Shango erhielt von seiner Frau und Schwester Oya Macht über Blitz und Donner.

von den Dogon in Mali bis zu den Lungu in Sambia zu finden ist, ist das Ur-Ei, dessen Vibrationen die Welt in Bewegung setzten. Der Schöpfungsgeschichte der Dogon zufolge wurde die Welt bevölkert, nachdem der große Gott Amma mit der Erde, deren Vagina ein Ameisenbau und deren Klitoris ein Termitenhügel war, Geschlechtsverkehr hatte. Doch als sich der Gott der Erde erstmals näherte, richtete sich der Termitenhügel auf und versperrte den Eingang. Gott Amma schlug ihn ab, woraufhin ein Makel auf dem ersten Geschlechtsverkehr lastete, aus dem der böse Schakal, das Symbol aller Probleme, hervorging.

Ein anderer in Afrika weitverbreiteter Glaube ist, daß Bäume heilig und weibliche Wesen sind. Die Ibo in Nigeria glauben, wie andere westafrikanische Völker auch, daß im Baumwollbaum die Erdgöttin wohnt. Bei den Ndembu in Sambia ist der Mudyi-Baum ein Symbol für Muttermilch, weibliche Weisheit, Tod und Kontinuität der Ndembu-Gesellschaft.

Einige afrikanische Völker definieren die verwandtschaftlichen Beziehungen über die weibliche Linie. Dies veranlaßte – neben einigen etwa 100 v. Chr. geschriebenen zweifelhaften Berichten des griechischen Historikers Diodorus Siculus über ägyptische und afrikanische Ehemänner, „die der Frau in jeder Hinsicht gehorchen mußten" – manche Historiker zu der Annahme, daß ganz Afrika einst von matriarchalen Gesellschaften besiedelt war. Die letzten Spuren der hochverehrten, die Schlange anbetenden Priesterschwesterschaften wurden neben Geschichten über ihren früheren Einfluß in Teilen Westafrikas im 20. Jahrhundert gefunden. Die mannigfaltigen afrikanischen Legenden über den Ursprung des Königtums sind auch dazu geeignet, solche Theorien zu untermauern. In der Mehrheit der Fälle leitet der König, auch wenn er selbst ein Gott ist, seine Legitimation nur von seiner Heirat mit einer göttlichen Braut ab. Die Mbangalala von Angola etwa erzählen vom Helden Chibinda Llunga, dem Begründer der Lunda-Dynastie, daß dieser König wurde, als sich die von der Urschlange abstammende Lunda-Königin Lueji in ihn verliebte und ihm die Herrschaft überließ. Lueji wurde unfruchtbar und mußte Chibinda Llunga eine neue Frau zugestehen, die ihm Kinder gebar. Dadurch war es möglich, daß die Lunda-Könige ihre Macht über die männliche Linie weitergeben konnten.

Auch andere Machtformen sollen von Frauen abstammen. Bei den Bapende etwa soll eine Frau die Entdeckerin der geheimen Magie der in den Initiationsriten verwendeten Masken gewesen sein, die jahrhundertelang nur von Männern getragen werden durften.

Der Triumph der Isis

Jede altägyptische Stadt besaß ihre eigene Kosmologie, was erklärt, warum die Göttin Isis sowohl als Mutter des Universums wie auch als eines der vier Kinder des Erdgottes Geb und der Himmelsgöttin Nut beschrieben werden konnte. Alle Städte Ägyptens waren jedoch der fruchtbaren Erde, der Bewässerung und Ernte wegen von der jährlichen Überflutung durch den Nil abhängig und betrachteten ihn daher als Urgewässer und höchste Quelle des Lebens.

Im Ägypten des Bronzezeitalters scheint der obere Nil durch eine Geiergöttin namens Nekhbet und der untere Nil und das Delta durch Wedjat, eine Schlangengöttin, dargestellt worden zu sein. Isis, ursprünglich die Schutzgöttin der kleinen Stadt Perehbet im Nildelta, übernahm bald Wedjats und, als die Königreiche von Ober- und Unterägypten vereinigt wurden, auch Nekhbets Identität.

Die Hieroglyphe des Namens Isis gleicht einem Thron, weshalb Isis oft mit einem Thron auf ihrem Haupt abgebildet wurde. Schon die ersten Pharaonen beriefen sich darauf, Söhne der Isis zu sein: Der Schoß der Göttin wurde als königlicher Thron angesehen, aus ihrer Brust strömte der Nektar, der das göttliche Recht zur Regentschaft verlieh. Ähnliche Einstellungen zum Königtum findet man noch in Teilen Afrikas (siehe S. 30–31).

Isis wurde nicht nur als Aristokratin dargestellt. Eine Legende beschreibt sie als Dienerin, die erst göttliche Macht erhielt, nachdem ihr der Sonnengott Ra seinen geheimen Namen offenbarte. Aufgrund ihres Leidens, als sie versuchte, den Leichnam ihres Gatten Osiris zu finden (siehe S. 84–86), wurde sie oft als besonders mitfühlende Gottheit mit menschlichen Zügen beschrieben und vereinigte schließlich alle anderen ägyptischen Göttinnen in sich.

Alexander der Große eroberte Ägypten im Jahr 332 v. Chr. Als er neun Jahre später starb, rief sich sein makedonischer General Ptolemaios zum Herrscher aus und versuchte seine Position zu festigen, indem er den Serapis-Kult ins Leben rief, der ägyptische und mazedonische Elemente verband. Isis wurde in dem neuen Synkretismus Mutter und Geliebte von Serapis, wodurch ihr Kult in die ganze hellenistische Welt Eingang fand. Der Isis-Kult erreichte um 80 v. Chr. Rom, und obwohl man ihn um 58 v. Chr. nach einem Skandal – einer seiner Priester verführte eine römische Matrone – verbot, wurde er fünfzehn Jahre später auf öffentliches Verlangen wieder zugelassen. Isis wurde in Ägypten mindestens bis zum 6. Jh. n. Chr. offen verehrt, dann wurde ihr Tempel bei Philä in eine christliche Kirche umgewandelt.

Bronzestatue, 600–400 v. Chr.: Isis mit der Sonne zwischen Kuhgehörn als Kopfschmuck, das auf ihr thronende Königskind Horus stillend.

Isis als geflügelte Beschützerin der Toten am Sarkophag von Ramses III., ca. 1194–1163 v. Chr. Am anderen Ende befindet sich ein Bild der geflügelten Nephthys. Isis und Nephthys, „die beiden Schwestern, die mit einer Stimme sprechen", verschmelzen in mehreren Liedern zu einer einzigen Figur.

DIE UNIVERSELLE ISIS

Erst im 2. Jahrhundert n. Chr. beschrieb der griechische Historiker Plutarch Isis als das „weibliche Prinzip der Natur, ... in zahllosen Namen angerufen, da ... sie sich in dieses oder jenes Ding verwandeln, jegliche Form und Gestalt annehmen kann". Der römische Philosoph, Anwalt und Kenner der Isis-Mysterien Apuleius (geb. ca. 125 n. Chr.) schrieb ein Buch mit dem Titel „Der goldene Esel", das die Einweihung eines fiktiven autobiographischen Charakters namens Lucius beschreibt. Isis erscheint Lucius und spricht: „Mich nennen die Erstgeborenen aller Menschen, die Phrygier, pessinuntische Göttermutter; ich heiße den Athenern ... kekropische Artemis, den eiländischen Kypriern paphische Aphrodite, den pfeilführenden Kretern dictynnische Diana, den dreizüngigen Siziliern stygische Proserpina, den alten Eleusiniern aktaische Ceres. Andere nennen mich Juno, andere Bellona, andere Hekate ... die Äthiopier beider Länder ... und die Besitzer der ältesten Weisheit, die Ägypter ... nennen mich bei meinem wahren Namen: Königin Isis."

Das keltische Britannien

Die „männlichen" und „weiblichen" neolithischen Men-an-Tol-Steine bei Penwith. Auf die Kelten zurückgehende Legenden setzen das Klettern durch das Loch des weiblichen Steines mit einer spirituellen Wiedergeburt gleich.

Nur eine winzige Minderheit der keltischen Göttinnen hatte eine weit verstreute Anhängerschaft. Die meisten waren auf lokale Gegebenheiten, wie Flüsse, Wäldchen, Hügel und Täler, beschränkt. Außerdem besaß jedes der achtzehn keltischen Völker der britischen Inseln seine eigene Schutzgöttin.

Epona, die Pferdegöttin, scheint von allen Kelten verehrt worden zu sein, doch auch ihr waren in den diversen Regionen unterschiedliche Rollen zugedacht. Manche verehrten sie vorwiegend als Kriegerin, andere als Schutzgöttin der Toten, wieder andere als Heilerin. Häufig wird sie mit einem Füllhorn dargestellt; obwohl dies vermutlich ein römischer Beitrag zu ihrer Ikonographie war, ist anzunehmen, daß sie bereits lange vor dem Einfall der Römer in Gallien und Britannien als Erdmutter galt. In Irland war es Brauch, daß sich der König, um seine Regentschaft zu legitimieren, mit der Erde „vermählte"; noch im 12. Jh. gibt es einen Bericht über einen König, der bei seiner Krönung eine weiße Stute, das Symbol Eponas, heiratete.

Epona wurde manchmal wie viele keltische Göttinnen als Trinität („die drei Eponae") verehrt. Die irische Morrigan setzte sich aus Ana, der Jungfrau, Badb („kochend"), der Mutter, die ein großer brodelnder, ewig Leben erzeugender Kessel war, und Macha, „der Mutter des Todes", zusammen. Wie die irische Landgöttin Cailleach Bheur erschien sie häufig abwechselnd als häßliches altes Weib und schönes Mädchen.

Die römischen Beschreibungen der Kelten heben die Wildheit der Frauen und die Dominanz von Kriegsgöttinnen hervor; vermutlich deshalb wurde der todbringende Aspekt des alten Weibes oft als Repräsentantin der ganzen Dreiheit gewählt und Morrigan trotz ihrer multiplen Persönlichkeit meist als über die Schlachtfelder spukende Krähe dargestellt.

Der Kessel der Wiedergeburt, verkörpert durch Badb, findet sich in der ganzen keltischen Mythologie. In Wales gehörte dieser Kessel, ein symbolischer Schoß, der über Nacht die Toten wieder auferwecken konnte, Brânwen, einer der „drei Matriarchen der Insel". Brânwens Kessel wurde später als Heiliger Gral christianisiert (ihr Bruder Brân brachte als Bron den Gral nach Britannien). Andere mythologische Figuren der Kelten blieben fragmentarisch in der Artussage und in mittelalterlichen Texten, wie dem walisischen *Mabinogion*, erhalten, z. B. als Zauberin Morgan Le Fay.

Eine Statue Eponas, 1. Jh. v. Chr., die in der keltischen Kunst meist als Reiterin oder zwischen Pferden stehend dargestellt wird. In Deutschland gibt es volkstümliche Abbildungen, wie sie junge Fohlen füttert. Epona war die einzige keltische Göttin, der in Rom ein eigenes Fest gewidmet war.

DIE ÜBERNOMMENE GÖTTIN

Julius Cäsar behauptete in den Schriften über seine Eroberungen, daß die Kelten nur eine Göttin hatten, die er Minerva nannte. Unter der römischen Herrschaft wurden die zahllosen lokalen keltischen Göttinnen jenen römischen Figuren angeglichen, denen sie am meisten ähnelten. Brigits Herrscheraspekt wurde mit Juno, der Himmelskönigin, in Verbindung gebracht, während ihre für Heilung und Metallhandwerk zuständigen Schwesterseelen als Minerva bekannt wurden.

Frühe christliche Verfasser von Heiligenlegenden kanonisierten sie in verschiedenen Regionen als hl. Brigitta. Sie wurde als Nonne, die in Kildare ein Konvent gegründet hatte, neu eingeführt, bewahrte jedoch ihre heidnischen Eigenschaften. Ihr Festtag „Imbolc" wird am 1. Februar, dem ersten Tag des keltischen Frühlings, begangen, und sie wird meist mit Fruchtbarkeitsmagie assoziiert. Aufgrund ihres früheren Status als Himmelskönigin wurde die hl. Brigitta auch mit der Jungfrau Maria gleichgesetzt.

Keltisch-römischer Bronzekopf aus dem 1. Jh. n. Chr, der Brigit als Minerva zeigt.

Rom und das Christentum

Der Kopf der Muttergöttin Kybele, 2. Jh. v. Chr., Rom. Das erste nach Rom gebrachte Symbol Kybeles war kein Bild, sondern ein glatter schwarzer Stein.

Die älteste Göttin Roms war Vesta, die als immaterielle Flamme, die von sechs heiligen Jungfrauen gehütet wurde und niemals verlöschen durfte, verehrt wurde. Dieses Feuer wurde als der mystische Herzschlag der Stadt, später des Reiches angesehen. Auch andere lokale Göttinnen wurden in verschiedener Weise mit der Staatsbildung verbunden. Venus ist, wie die griechische Aphrodite, hauptsächlich die Göttin der Liebe, doch entsprach sie auch allen anderen Aspekten einer großen Göttin, wie jenen einer Mutter und Todesbringerin. Insbesondere soll sie die Mutter von Äneas, dem Begründer Roms, und als solche die Schutzgöttin der Stadt gewesen sein. Ceres, die römische Entsprechung der Erdmutter Demeter, wurde auch Ceres Legifera („Gesetzgeberin") genannt. Ihre Priesterinnen gelten als Begründerinnen des römischen Rechtssystems.

Rom war tolerant gegenüber fremden Göttinnen. So wurde z. B. Kybele 204 v. Chr. vom Berg Ida in Phrygien nach Rom gebracht, nachdem die Sibylle von Cumae geweissagt hatte, daß nur ihre Anwesenheit Hannibals Armeen aufhalten könne. König Attalusat von Phrygien willigte aber erst in den Transfer des Kultbildes ein, als Kybele ihm erschien und ihm mitteilte, daß es ihr Wunsch sei. Hannibal wurde in die Flucht geschlagen und zog sich 203 v. Chr. aus Italien zurück. Augustus, der erste römische Kaiser, betrachtete Kybele als höchste Göttin des Kaiserreiches und seine Gemahlin Livia als deren irdische Inkarnation. Kybele wurde „Magna Mater" („Große Mutter") und „Mutter aller Götter" genannt. Nur von den frühen Christen wurde sie geschmäht; jedoch gründete einer ihrer Priester, Montanus, im 2. Jahrhundert eine christliche Sekte, die auf der Gleichsetzung von Jesus mit Kybeles Sohn Attis aufbaute.

Auch andere, fremden Göttinnen wie Isis, Hekate und Demeter gewidmete Mysterienkulte entfalteten sich neben jenem der Kybele. Der Ausdruck *Magna Dea* wurde wahllos allen großen Göttinnen verliehen, und es wird behauptet, daß Rom vor Einführung der männlich zentrierten Religionen, wie des Mithras-Kultes und des Christentums, im Begriff war, einen universellen weiblichen Monotheismus zu entwickeln.

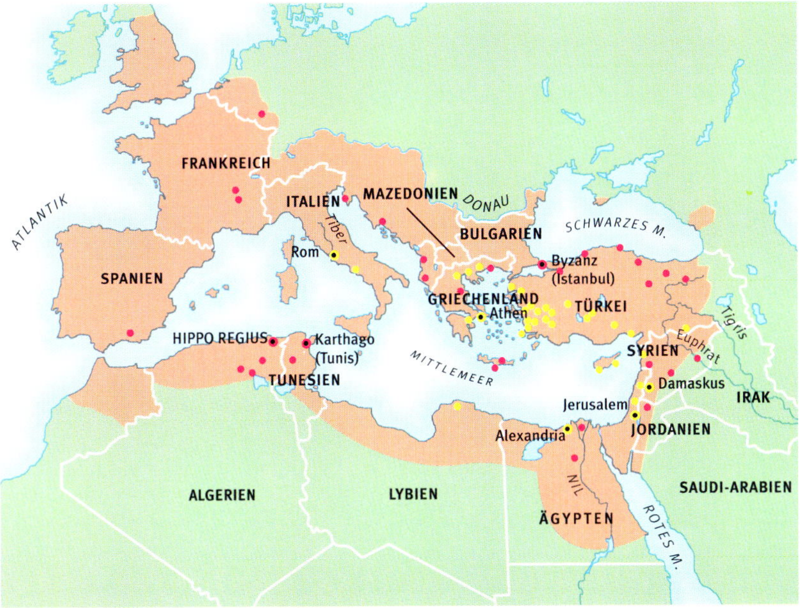

Das Römische Reich zur Zeit des ersten christlichen Kaisers Konstantin (gest. 337 n. Chr) in einer Teilkarte des heutigen Europas, Afrikas und des Nahen Ostens eingezeichnet.

Stadt mit größerer christlicher Gemeinschaft gegen Ende des 1. Jhdts. n. Chr

Stadt mit größerer christlicher Gemeinschaft zur Zeit Konstantins

Für das frühe Christentum und den Rückgang des Heidentums historisch bedeutsame Städte.

DAS CHRISTENTUM IM RÖMISCHEN REICH

Die römischen Göttinnen-Kulte waren für den aufkommenden christlichen Glauben, der bestrebt war, seinen eigenen Festkalender einzuführen, eine ergiebige Quelle. Das Christentum übernahm einige der populärsten römischen Feiertage und versuchte (oft erfolglos), diese von ihren heidnischen Zusammenhängen zu reinigen und neu zu interpretieren. Lichtmeß etwa ist das Fest der Reinigung der Jungfrau, weil es vierzig Tage nach Weihnachten stattfindet, und die jüdisch-christliche Tradition lehrte, daß eine Frau vierzig Tage nach der Geburt eines Sohnes unrein war. Doch war Lichtmeß ursprünglich das Fest zu Ehren der Juno Februata, der jungfräulichen Mutter von Mars, an dem die Menschen in Kerzenlichtprozessionen durch Rom zogen. Das Weihnachtsfest entlehnte viele Traditionen den römischen Saturnalien und anderen heidnischen Riten wie das Fällen einer heiligen Kiefer für den Tempel der Kybele. Die Fastenzeit geht auf eine traditionell von Frauen praktizierte Periode der Enthaltsamkeit vor dem Fest der Ceres zurück.

Kaiser Konstantin (285–337 n. Chr.) erklärte das Christentum zur offiziellen Religion des Römischen Reiches, weil er eine leicht zu verwaltende, gut organisierte Religion brauchte, um sein auseinanderfallendes Reich zusammenzuhalten, doch tolerierte und ermutigte er auch ältere Glaubensformen.

Die Göttin und die Propheten

Als die Hebräer etwa 1200 v. Chr. in das verheißene Land Kanaan einfielen, fanden sie eine fruchtbare, blühende Region unter der Herrschaft semitischer Völker vor, deren Mythen und religiöse Praktiken jenen der Sumerer und Babylonier glichen. Das biblische Buch Josua beschreibt die Invasion als heiligen Krieg gegen die falschen Götter der Kanaaniter, an deren Spitze die „Mutter der Götter", Ashera, ihre Tochter Astarte (hebräisch Ashtoret) und ihr Sohn Baal standen. Der Göttervater El entkam der Verfolgung der Israeliten, weil er deren eigenem Gott Jahwe-Elohim angeglichen wurde. Die einfallenden Hebräer konnten nicht verhindern, daß Elemente des lokalen Glaubens ihre eigene Religion beeinflußten. Vor allem die Vorstellung, daß Götter und Göttinnen als Liebes- und Ehepaare existieren, vermochten sie nicht auszulöschen. Doch die Braut Jahwes wurde nicht als traditionelle Göttin angesehen, sondern für Israel selbst gehalten, und als das Volk Israels in heidnische Kulte zurückfiel, wurde es von seinen Priestern bezichtigt, mit fremden Göttern zu huren.

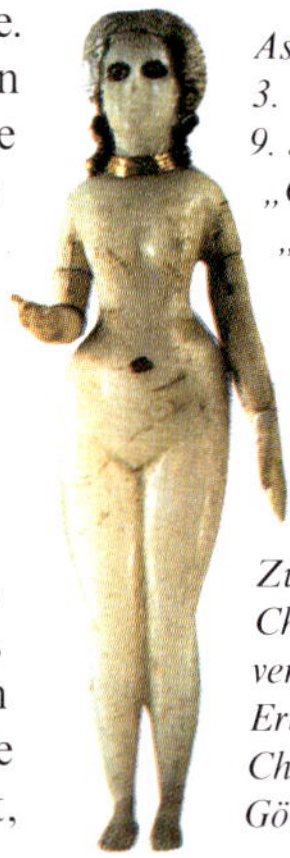

Astarte-Ischtar, Bildnis aus Alabaster, 3. Jh. v. Chr. (oben); aus Elfenbein, 9. Jh. v. Chr. (links). Die Bibel verurteilt „Götzenbilder"; im 2. Buch Mose heißt es: „Du sollst dich nicht vor anderen Göttern niederwerfen und dich nicht verpflichten, ihnen zu dienen." Die Götzenbilder der Astarte-Ischtar fanden in Gestalt des Cherubs Eingang in das jüdische Ritual. In der Genesis stellte Jahwe drei Engel an das Osttor des Gartens Eden. Zur Zeit Moses wurden die Bildnisse des Cherubs zum Schutz der Bundeslade verwendet, und Salomon schmückte beim Erbau seines Tempels alle Wände mit Cherubim, Ochsen und Löwen – alten Göttinnen-Symbolen.

Obwohl die hebräischen Propheten einen erbitterten Kampf gegen die Göttinnen Kanaans führten, konnten sie anfangs nur kurzfristige Erfolge erzielen. König Salomon war dem 1. Buch der Könige zufolge „seinem Herrn nicht mehr ungeteilt ergeben wie sein Vater David" und „brachte auf den Kulthöhen Schlachtopfer und Rauchopfer dar". Er brachte vermutlich ca. 1000 v. Chr. mit einer seiner 700 Frauen den Ashera-Kult nach Jerusalem. Ein hölzernes Bildnis der Ashera stand etwa drei Jahrhunderte, bis zur (vorübergehenden) Entfernung durch König Hezekiah, im Tempel Salomons.

Jedes Unglück der Hebräer wurde ihrer Schwäche für die alten Gottheiten zugeschrieben. Salomons unorthodoxer Glaube war vermutlich auslösendes Moment für die Teilung des Reiches nach seiner Herrschaft in Israel im Norden und Juda im Süden, die sich so lange bekämpften, bis die nördlichen

Stämme von den Assyrern 721 v. Chr. aus ihrem Land vertrieben wurden. Auch diese Ausweisung wurde der verbreiteten Verehrung von „Bildern und Gräbern auf jedem höheren Hügel" angelastet. Nachfolgende Könige Judas schwankten in ihrer Einstellung gegenüber den Göttinnen. Sobald ein König dem Befehl der Propheten, die alten Altäre und Gräber zu zerstören, nachkam, scheinen sie von dessen Nachfolger ersetzt worden zu sein. Der traditionelle Göttinnen-Kult war bei den einfachen Leuten sehr populär.

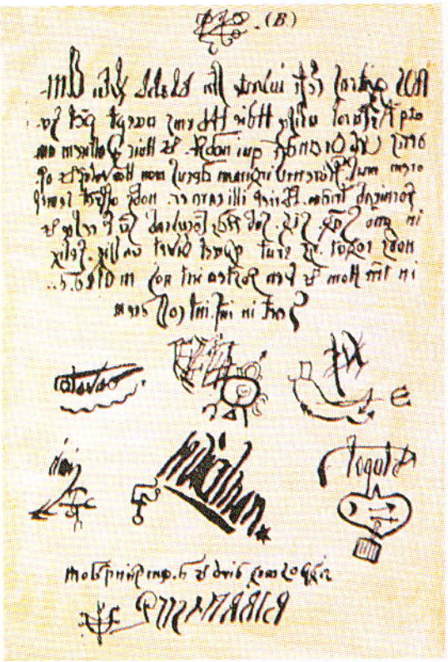

Darstellung eines Paktes zwischen dem Priester Vater Grandier und dem Teufel, 1634. Unter den Mitunterzeichnern war die verteufelte Göttin Ashtoret.

Als die Bewohner von Juda im 6. Jh. v. Chr. selbst nach Babylonien verbannt wurden, machte der Prophet Jeremia bezeichnenderweise ihren Götzendienst dafür verantwortlich. Die Kraft des Göttinnen-Kultes geht aus der Replik auf folgende Stelle des Buches Jeremia hervor: „Da antworteten alle Männer, die wußten, daß ihre Frauen anderen Göttern opferten, und alle Frauen, die dabeistanden"; sie konterten, daß ihr Unglück darauf zurückzuführen sei, daß sie sich von der Himmelsgöttin (Astarte) abgewendet hatten: Erst seit sie ihr keine Getränke mehr darboten und keinen Weihrauch verbrannten, waren sie „vom Schwert und der Hungersnot" heimgesucht worden.

In der Bibel wird Astarte Ashtoret genannt, eine Kombination ihres Namens mit boshet, dem hebräischen Wort für „Schande". Die späteren christlichen Theologen verteufelten sie buchstäblich als eine Soldatin des Satans, so daß der Brauch, ihr Speisen, Getränke oder Salben anzubieten, in den Augen der Kirche zu einem Akt der Teufelsanbetung wurde.

ASHERA UND IHRE TÖCHTER

Ashera war die älteste der kanaanitischen Göttinnen und wurde bereits 1750 v. Chr. in einer sumerischen Inschrift als Gemahlin von Anu (sumerischer Name von El, dem Göttervater des kanaanitischen Pantheons) erwähnt. In hebräischen Schriften wird ihr Name mit „Wäldchen" übersetzt. Sie wurde häufig als „Baum des Lebens" dargestellt und hatte Beinamen wie „Frau, die über das Meer geht" und „Mutter der Götter", von denen sie mehr als 70 das Leben schenkte.

In der Bibel findet Astarte nur neunmal Erwähnung (Ashera wird vierzigmal genannt), doch im 5. oder 6. Jh. v. Chr. wurde sie mit ziemlicher Sicherheit von breiten Kreisen verehrt. Umstritten ist, ob Astarte die Tochter oder nur eine andere Erscheinungsform Asheras oder eine andere Bezeichnung für Asheras Tochter Anath, der Schwester-Gemahlin von Baal, war (Anath wird in den hebräischen Schriften nicht erwähnt). Astarte wurde als „Himmelskönigin" bezeichnet. Die ursprüngliche Bedeutung ihres Namens war „Schoß", ein Hinweis darauf, daß sie eine Fruchtbarkeitsgöttin war; auch war sie die Schutzpatronin der Küstenstadt Sidon, die „Jungfrau des Meeres".

Feste der Göttin

Bei einem der ersten schriftlich belegten Feste wurde die Hochzeit des sumerischen Königs mit einer Priesterin, die die Göttin verkörperte, gefeiert. „Inanna, Dumuzi und der Reichtum des Palastes", ein vermutlich aus dem zweiten vorchristlichen Jahrtausend stammender Text, scheint ein „Drehbuch" für diese Hochzeit gewesen zu sein, die als rituelles Drama mit Sprechrollen für die Göttin Inanna, ihre Mutter Ninlil und einen Chor über die Bühne ging. Der König als Dumuzi, Sohn und Geliebter der Göttin, sichtlich ein passiver, untergeordneter Charakter, hatte nur eine stumme Rolle. Jeden Winter wurde Dumuzi von der Göttin geopfert und im Frühling wieder zum Leben erweckt; bei einem anderen sumerischen Fest wurde der König oder ein Stellvertreter bei der Aufführung dieses Mythos getötet. In der Stadt Harran wurde bis zum 10. Jh. n. Chr. jährlich ein Fest der weinenden, um Dumuzi trauernden Frauen abgehalten; die Frühlingsfeiern im Zeichen der Mutter, die einen verstorbenen und wieder auferstandenen Sohn umkreisen, sind vermutlich die hartnäckigste Tradition des Göttinnen-Kults, die in der modernen westlichen Welt vielgestaltig, z. B. im Osterfest, fortdauern.

In den meisten Festen der Göttin wurde auch ihr Sohn gefeiert. Die Zeremonien, an denen sowohl Männer als auch Frauen teilnahmen, enthielten Elemente sexueller Orgien, um die Erde zu größerer Fruchtbarkeit anzuregen. Das altrömische Fest zu Ehren der Frühlingsgöttin Flora gilt als Prototyp traditioneller Maifeiern. Dabei wurden bis zum 16. Jahrhundert im ländlichen Europa die jungen Frauen des Dorfes von den jungen Männern „geschändet", oder eine auserwählte Jungfrau (die Maikönigin) paarte sich mit einem

Eine Frau beim Fest Durga Pudja in Varanasi.

FRAUEN UND KRIEGER

In Indien gibt es mehr traditionelle Feste zu Ehren der Göttin als sonstwo auf der Welt; die meisten zelebrieren das vertraute Szenario ihrer Hochzeitsfeier, um mittels geheimnisvoll wirkender Magie die Fruchtbarkeit der Erde oder das Eheglück der Anbetenden zu erhöhen. Beim Teej-Fest in Rajasthan z. B. wird Parvatis Reise zu ihrem Gemahl Shiva gefeiert und gleichzeitig der Monsun begrüßt. Während des Gangaur-Festes in Rajasthan beten die Frauen für das Wohlergehen ihrer Männer, und man glaubt, daß jede junge Frau, die traurig an den Feierlichkeiten teilnimmt, einen übellaunigen Gatten bekommt.

In den diversen Regionen werden die Göttinnen unterschiedlich gefeiert. Beim Dusaria-Fest in Karnataka wird die Statue Parvatis getragen, während die Göttin in Teilen Ostindiens unter ihrem kriegerischen Aspekt als Durga Pudja verehrt wird. Fast in ganz Indien findet das Lichterfest Diwali zu Ehren von Lakshmi, der Göttin des Reichtums und des Glücks, statt, in Westbengalen jedoch ist es Kali, der Göttin des Todes, geweiht.

Eine andalusische Weihnachtsprozession. In vielen römisch-katholischen Ländern leben heidnische Fruchtbarkeitsriten in den Prozessionen für die Jungfrau Maria fort.

Mann in grünen Kleidern, der Personifikation ihres Sohnes.

Eines der wenigen schriftlich belegten alten Fruchtbarkeitsfeste, das ausschließlich von Frauen gefeiert wurde, war das der Erdgöttin Demeter gewidmete Fest der Thesmophorien, bei dem der Abstieg ihrer Tochter Persephone in die Unterwelt dargestellt wurde. Persephone wurde von Ferkeln verkörpert, die mit Birnbaumzweigen und Gebäck in Form von weiblichen Genitalien in eine Grube geworfen wurden. Am dritten Tag des Festes wurden die Überreste des Vorjahres – die wiedergeborene Persephone symbolisierend – an die Oberwelt geholt und mit Saatgut befruchtet.

Die Göttin und der Kosmos

Die meisten Kosmologien schildern den Anbeginn aller Dinge als Chaos oder dunklen, grenzen- und formlosen Raum, der manchmal als Urgewässer beschrieben wird. Aus diesem erhebt sich das erste Bewußtsein, das danach strebt, Ordnung in die Leere zu bringen – die Göttin. Aus ihrem Wesen bildet sie nach ihrem Willen den Kosmos, den sie mit Göttern und Menschen bevölkert. Die Ursprungsmythen der ganzen Welt schildern, wie sie sich in verschiedenen Elementen – von Himmelskörpern bis zu bestimmten Pflanzen – manifestiert. In Erscheinung tritt sie gleichzeitig als die Vielfache, die nur existiert, um einem einzigen Zweck zu dienen, und als die Eine, die unwandelbar ist. Die Erde ist ihr Körper, ein lebender Organismus, an dem alles Existierende – ob organisch oder anorganisch – teilhat.

Während der Kosmos selbst ewig ist, durchlaufen seine Lebensformen einen konstanten Zyklus von Geburt und Tod, die untrennbar miteinander verbunden sind, um die Kontinuität des Ganzen aufrechtzuerhalten. Leben, Tod und andere untrennbare Gegensatzpaare – wie Chaos und Ordnung, Licht und Dunkel, Trockenheit und Feuchtigkeit – sind in dieser Schöpferin vereint.

Wandtafel aus Sri Lanka, 18. Jh., mit einer tanzenden Apsaras, einer asiatischen Wassernymphe, oft die Personifikation eines Flusses. Meist werden sie als Liebessklavinnen eines männlichen Gottes dargestellt, wodurch ihre frühere elementare Natur als Urwasserwesen verschleiert wird.

Die drei Welten

In den Religionen und Mythologien der Welt wird das Universum meist in Himmel (Paradies), Erde (sterbliche Welt) und Unterwelt (das Reich der Toten) unterteilt. Die Urvölker konnten den Himmel, seine Planeten und atmosphärischen Phänomene beobachten, Wissen über die Unterwelt blieb ihnen jedoch verwehrt. Die Angst vor dem Unbekannten veranlaßte sie dazu, den Tod in erster Linie als Schmerz, Verlust und Bestrafung zu begreifen.

Die ältesten überlieferten Mythen der Sumerer und Ägypter enthalten zahlreiche Berichte von Göttinnen wie Ereschkigal (siehe S. 78) und Neith, die alle drei Welten erschaffen hatten und beherrschten, bis sie von einer männlichen Gottheit in die Unterwelt verbannt oder in ihrer Macht eingeschränkt wurden, woraufhin sie hauptsächlich mit dem Jenseits in Verbindung gebracht wurden. Von vielen anderen Göttinnen wird erzählt, daß sie, oft als Reise der Selbstfindung, in die Unterwelt hinabstiegen. Die hawaiianische Göttin Hi'iaka etwa suchte die Unterwelt auf, um ihren Geliebten Lohiau zu befreien, nachdem dieser von ihrer Schwester Pele, der Vulkangöttin, getötet worden war. Als Hi'iaka in der Unterwelt ankam, sah sie, wie das Weltmeer des Chaos von einem Tor zurückgehalten wurde. Sie hätte nur das Tor zu öffnen brauchen, um Peles Vulkanfeuer für immer zu löschen. Doch die Göttin begriff, wie wichtig es war, das Gleichgewicht und die Kontinuität der Welt zu bewahren, und widerstand der Versuchung, sich zu rächen.

Die männlichen Götter und Helden der Weltmythologie hingegen fühlen

DAS KONTINUUM

Der menschliche Verstand neigt dazu, sein Wissen aufzuspalten und zu kategorisieren. Der Begriff der Göttin hingegen erfaßt das gesamte Sein als Kontinuum. In ihrem Körper, der der Kosmos ist, vereinigt sie alle verschiedenen Ebenen des Seins. Aus dieser Sicht ist der Tod nur eine Phase im Kontinuum wie die Geburt.

Ein kulturübergreifender Überblick über die Mythologien zeigt, daß man in vielen alten Kulturen dachte, die Göttin verberge das Geheimnis der Unsterblichkeit vor den Männern. Während die nach ihrem Ebenbild erschaffenen Frauen sich fortpflanzen konnten, besaßen Männer offensichtlich über ihren Körper hinaus keine Existenz, weshalb sie ständig danach trachteten, den Tod zu überwinden. Doch jene, die in die Unterwelt vorgedrungen waren und eine Initiationszeit absolviert hatten, begriffen, daß die Göttin sowohl der Schoß als auch das Grab ist: Es gibt kein Ende, nur eine Wandlung des Daseins. Die Göttin akzeptiert Leben, Tod und Wiedergeburt nicht als zusammenhanglose Bruchstücke der Existenz, sondern als Teil eines Ganzen.

LINKS *Schintoistisches Torii aus Tako Chiba, Japan. Das Portal stellt als Symbol der Vulva oder Yoni (siehe S. 96–97) das Kontinuum von Leben und Tod dar.*

OBEN *Eine wikingsche Darstellung der Walküre, 6. Jh. Als Reisende zwischen den drei Welten wurden die Göttinnen oft als Führer der Seelen angesehen.*

sich oft durch die Prozesse von Tod und Wiedergeburt gedemütigt. Der japanische Gott Izanagi und der griechische Sänger Orpheus versuchten vergeblich, ihre toten Gattinnen aus der Unterwelt zurückzuholen, weil sie die Bedingungen nicht erfüllen konnten. Im altsumerischen Gilgamesch-Epos steigt der Königsheld Gilgamesch ähnlich wie die Göttin Inanna in die Unterwelt hinab. Während die Göttin jedoch nach Belieben hinabsteigen konnte, brauchte Gilgamesch die Weingöttin Siduri als Führerin. Inanna begab sich in die Arme des Todes und integrierte ihn als Teil ihres Lebens, während Gilgamesch letztendlich an seiner Selbstüberschätzung scheiterte.

Die Göttin der Urgewässer

Isis und die Urwassergöttin Neith, Gemälde aus einem Grab in Luxor, Ägypten, 12. Jh. v. Chr.

Die Vorstellung von einem dunklen, wäßrigen und formlosen Universum zieht sich durch viele Mythologien. In der Sprache der modernen Wissenschaft würde es heißen, daß sich die Erde ebenso wie die Sterne und die Planeten durch den Raum bewegen, in den ursprünglichen Kosmologien hingegen ist von einer in einem grenzenlosen Urwasser treibenden Welt die Rede. In einigen Schöpfungsmythen wird die Welt vom Willen des Wassers (der Göttin) ins Leben gerufen, in anderen durch einen Demiurgen, der seit ewiger Zeit darin existierte. Die Vorstellung von einem aus dem Wasser geborenen, schöpferischen Geistwesen spiegelt sich in der weitverbreiteten Praxis der Taufe wider, die die „Wiedergeburt" symbolisiert.

In den Details variiert die Schöpfungsgeschichte von Kultur zu Kultur. In Japan formten die Göttin Izanami und ihr Gemahl Izanagi das Land aus Urgewässern. In Arizona erzeugten zwei Meeres-Göttinnen der Hopi das Land, während in Nigeria Yemanja, die Göttin des Salz- und des Süßwassers, die Sonne gebar, nachdem sie ihrem Bruder, der Erde, beigewohnt hatte.

Eine mächtige Schöpferin aus der prädynastischen Ära Ägyptens ist Neith (bzw. Net oder Nuanet), die Herrin des Meeres, die als das „Wasser von oben und das Wasser von unten" definiert wird und sowohl himmlische als auch irdische Gewässer verkörpert. Sie ist die Personifikation der Welt und all ihrer Geschöpfe. Neith wurde einst als die mächtige Schleiergöttin Sais angerufen und von Plutarch so beschrieben: „Ich bin all das, was war, ist und sein wird, meinen Schleier hat bis jetzt noch kein Sterblicher gelüftet."

Ein Fest der Wassergöttin Yemonja in Salvador, Brasilien. Die Verehrung der nigerianischen Göttin Yemonja breitete sich bis nach Zentral- und Südamerika aus, wo sie als Yemanja oder Iamnaje bekannt wurde. In Amerika wird sie wegen ihrer Rolle als Mutter der Sonne während der Sommersonnenwende gefeiert.

DER DRACHE

Die Göttinnen einer Religion können in neue Glaubenssysteme als – meist in der Dunkelheit und Tiefe der Urwässer hausende – Dämonen, Monster, Drachen und Schlangen eingehen. Die vermutlich erste Göttin, der dieses Schicksal zuteil wurde, war Tiamat im alten Sumer. Als im 2. Jahrtausend v. Chr. Akkadisch die Hauptsprache Sumers wurde, wandelte sich die Göttin Tiamat von der hingebungsvollen Mutter zur bösen Drachenbrüterin (siehe unten). Diese neue Darstellung rechtfertigte die Loyalität der Menschen für Marduk, der als ihr Feind zum Verteidiger des Rechts wurde. Ähnlich bekämpfte der Sonnengott Ra Apophis, den Drachen des Chaos, der sich in die Wasserhölle der Nuanet flüchtete.

Die Indoeuropäer machten aus der Drachen-Schlacht eine Tugend, indem sie Götter des Lichts und des Himmels gegen die monströsen Reptilien ins Feld führten. In der 3000 Jahre alten heiligen indischen Schrift „Rigweda“ verstümmelte Indra den mächtigen Drachen Vritra und mißhandelte Vritras Mutter Danu, bis ihre „Lebensenergie ... erlosch“. Im griechischen Mythos tötete Apollo den Drachen Python, bevor er das Orakel von Delphi in Besitz nahm. Der Kampf der beständigen, lichten, männlichen Gottheit gegen die wechselhafte, dunkle, weibliche Gottheit setzte sich in den monotheistischen Religionen fort.

Der hl. Georg und der Drache *von Uccello (1397–1475). Die Suche des hl. Georg ist nach C. G. Jung der Versuch, männliche und weibliche Seiten des Charakters zu vereinen.*

Als sich die Mythen entwickelten und – vielleicht politisch motiviert (siehe S. 22–23) – neu geschrieben wurden, sind die Urwassergöttinnen, die die Welt enthielten oder aus sich selbst erzeugten, zunehmend durch Männer ersetzt worden, die ein Universum außerhalb ihrer selbst erschufen. Im akkadischen *Enuma elish*, einer um etwa 1750 v. Chr. geschriebenen politischen Parabel, zeugten Tiamat, die Göttin des Salzwassers, und ihr Gefährte, der Süßwassergott Apsu, Götter, die bei Tiamat blieben. Beim Kampf um die Vorherrschaft beschloß Apsu, Tiamat zu töten. Ihre Kinder erfuhren jedoch von dem Plan, und Ea, „die irdische Weisheit“, tötete Apsu und nahm seine Stelle ein. Um ihren Gemahl zu rächen, „gebar Tiamat eine neue Brut schnaubender Drachen“. Doch Eas Sohn Marduk schoß ihr in den Leib und schlitzte ihren Schoß auf, so daß er aus ihrem zerstückelten Körper die von ihr bereits erschaffene Welt erneut kreieren konnte.

Die Flußgöttin

Tafel mit einem Flußgeist aus einem balinesischen Tempel, 20. Jh.

Flußgöttinnen wurden in der ganzen alten Welt aufgrund ihrer offensichtlich lebenspendenden Eigenschaften verehrt. Sie werden meist nicht bildlich dargestellt (in keiner anderen Form als der des Flusses selbst), manifestieren sich jedoch gelegentlich zum Zwecke der Vereinigung als Menschen, wie etwa Ganga im indischen Epos *Mahabharata*, Boann im irischen Mythenkreis und Oya im Mythos der Yoruba. Flüsse werden in keltischen und indischen Mythen häufig als „die Mutter" bezeichnet. Sie entsprechen dem Ideal der Göttin, da sie gleichzeitig Leben geben und nehmen: Die Fluten, die das Ufer befruchten, können auch zerstörerisch wirken. Aus diesem Grund werden gewöhnlich überall dort, wo die Göttin verehrt wird, Girlanden und andere Geschenke als symbolische Gebete auf dem Fluß ausgesetzt.

Die Flüsse vereinen die Attribute der Weisheit, der Gerechtigkeit und der göttlichen Offenbarung mit denen von Leben und Tod. Styx, die Tochter des Okeanos und der Meeresgöttin Tethys, ist der Fluß, der in der griechischen Mythologie den Hades von der Welt der Lebenden trennt. Sie läuterte die Sünder auf deren Weg ins Totenreich,

DIE FRAUEN SHANGOS

Shango, ein großer Jagd- und Gewittergott der Yoruba in Westafrika, war mit drei Flußgöttinnen verheiratet: Oya, Oshun und Oba. Eines Tages beobachtete er, wie Oya sich aus einem Wasserbüffel in eine Frau verwandelte. Unter der Bedingung, daß er ihr Geheimnis bewahre, willigte sie ein, ihn zu heiraten. Wie in den meisten Mythen, in denen ein Held eine die Gestalt wechselnde Frau heiratet, brach Shango sein Versprechen. Er beschwichtige Oya mit ihrer Lieblingsspeise, um nicht getötet zu werden.

Oba wurde Shango durch die Machenschaften seiner mittleren Frau Oshun entfremdet, die vorschlug, daß Oba, um ihm gefällig zu sein, ihr Ohr abschneiden und in sein Essen geben sollte. Die Selbstverstümmelung seiner Frau erzürnte Shango, und die beiden Frauen entkamen seinem Zorn nur, indem sie sich in Flüsse verwandelten. Wo sich die beiden Ströme kreuzen, ist das Wasser unruhig gekräuselt.

Oshun ist eine Göttin insbesondere für Frauen, denen sie Babys schenkt. Doch ist sie auch eine eitle und kapriziöse Göttin der Liebe und der Schönheit, die im Glanz farbenprächtiger Perlen und glänzender Metalle erstrahlt.

Neben ihrer Verehrung in Westafrika wurden Oya, Oshun und Oba auch in zahlreichen südamerikanischen Religionen, die Besessenheitskulte und Katholizismus verbinden, zu Heiligen (siehe S. 30). Oya – hier in der Personifikation einer brasilianischen Eingeweihten zu sehen – ist in Brasilien als Yansan bekannt, wurde aber auch als Barbara geheiligt. Barbara wurde als Schutzheilige der Artillerie und des Schießpulvers auch Oyas Gemahl, dem Gewittergott Shango, gleichgesetzt. In Kuba ist Oya die Lichtmeß-Jungfrau und Oshun die Jungfrau der Wohltätigkeit des Kupfers. Oba – die hl. Katherina von Bahia, Brasilien – taucht in einem brasilianischen Straßenfest auf, wo die Opferung ihres Ohres gefeiert wird.

Der Ganges, der Hauptstrom Indiens, an dessen Ufern Feuerbestattungen stattfinden, wird nicht nur mit dem Tod assoziiert, sondern auch mit der Reinigung von Sünden. Aus ganz Indien reisen Pilger an, um bei Varanasi in den Fluß einzutauchen. Gangajal (Ganges-Wasser) wird in Flaschen aufbewahrt und bei Heilungen und Weihungen verwendet.

indem sie ihnen schmerzvolle Todeskämpfe auferlegte.

Die gleiche Assoziation findet sich im babylonischen Mythos, wo Nanshe, der Wassergöttin und Richterin, ein am Neujahrstag stattfindendes Fest gewidmet war. Ein prachtvoller Zug von Booten segelte nach Lagash, wo die Göttin, die auch eine Traumdeuterin war, die Pilger in einem geweihten Schleppkahn erwartete und über sie richtete, damit sie das Jahr geläutert beginnen konnten.

Als die irische Göttin Boann – früher als „Leuchtende“ oder „Weisheit schenkende Kuh“ beschrieben – ein von ihrem Gemahl Nechtan erlassenes Tabu verletzte, wurde sie auf das Meer hinausgejagt. So entstand der Fluß Boyne. Obwohl dieser aus einer männlichen Quelle und aus Boanns Verstoß entstanden war, wurde sie zu seiner Schutzgöttin, was zeigt, wie sehr Flüsse mythologisch mit Göttinnen verbunden waren.

Die Verbindung zwischen Flußgöttinnen und Kühen – deren Milchgabe mit den lebenspendenden Strömen des Flusses verglichen wird – ist nicht auf Boann beschränkt. Authumla, die göttliche Kuh schwedischer Schöpfungsmythen, leckte an der uranfänglichen salzigen Eismasse und verwandelte diese in vier riesige Flüsse. Die ägyptische Hathor, mit dem Anschwellen des Nils verbunden, wurde als Kuh verehrt.

Die Meeresgöttin

Die schaumgeborene Venus, Detail aus Die Geburt der Venus *von Botticelli (1445–1510).*

Eine der ersten Beschreibungen der Göttin schildert sie als Urgewässer (siehe S. 46–47). Besonders bei Küsten- oder Inselvölkern überrascht es nicht, daß das Urgewässer mit dem Meer gleichgesetzt wurde, und die meisten großen Mutter-Göttinnen, wie die ägyptische Isis, wurden einst als Meer oder „aus dem Meer geboren" beschrieben. Die Verbindung zwischen Mond und Gezeiten veranlaßte die meisten Kulturen dazu, den Mondgöttinnen die Macht des Ozeans zu verleihen. Die Kuhgöttin mit dem Sichelmondgehörn ist in den meisten indoeuropäischen Mythologien ein Symbol des Mondes und normalerweise mit einem Stier verheiratet, der sowohl ihr Sohn als auch ihr Geliebter ist (siehe S. 80–81). Der Stier ist auch eines der Hauptsymbole Poseidons.

Auch Aphrodite, die berühmte griechische Göttin der Liebe, geht auf eine frühere Tradition zurück. Ursprünglich war sie eine Göttin des Nahen Ostens, vermutlich ein Aspekt der ugrischen Ashera, „der Frau des Meeres" (siehe S. 39). Im griechischen Mythos entsprang Aphrodite aus dem Schaum des Meeres, als der Himmelsgott Uranus entmannt wurde und seine letzte mächtige Ejaku-

SEDNA

In den Mythen der Arktis, Alaskas und Grönlands ist immer wieder von einer Herrin aller Meeressäugetiere die Rede. Sedna, die Tochter Angutas, gab vielen Freiern einen Korb und heiratete schließlich einen Vogel, der ihr ein angenehmes Leben in seinem weich gepolsterten Nest versprach. Ihr Vater Anguta war gegen diese Verbindung.

Sedna mußte bald erkennen, daß die Versprechungen des Vogels geheuchelt waren, und als Anguta sie ein Jahr später besuchte, entfloh sie mit ihm auf einem Kajak. Der Vogel und seine Verwandten verfolgten sie, und Anguta rettete sein eigenes Leben, indem er sie über Bord warf. Als sie zurückzuklettern versuchte, trennte er ihre Finger ab, die sich in Meeresgeschöpfe verwandelten. Der Meeresboden wurde Sednas Heimat, von wo sie Tiere ausschickte, um Menschen zu erbeuten und ihre Seelen gefangenzunehmen. Seit damals wurde den Frauen, die die Heirat mit einem von den Eltern erwählten Partner verweigerten, dies als abschreckendes Beispiel vorgehalten – ihr Schicksal war es, in die Wildnis verbannt zu werden und ein Leben in schmerzlicher Isolation zu führen.

Darstellung der Sedna, Grönland, 20. Jahrhundert. In anderen Versionen des Mythos heißt Sedna Taleelayo oder Uniguimasuittiq.

Während eines religiösen Festes über einen Stier springende Männer und Frauen; minoisches Fresko, ca. 1700–1400 v. Chr. Ein von Poseidon aus dem Meer entsandter Stier wurde von König Minos zum Symbol seiner Machtlegitimation erwählt. Die kretische Gottheit wird häufig in Stierspringerpose gezeigt. Wahrscheinlich symbolisiert das Stierspringerfest auch die Heirat der Göttin mit ihrem Sohn.

lation die See aufschäumte. Wohlgesonnene Winde trugen sie in Zypern an Land, wo man sie verehrte. Schließlich wurde sie von den Griechen in den hellenischen Götterreigen aufgenommen, doch blieb sie ungestüm wie ihr Ursprung, der Meeresschoß. Möglicherweise wurde sie die Gottheit der geschlechtlichen Liebe aufgrund der metaphorischen Beziehung zwischen Meer und Verlangen.

In den großenteils mündlich überlieferten Mythen Ozeaniens wurde das Schicksal der Meeresgöttin oft durch männliche Vorfahren bestimmt. Der menschliche Vater der melanesischen Meeresgöttin Walutahanga zerhackte seine Schlangentochter in acht Stücke. Nach acht Regentagen wurde ihr Körper wieder zusammengesetzt, doch wurde sie daraufhin von verängstigten Inselbewohnern erneut zerstückelt und verzehrt. Walutahanga wurde noch einmal ganz, dieses Mal jedoch am Grunde des Ozeans, von wo aus sie acht riesige Wellen die Inseln überschwemmen und jedes Leben auslöschen ließ, bis auf zwei Frauen, die sich geweigert hatten, von ihrem Fleisch zu essen.

Die Meeresgöttin überlebt – abgewertet – in Gestalt von Wassergeistern, Sirenen oder Meerjungfrauen. Ihre vermutlich ersten Darstellungen waren Bilder der fischschwänzigen Aphrodite; der Sage nach konnten sie Männer in ihr Unterwasserreich hinabziehen. An den Verlust ihrer Göttlichkeit gemahnen die Erzählungen von einer Meerjungfrau – von den nordischen Völkern Ran genannt –, die die Seelen ertrunkener Männer aufnimmt.

In der europäischen Volksüberlieferung wird die Bezeichnung von Morgan Le Fay („Morgan, das Schicksal") ebenso wie jene der Wassergeister Britanniens (der Morgans) vom keltischen Wort für Meer („mor") abgeleitet. Morgan war einst die neunfache Göttin, die die Fortunate-Inseln regierte, auf die sich die toten Helden begaben. Erst als mittelalterliche christliche Kleriker den Artus-Sagenkreis transkribierten, wurde sie zur niederträchtigen Zauberin. Nimue, die „Frau vom See", wird manchmal als Personifikation Morgans betrachtet; sie war ausschlaggebend für Artus' Erfolg als König und seine Erlöserin im Tode.

Das kosmische Ei

Ein auf der Osterinsel im Südpazifik gefundener bemalter Felsen. Die Gestalt darauf ist eine Kombination aus Mensch und Vogel und hält angeblich das die Welt enthaltende Ei.

Schöpfungsmythen, in denen ein kosmisches Ei der Ursprung der Welt ist, findet man auf allen fünf Kontinenten und sind in drei Kategorien zu unterteilen: Ein Schöpfergeist wirft sich selbst als Ei in das Urgewässer (siehe S. 46–47); das Ei wird von einem vorbeifliegenden Himmelsvogel gelegt; oder das Ei wird vom ersten Individuum oder Paar erschaffen. Das so entstandene Weltei erzeugt den Kosmos. In manchen Mythen wird das Ei zum Begründer von Adelsdynastien. Dem chinesischen *Shiti Ji* aus dem 4. Jahrhundert zufolge wurde Jiandi, eine der drei Hauptgöttinnen und Ahnfrau des Yin-Klans, geschwängert, als sie ein Vogelei verschluckte.

Manche Mythen verknüpfen die Motive. Die tibetische Göttin Srid-Lcam („Die Frau der sichtbaren Welt“, auch bekannt als „Die Magische“) heiratete einen Sterblichen, um den Wohlstand auf Erden und die Götterverehrung zu fördern. Als der Morgen der Schöpfung anbrach, gingen aus dieser Verbindung drei Eier hervor: ein goldenes, das den Pfeil des Lebens erzeugte, ein türkisfarbenes, das den Pfeil der Fruchtbarkeit hervorbrachte, und ein rein weißes, das eine Spindel erzeugte (möglicherweise ein Symbol des Schicksals). Aus dem Licht und dem Meeresdampf stieg dann ein Häufchen *bon* (Glaube), das vom Wind zum männlichen (*dmo*) und weiblichen (*g-yang*) Garn des Glücks verwoben wurde (es wird bei tibetischen Hochzeitszeremonien von Braut und Bräutigam nach wie vor getragen).

Die griechischen Orphiker sagen, daß aus dem von der Zeit erschaffenen ersten Ei Phanes (oder Eros) entschlüpfte, ein bisexuelles Schöpferwesen mit goldenen Flügeln. Phanes' Tochter und Gemahlin, die Nacht, war ein schwarzgeflügelter Vogel, der Gaia, die Erde, erzeugte (siehe S. 60–61). Das finnische Epos *Kalevala* erzählt von einer Krickente, die auf der Suche nach einem Ort, an dem sie ihre Eier legen konnte, über das Urgewässer flog. Die Meeresmutter hob dem Vogel ihr Knie entgegen, und der legte sieben Eier darauf. Die Krickente brütete auf ihren Eiern, bis der Meeresmutter die Brutwärme unerträglich wurde und sie ihr Knie wegzog, so daß die Eier ins Wasser fielen und zerbrachen. Aus den Bruchstücken entstanden Himmel, Erde, Sonne, Mond, Sterne und Wolken. Wie in vielen Mythen vom Weltei wird auch hier Fruchtbarkeit mit Wärme verknüpft. In einer koreanischen Erzählung wurde die Tochter eines Flusses von ihrem Gemahl eingesperrt, doch die Sonne verfolgte und schwängerte sie. Sie brachte ein Ei hervor, aus dem die Sonnengottheit Zhumang schlüpfte.

DER VOGEL UND DIE SCHLANGE

Die Tiefen der Erde und die Himmelsgewölbe werden in den Mythen als den Menschen fremde Regionen, in denen Götter und andere übernatürliche Wesen residieren, geschildert. Zwei dieser Geschöpfe – der Vogel und die Schlange – weisen weitschichtige Verwandtschaft mit der Göttin auf: Darstellungen von Vogel-Frauen mit eiförmigen Körpern und langen, schlanken Hälsen wurden bereits im Paläolithikum angefertigt, und die Schlange scheint auf vielen alten Darstellungen entweder als Begleiterin der Göttin oder Accessoire – Zauberstab, Zepter, Gürtel oder Kopfschmuck – auf. Man stellte sich die Schlange als Bewohnerin der Unterwelt und des Meeres vor sowie als Uroboros, die Schlange, die in ihren Schwanz beißt – oft ein Symbol (siehe S. 18–19) für die Weltströme, die die Erde einschließen.

Vögel und Schlangen haben gemeinsam, daß sie Eier legen und in Mythen vorkommen, die den Schöpfungsbeginn schildern. Die Verbindung zwischen den beiden Geschöpfen wird in einem frühen griechischen Schöpfungsmythos deutlich: Die große Mutter Eurynome nahm aus einem formlosen Schlund Gestalt an und tanzte in der Dunkelheit. Ihre Bewegungen erzeugten einen Wind, den sie in die Schlange Ophion preßte. Ophion begehrte sie, und Eurynome gab sich ihm schließlich hin. Sie wurde schwanger, verwandelte sich in eine Taube und legte ein Ei, um welches sich die Schlange Ophion rollte, um es auszubrüten. Aus diesem Urei entstanden alle Dinge.

Eine Überlieferung aus Guatemala erzählt von einer meeresgrünen, gefiederten Schlange, die zu Anbeginn der Welt mit über die Meere ausgebreiteten Flügeln brütete. Sie erregte die Aufmerksamkeit des mächtigen Windes Hurrikan, der über sie hinwegging und aus den Tiefen des Meeres das Land heraufholte.

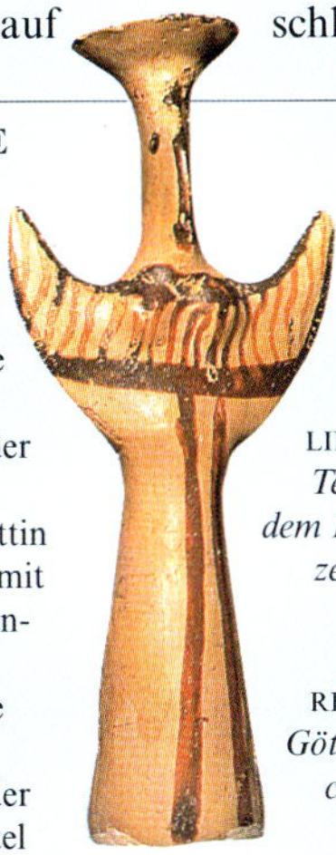

LINKS *Diese griechische Terrakotta-Figur aus dem 1. Jahrtausend v. Chr. zeigt eine Göttin in Vogelgestalt.*

RECHTS *Minoische Göttin mit Schlangen, ca. 1800 v. Chr.*

Die Erdgöttin

Die Göttin ist die Verkörperung der Mutter Erde (siehe S. 60–61), aber auch der Berge, Vulkane, Flüsse, Wüsten und anderer geologischer Formationen. Sie kann auch Teile ihrer selbst verwandeln, um kosmische Elemente zu bilden. Die tibetische Klu-rgyal-mo etwa erzeugte den Himmel aus ihrer Schädeldecke. Aus ihrem Fleisch entstand die Erde, aus ihren Knochen die Berge, aus ihrem Blut die Meere, aus ihren Adern die Flüsse. Ihre Augen riefen das Licht und die vier Planeten hervor, der Mond bildete sich aus ihren Vorderzähnen. Donner, Blitz und Wolken entstanden aus ihrer Stimme, der Zunge und den Tränen, Hagelstürme und Winde aus Nasenlöchern und Zunge.

Viele Mythen von den irdischen Inkarnationen der Göttin sind verlorengegangen. Der Name der keltischen Danu jedoch ist in vielen geographischen Bezeichnungen Europas, wie Donau, Dane Hills etc., enthalten. Jene Erdgöttinnen, deren Mythen überdauerten, werden meist in menschlicher und geologischer Gestalt verehrt. Die indische Göttin Dharani war der Boden, der sich öffnete, um die von Mara, dem König des Bösen, gegen Buddha entsandten Dämonen zu verschlingen. Obwohl dieser Mythos sich in ganz Südost-Asien verbreitete, wird Dharani unveränderlich in der Personifikation einer jungen Frau dargestellt, die ihr Haar in einem gewundenen Knoten trägt – ein Symbol des Flusses.

Die geologischen Formationen, die am deutlichsten mit Göttinnen assoziiert werden, sind Höhlen (Symbole weiblicher Genitalien; siehe S. 96–97)

Silbury Hill in Wiltshire, England, wurde vermutlich um 2600 v. Chr. errichtet. Michael Dames behauptet in „The Silbury Treasure" (1976), daß er nicht, wie ursprünglich gedacht, ein Begräbnishügel für einen Häuptling, sondern eine auf dem Rücken liegende, gebärende Göttinnen-Figur aus Erde war.

und Berge (als schwangere Bäuche oder nährende Brüste angesehen). Die Mythen des späten Sumer berichten von einem Berg mit zwei Gipfeln am Ende der Welt namens Mashu, der so hoch in den Himmel ragte, daß er ihn speisen konnte, während sein Spiegelbild tief hinabreichte und die Unterwelt nährte. Der Ganges (selbst eine nährende Göttin) entspringt im Himalaja am Berg Nanda Devi („Gesegnete Göttin"), und Annapurna ist ein Synonym für die auf seinem Gipfel lebende Gottheit, von der man glaubte, daß sie für die Ernährung der ganzen Welt zuständig ist.

Höhlen wie die neolithische Begräbnisstätte in Indien waren die ersten mit der Göttin assoziierten geologischen Formationen.

Die keltischen Land-Göttinnen bewegten in Gestalt von Hexen riesige Steine, um die Berge Irlands und Schottlands zu bilden. Diese Göttinnen waren die Seele des Landes. Auf den britischen Inseln verkörperten sie die Landeshoheit, die alle Herrscher einer Prüfung unterzog, ob diese auch das Land respektierten. Morgan Le Fay ist eine solche Göttin, deren Prüfungen als Akt der Bosheit gegen Artus und seine Nachfolger mißverstanden wurden.

PELE, DIE LEBENDE GÖTTIN

Der hawaiische Archipel verdankt seine Existenz der Vulkantätigkeit, die erst in den 80er Jahren die Inselgruppe wieder um ungefähr 40 ha erweiterte.

Pele, die Göttin des Vulkanfeuers, der Natur, der Unordnung, der Zeremonien und der Sexualität, lebt in dem aktiven Krater Halema'umu'u. Der Legende nach verließ Pele ihre Heimat nach einem Streit mit ihrer Schwester, einer Meergöttin, die sie verfolgte und zu einem Kampf nötigte, in dem Pele getötet wurde. Nach ihrem Tod wurde sie in eine mächtige Göttin verwandelt.

Auf volkstümlichen Darstellungen wird Pele entweder als schöne junge Frau oder, wie in dieser Figur des 19. Jh.s, als altes Weib dargestellt.

Obwohl sich viele Hawaiianer offiziell zum Christentum bekennen, wird Pele nach wie vor auch öffentlich verehrt. Nach dem Kirchgang pilgern sie regelmäßig zu Peles Krater, um ihr Branntwein, Kuchen und andere Geschenke darzubringen.

Halema'umu'u liegt im Nationalpark, und die Entfernung von Lavafelsen oder -steinen ist strikt untersagt. Im Museum sind Briefe ausgestellt, die vom Unglück jener berichten, die das Verbot mißachteten; sie konnten erst dann wieder ruhig leben.

Der Vulkan Fuji ist der heilige Mutter-Berg Japans. Sein Name, der sich aus der Sprache der Ainu ableitet, bedeutet „ewiges Leben“. Die schintoistische Fujiko-Sekte glaubt, daß er eine unsterbliche Seele besitzt. Der Berg Fuji zieht alljährlich Hunderttausende von Pilgern an. Sogar noch innerhalb des Kraterrandes befinden sich Schreine. Frauen dürfen den Berg erst seit den weitreichenden Reformen der Meiji-Ära (1868–1912) besteigen, die eine Wiederkehr des Kaisertums in Japan brachten.

Die Göttin in der Erde

In vielen Überlieferungen erzeugt die Göttin in sterblicher oder halbsterblicher Gestalt Flora und Fauna der Erde. Meist muß diese Inkarnation infolge betrügerischer Machenschaften sterben, doch statt sich zu rächen, verwandelt die Göttin ihren Leichnam in Nahrung. Dieser Akt kann mit den Opfern von Mutter-Göttinnen wie Aphrodite verglichen werden, die alljährlich für das Gedeihen der Ernte ihre Geliebten opferten (siehe S. 80). Ähnlichkeiten bestehen auch zu den weitverbreiteten Geschichten über wichtige Pflanzen, die aus der Asche, dem Blut oder den Gliedern männlicher Helden entspringen. Elemente all dieser Themen sind in der polynesischen Erzählung über die Ursprünge der Kokosnuß enthalten. Der Gefährte der großen Göttin Hine wurde von Menschen, die ihn in Gestalt seines Alter ego, der Schlange, sahen, getötet. Die hinterbliebene Gottheit bestrafte die Mörder nicht. Statt dessen begrub sie den Kopf ihres Liebhabers, aus dem die erste Kokospalme sproß, die Fruchtfleisch, Milch und Kokosfasern lieferte.

„SICH VERÄNDERNDE FRAU"

Die „Sich verändernde Frau" der nordamerikanischen Navajo ist mit der Gabe gesegnet, sich verjüngen zu können, was sie mit den Jahreszeiten und der Vegetation verbindet. In einer Pubertätszeremonie der Navajo wird das Gesicht eines Mädchens, das die „Sich verändernde Frau" verkörpert, mit einem Aufwärtsstrich bemalt, der das Wachstum von Pflanzen fördern soll.

In Gegensatz zum Bild der nährenden Göttin stehen die Traditionen von Gottheiten, die sich in schädliche Pflanzen verwandeln. Die „Sich verändernde Bärin" der Navajo entfloh der Rolle als Dienerin ihrer zwölf Brüder, um eine leidenschaftliche Beziehung mit dem Zauberer Koyote einzugehen. Wie viele Göttinnen, die nicht den sozialen Idealen der Weiblichkeit entsprachen, wurde sie zum Inbegriff weiblicher Bosheit. Als Koyote getötet wurde, nahm „Sich verändernde Bärin" an, daß ihre Brüder schuld waren. Sie gebrauchte magische Kräfte, die Koyote sie gelehrt hatte, um jedes ihrer Glieder in eine Beerenart und ihre Zähne in Dornen zu verwandeln. Sie spürte ihre Brüder auf und tötete elf von ihnen, der zwölfte entkam und tötete sie schließlich. Als sie starb, wurde ihre Vagina ein Stachelschwein oder eine Yucca-Frucht, ihre Brüste Pinyon-Nüsse, ihre Zunge ein Kaktus und ihre Eingeweide Schlangen oder giftige Kräuter.

Eine Navajo-Sandmalerei – Feier der ersten Menstruation der „Sich verändernden Frau" – die in der Navajo-Pubertätszeremonie „Kinaalda" verwendet wird.

Die Erschaffung eßbarer Tiere war oft eine Folgeerscheinung des Todes der Göttin und sollte den Menschen sagen, daß diese sich auch weiterhin wohlwollend zeigt, auch wenn eine bestimmte Inkarnation getötet wurde. Eine Legende aus der Überlieferung von West-Ceram in Indonesien erzählt von der Adoption des Mädchens Hainuwele durch Ameta, einen Mann, der ihr Heranwachsen unterstützte und ihr half, aus einer magischen Kokospalme zu entstehen. Eines von Hainuweles einzigartigen Attributen war, daß ihre Exkremente sich in wunderbare Gegenstände, wie Porzellan, Gongs oder Juwelen, verwandelten. Zu jener Zeit versammelten sich die Völker der neun Menschenrassen zu Zeremonien, bei denen die Frauen ihren Männern Betelnüsse als Geschenk darbrachten. Hainuweles Geschenke stachen jene aller anderen aus, und die anderen Frauen, von Eifersucht getrieben, töteten sie und versteckten ihren Körper.

Der verzweifelte Ameta vollzog verschiedene Rituale, die ihn schließlich zu Hainuwele führten. Er erwirkte die Hilfe einer hohen Gottheit, der jungfräulichen Satene, die über den Mord so erzürnt war, daß sie beschloß, sich aus der Welt zurückzuziehen. Vor ihrem Abschied erließ sie den Befehl, daß alle Menschen versuchen mußten, ein Spiraltor zu durchschreiten, um zu ihr zu kommen. Jene, denen es gelang, gründeten Stämme, die anderen wurden in Rotwild, Schweine, Vögel oder Fische – Wesen, die es zuvor nicht gegeben hatte – verwandelt. Dann zog sich Satene in das Totenreich zurück. Aus den begrabenen Teilen Hainuweles wuchsen inzwischen üppige Pflanzen, wie Yamswurzeln und Taros, die die Hauptnahrungsmittel der Bevölkerung wurden. Der Mythos weist eine verblüffende Ähnlichkeit mit der Geschichte von Devi Sri in Java und Bali (siehe S. 70–71) auf.

Eine Holzfigur der australischen Aborigines, 20. Jh., für die Unterweisung von Jugendlichen. Jedes Muster am Körper wird als Regen, Pflanze oder anderes lebenspendendes Element beschrieben.

Die Inkarnation der Göttin hat zumindest einige Charakteristika mit den aus ihr entspringenden Pflanzen gemeinsam. Die psychotrope Kaffeepflanze spielte fast im ganzen pazifischen Raum eine bedeutende Rolle in Ritualen, zuviel von ihr kann jedoch graue und fahle Haut verursachen. In Tonga wird diese Nebenwirkung durch die Geschichte erklärt, daß die Kaffeepflanze aus dem Kopf eines leprakranken Mädchens entsprang, das von ihrem Vater getötet wurde, um einen Häuptling, der zu Besuch kam, zu bewirten.

Imberombera, eine Fruchtbarkeitsgöttin des australischen Nordterritoriums, entstieg dem Ozean, erschuf das Land und ließ Tiere, Pflanzen und Menschen zu seiner Bevölkerung aus ihrem Körper entstehen. Ihr Mythos erweiterte die Maßstäbe, was als Nahrung betrachtet werden konnte, um die Sprache, die im allgemeinen das kulturelle Vorrecht männlicher Götter war. Imberombera war die Urahnin von zehn Aborigines-Stämmen und deren Sprachen.

Mutter Erde und die kosmische Ordnung

Die einfachste Art für eine Muttergöttin, die Elemente zu erzeugen oder das Universum mit Göttern, Dämonen, Menschen, Tieren und Pflanzen zu bevölkern, ist, sie zu gebären. Der altindischen Überlieferung nach kauerte sich Aditi, die Göttin des grenzenlosen Raums, nieder, um sieben Kinder zur Welt zu bringen. Unter ihnen befanden sich Indra, die Göttin des Lichts und des Himmels, Surya, die Sonne, sowie Agni, das Feuer. In späteren Mythen erhöhte sich ihre Kinderzahl auf zwölf; jedes verkörperte einen Monat, die Abgrenzung von Zeit und Raum. In Polynesien gebar die große Göttin Hine eine Reihe von Gottheiten, die verschiedene Naturphänomene, wie den Mond, das Meer und den Tod, verkörperten. Häufig als riesige, schlafende Hexe dargestellt, ist Hine die Inkarnation der Erde.

Der *Theogonie* Hesiods zufolge schloß Gaia, die Erde, Chaos, ihren eigenen Ursprung, gemeinsam mit dem „Großen Abgrund", einem urzeitlichen Äquivalent der Hölle, in ihrem Körper ein. In Gestalt ihrer eigenen Söhne erzeugte Gaia ihre eigenen Grenzen: Uranus, den Himmel, und Pontus, das Meer. Dann vermählte sie sich mit ihrem ersten Sohn-Geliebten Uranus und begann, die ersten Gottheiten hervorzubringen: sechs Titanen und sechs Titaninnen, drei Zyklopen und drei hunderthändige Riesen. Uranus war so entsetzt über diese Geschöpfe, daß er sie ins Innere der Erde (der Gaia) zurückschleuderte. Diese jedoch weigerte sich, ihre Kinder zu verurteilen, und kämpfte um ihre Freiheit. Sie stiftete den jüngsten Titanen, Kronos, an, seinen Vater zu entmannen und seine Brüder und Schwestern zu befreien.

Griechische Statue der Göttin Gaia, 7. Jh. v. Chr., auf dem Thron sitzend, flankiert von wilden Tieren.

Im griechischen Mythos war dies der erste Akt der Gewalt, der zum Gesetz der Rache führte und eine riesige Vendetta zwischen Gaias Nachkommen und den olympischen Göttern, den Kindern von Kronos, auslöste. Die Olympier logen und kämpften, und keiner von ihnen konnte als die Verkörperung des absoluten Guten betrachtet werden. Doch seit Hesiod wurde das Pantheon als Erklärung und Garant der kosmischen, aber auch der sozialen Ordnung betrachtet, und einzelne positive Qualitäten, wie die Gerechtigkeit, wurden als Gottheiten verehrt.

Das gemeinsame Pantheon diente auch der Definition eines griechischen Nationalgefühls, durch das man sich von den umgebenden, bedrohlichen „barbarischen" Rassen abhob. Die olympischen Götter wurden die Herren der Zivilisation. In diesem Licht kann der mythische Kampf zwischen den Olympiern und den Kindern Gaias als Mittel

Die Medusa (Gorgo), griechische Tonmalerei, 5. Jh. v. Chr. Die Gorgonen stammen von Gaia ab, und obwohl hellenische Schriftsteller sie als Monster bezeichneten, gehen ihre Namen Medusa, Sthenno und Euryale auf die Tugenden der Weisheit, Stärke und Universalität zurück. Weit davon entfernt, die monströse Nachkommenschaft der Erde zu sein, waren die Gorgonen vermutlich eine Dreiheit von Göttinnen, die den Mond verkörperten. Vorgriechische Mystiker nannten den Mond „Gorgonenhaupt".

betrachtet werden, die Schöpfungselemente in Gut und Böse zu polarisieren. Ihre Konflikte waren keine kleinlichen Machtkämpfe, sondern begründeten eine universelle, ewige Unterscheidung zwischen Richtig und Falsch. Im Gegensatz dazu trat die Göttin für Erneuerung und beständigen Wandel ein, was die Notwendigkeit des Todes mit einbezieht, sowie für das Recht jeder Lebensform, zu gedeihen, ungeachtet ihrer Verdienste oder moralischen Qualitäten. Indem Gaia zum Vatermord anstiftete, ließ sie neue Wesen entstehen, ohne Rücksicht darauf, wie entsetzlich, grausam oder zerstörerisch sie waren.

DIE KOSMISCHE ORDNUNG SILAS

Die Erklärung der kosmischen Ordnung ist den meisten Mythologien, die die Notwendigkeit des Todes und die Widersprüchlichkeit natürlicher Phänomene zu verstehen versuchen, ein Anliegen. Ein Mythos der Inuit erzählt von einer Frau, die „Krieg und Untergang" herbeiwünschte, um das Problem der Überbevölkerung zu lösen. Doch die Kriegs- und Jagdtätigkeit der Männer entartete zur Grausamkeit, weshalb es nötig wurde, das Universum zu ordnen und in die Harmonie zurückzuführen.

Schließlich tötete der Mond seine Mutter, weil sie das heilige Gesetz verletzt hatte, den ersten Fang der Saison zu teilen. Später verletzte er selbst ein heiliges Gesetz, indem er im Dunkel der Nacht verbotenen Geschlechtsverkehr mit seiner Schwester hatte. Als seine Schwester gewahrte, was geschehen war, schnitt sie sich eine Brust ab, verwandelte sie in einen Feuerball und floh in den Himmel, wo sie ihren Platz am Firmament als Siqquijniq, die Sonne, einnahm. Ihr Bruder folgte ihr. Er wurde Taqqiq, der Mond. So entstand Sila, das kosmische Gesetz, daß „alles der Sonne folgt".

Alles hatte nun seinen Platz, seine Zeit, eine Funktion und eine Richtung. Soziale Regeln, die in diesem Mythos angesprochen werden, sind das Inzesttabu und der eheliche Austausch von Frauen.

Das Licht – Sonne und Mond

Tibetische Bronzefigur der Grünen Tara, einer Sternengöttin, die in Tibet und Nepal mit dem Himalaja gleichgesetzt wird.

In vielen Kosmologien der Welt wird der Himmel von einer männlichen Gottheit verkörpert und beherrscht, während die Erde das Reich einer Göttin ist. Diese Aufteilung spiegelt den krassen Gegensatz von Tag und Nacht wider sowie deren vergleichsweise raschen Wechsel (der Tageszyklus ist viel kürzer als die meisten anderen Zyklen in der Natur). Der Himmel wird im Mythos oft als Kampfbühne und Residenz von Helden geschildert. Die mittelalterlichen Türkvölker glaubten, daß Erlik (Erklik), „die Tapfere", jede Nacht die Sterne tötet, um das Aufkommen der Dämmerung zu ermöglichen.

Stellte der Himmel im Altertum ein riesiges Schlachtfeld für die Feindseligkeiten zwischen Licht und Dunkelheit, Sonne und Mond dar, so ist es nicht verwunderlich, daß die bedeutendsten Sternen-Göttinnen, wie Anahita, die höchste Göttin des alten persischen Kaiserreichs, oder Erlik, die Funktion der Kriegsgöttin erfüllten. Anahita war nicht auf diese kriegerische Rolle beschränkt. Wie viele indoeuropäische und römisch-keltische Gottheiten vereinte sie die Schirmherrschaft über die Medizin mit der Macht über die Fruchtbarkeit. Ihre Kinder erfuhren nur ihre wohltätigen Eigenschaften, doch erwachte, wenn es um deren Verteidigung ging, ihr kriegerischer Aspekt.

Anahita, die in sämtlichen indoeuropäischen Traditionen zu finden ist, fuhr, in leuchtendes Gold gekleidet, in einem von vier Pferden – Wind, Regen, Hagel und Wolke – gezogenen Triumphwagen. Dies läßt vermuten, daß ihre Herrschaft nicht auf den Nachthimmel beschränkt war und ihr Beiname „die Scheinende" sich auch auf Sonnentätigkeit bezieht. Spuren von Anahita wurden in Ägypten und Babylon gefunden, wo sie vermutlich mit lokalen Gottheiten wie Nut, Anath und Ischtar (siehe S. 114–115) gleichgesetzt wurde. Auch andere Sterngöttinnen, wie die tibetische Göttin Tara, vereinten in sich gegensätzliche Naturen. Die wilde Grüne Tara gierte unersättlich nach dem Tod, während die dreiäugige Weiße Tara die Schönheiten des Jenseits enthüllte.

Sterne oder Konstellationen, die einst als Heldinnen, Halbgöttinnen oder kleinere Gottheiten lebten, sind in Mythen der ganzen Welt zu finden: Kassiopeia und Andromeda in Griechenland, Mayi in Australien, Mataliki in Neuseeland und die sternenbeschürzte Omecithuatl in Mittelamerika. Für sie bedeutete die

Verwandlung in Sterne oftmals eine Belohnung oder Erlösung. Die Plejaden (die „Sieben Schwestern“) waren Mittelpunkt der Neujahrs-Opferriten in Griechenland, Südostasien und Zentralamerika und werden nach wie vor mit dem hinduistischen Lichterfest Diwali in Zusammenhang gebracht (siehe S. 146).

Traditionelle Kosmologien sehen Sonne und Mond als Gegensatzpaar. Oft sind sie Bruder und Schwester oder Gemahl und Gemahlin, aber die Spannung zwischen ihnen ist zu groß, als daß sie gemeinsam am Himmel stehen könnten. Die Sonne ist in den meisten Mythen eine männliche Gottheit, doch gibt es auch Ausnahmen. In baltischen Mythen gibt es eine höchste Sonnengöttin (Saule) ebenso wie in denen der Inuit Grönlands. Sogar im griechischen Mythos gibt es Spuren der Anbetung einer Sonnengöttin.

Die bei weitem mächtigste Sonnengöttin der Vergangenheit und Gegenwart ist Amaterasu, die jahrhundertelang den shintoistischen Glauben prägte. Ihr Schrein wurde im 7. Jahrhundert n. Chr. in Ise erbaut und alle zwanzig Jahre neu errichtet. Obwohl der Kaiser im modernen Japan nicht länger den Status eines lebendigen Gottes für sich in Anspruch nehmen kann, leitet die kaiserliche Dynastie ihre Herkunft nach wie vor von Amaterasu ab.

DIE GELIEBTE MUTTER SONNE

In den baltischen Gebieten war Saule die höchste Sonnengöttin. Sie war die „Große Himmelsweberin“, herrschte aber auch über den Tod und die Geburt, sorgte sich um Waisenkinder und empfing den Tod in ihrem Apfelbaum. Saules Gefährte war Menesis, der Mond, dessen Faulheit sich von ihrer Tüchtigkeit abhob, da sie den ganzen Tag damit verbrachte, den Himmel in ihrem Streitwagen zu überqueren, um Tageslicht, Wärme, Heilkraft und Wachstum zu verbreiten. Das Paar trennte sich nach der Geburt seiner Tochter, der Erde, die beide nun abwechselnd beaufsichtigten.

In den *Dainas*, Volksliedern, die in den baltischen Regionen gesammelt werden, wird Saule häufig leidenschaftliche Verehrung bekundet. Da die baltische Mythologie vorwiegend in diesen Liedern und anderen kaum dokumentierten volkstümlichen Traditionen überliefert wurde, stellten einige Wissenschaftler Saules Authentizität als höchste Göttin in Frage.

Ein goldenes Pendel, ca. 1400–1200 v. Chr., stellt die hethitische Sonnengöttin Arinna dar, eine Vorgängerin der baltischen Saule.

Zwei Wandgemälde, 19. Jh., von Amaterasu, die aus ihrem Grab auftaucht. Diese Geschichte wurde als Legende von der Rückkehr des Frühlings und als Beschreibung einer Sonnenfinsternis interpretiert.

Die Überlieferung von Amaterasu wurde erstmals im Jahr 712 n. Chr. in dem heiligen Text *Kojiki* aufgezeichnet und im Jahr 720 n. Chr. im *Nihon-Shoki* (Chronik Japans) bestätigt. Amaterasu galt als Tochter des Urpaares Izanami und Izanagi. Aufgrund ihrer blendenden Helligkeit wurde sie gleich nach ihrer Geburt hoch in die Himmel geschickt. Amaterasus berühmtester Mythos erzählt, daß sie sich in eine Felsenhöhle zurückzog, nachdem ihr Bruder, Susan-o, zu randalieren begann, was darin gipfelte, daß er ihre Unterkunft mit seinen Exkrementen entheiligte. Als die entsetzte Amaterasu herabblickte, durchstieß Susan-o ihre Vagina mit einem Spindelschaft (im *Nihon-Shoki* verwundete Susan-o nur eine Hofdame der Göttin, vermutlich deshalb, weil eine solche Unverschämtheit gegenüber einer kaiserlichen Ahnin unvorstellbar war).

Durch Amaterasus Abwesenheit wurde die Welt dunkel und düster. Um sie aus ihrer Höhle zu locken, schmückten „800 Myriaden" Götter einen Baum mit Juwelen, Bändern und Spiegeln und stellten diesen gemeinsam mit einem großen kupfernen, von der Schmiede-Göttin angefertigten Spiegel in den Höhleneingang. Dann vollführte die Schamanin no-Uzeme, die Gottheit der Fröhlichkeit, einen rituellen Tanz und begann sich zu entkleiden und zu scherzen. Ihre Zoten ließen die Götter laut lachen, und als Amaterasu auftauchte, um zu sehen, was der Grund dieser Ausgelassenheit war, erblickte sie

DIE VENUS – DER ZWILLINGSSTERN

Der Planet Venus ist vermutlich als Morgen- und Abendstern, dessen Glanz alle anderen Himmelskörper außer Sonne und Mond überstrahlt, am bekanntesten. Aufgrund seiner Helligkeit wird der Planet meist mit Göttinnen der Liebe und der Schönheit verbunden, von der gleichnamigen römischen Gottheit bis zur afro-brasilianischen Göttin Oshun (siehe S. 46). In China und Mittelamerika ist er jedoch ein schlechtes Omen. In der traditionellen chinesischen Astrologie wurde Venus die „Große Weiße" genannt. Ihr Erscheinen am Tageshimmel bedeutete Streit, Bestrafung und Aufruhr, weil sie für das Yin-Prinzip der Negativität, des Dunklen und Weiblichen steht (dem chinesischen Gedanken entsprechend, daß das ganze Universum in die beiden komplementären Gegensätze Yin und Yang geteilt werden kann, wobei Yang die Kraft des Lichtes und das Männliche symbolisiert).

Das zweifache (morgendliche und abendliche) Erscheinen des Planeten macht die Assoziation mit Zwillingen verständlich. Die federgeschmückte Schlange Quetzalcoatl der Azteken wurde mit dem Morgenstern gleichgesetzt, ihre finstere Zwillingsschwester Xolotl mit dem Abendstern. Außerdem war jeder dieser Götter selbst ein Zwillingswesen, was auf eine ursprüngliche Androgynität hinweist, die in der aztekischen Theologie allmählich völlig verdeckt wurde (siehe S. 28–29). Eine ähnliche Dualität ist noch klarer an einer der ältesten Manifestationen des Planeten als Göttin zu beobachten, der babylonischen Ischtar (siehe S. 114–115), die als Morgenstern männlich und als Abendstern weiblich war.

Die Venus, volkstümlicher ungarischer Druck, 19. Jh.

Die Venus der römischen Mythologie war vermutlich wie Ischtar eine urzeitliche Göttin. Die Schutzgottheit Roms besaß bereits lange vor Gründung der Stadt ein Heiligtum in Ardea. Die Römer betrachteten sie als die Mutter Aeneas', des Gründers von Rom. Sie wird in keinem Mythos unmittelbar mit dem Abend- oder Morgenstern verbunden; dieses Attribut ist vermutlich auf die Inanna-Ischtar-Tradition Sumers zurückzuführen. In einigen verwandten Mythen dieser Region wird die Venus als Pol jener Achse angesehen, um die sich die Welt dreht.

Die Rolle der mythologischen Venus als Göttin der Liebe erklärt sich durch ihre Gleichsetzung mit der griechischen Aphrodite. Im 5. Jahrhundert v. Chr. wurde sie schon zu einer kleineren Gottheit degradiert, doch tauchte ein Abglanz ihrer umfassenderen Bedeutung als Lebensspenderin oder göttliche Zerstörerin bald wieder auf. Und 217 v. Chr. gebot das Orakel, daß am Berg Eryx in Sizilien ein Tempel zu ihren Ehren erbaut werde, weil sie den römischen Sieg im Ersten Punischen Krieg herbeigeführt habe.

Präkolumbische Statue von Xolotl (der Zwillingsschwester von Quetzalcoatl) als (auf ihrer Stirn scheinender) Abendstern. Die Axt zeigt seine Destruktivität.

im Spiegel am Eingang ihr Gesicht. Von ihren eigenen Strahlen geblendet, kehrte sie in die Welt zurück und verbannte Susan-o.

Es gibt Beschreibungen von japanischen „Dorfgruppen", denen weibliche Schamanen vorstehen, die Amaterasu anbeten. Diese persönliche, ländliche Verehrung wird von Wissenschaftlern als „Volks-Shintoismus" beschrieben und unterscheidet sich vom staatlichen Shintoismus, der das Fundament des Nationalismus bildet, und vom eleganten und formalen Shintoismus, der in den vielen reichverzierten Schreinen Japans praktiziert wird. Im Jahr 400 n. Chr. überlebte der Amaterasu-Kult einen heftigen Angriff des Konfuzianismus und später des Buddhismus, in dessen Verlauf Amaterasu beinahe zu einer männlichen Buddha-Sonne geworden wäre.

Mondmythen sind meist weniger apokalyptisch als die der Sonne. Sie sprechen die periodischen Veränderungen im Erscheinungsbild des Mondes an. Geschildert werden Göttinnen, die verschiedenen Phasen des Mondzyklus angehören: Gottheiten, die mit dem Sichelmond verbunden werden, wie die afrikanische Yemanja, die auch in die brasilianische Makumba-Religion einging, oder die griechische Selene, die Titanin des Vollmondes, deren monatliches Verschwinden als Besuch bei ihrem Geliebten Endymion in Kleinasien beschrieben wird. Trotz seinem Auf und Ab gilt der Mond als verläßlich, weil er einem festen Rhythmus folgt, der ihn mit monatlichen Phänomenen, wie den Gezeiten und der Menstruation, in Verbindung bringt.

Die Fähigkeit des Mondes, solche wiederkehrenden und einflußreichen Prozesse mit sich zu bringen, wurde oft mit der Fähigkeit der Wahrsagerei gleichgesetzt. Bei den Araukanern Chiles war die einzige wohltätige Gottheit Auchinalgu, der Mond, der vor bösen Geistern schützte und seine Hautfarbe wechselte, um sein Wissen von der Zukunft zu überbringen.

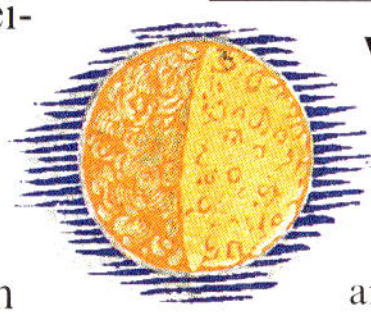

WIE DER MOND ZU SEINEN NARBEN KAM

Der Mond wird im allgemeinen als eine heitere und harmonische Kraft angesehen, die alle mit dem Mondmonat verbundenen natürlichen Phänomene steuert. Die Sonne hingegen zeichnet sich durch ein feuriges, aggressives Wesen mit tages- und jahresgebundenen Zyklen aus. Einige Kosmologien hatten aber andere Vorstellungen. Ein chinesischer Ursprungsmythos erklärt, wie der Mond zu seinen Narben kam, und berichtet, daß er einst so heiß war wie die Sonne und die Erde und ihre Bewohner mit seinen Strahlen versengte. Um das Leid der Menschen zu beenden, erkletterte ein riesiger Mann, genannt Qua, einen hohen Berg und schleuderte Sand in das Antlitz des Mondes, der sich darin einbrannte. Schmerzerfüllt zog sich der Mond an einen abgelegenen Ort im Himmel zurück und bedrohte die Menschheit nicht mehr. Eine tragische baltische Sternengöttin, Saule Meite, die „kleine Sonne", wurde von ihrem Vater Menesis, dem Mond, mißbraucht. Ihre Mutter Saule, die Sonne, schlitzte daraufhin dem Mond das Gesicht auf und zeichnete ihn auf ewig. Dann verbannte sie ihn vom Himmel und löste so den Kampf von Tag und Nacht aus.

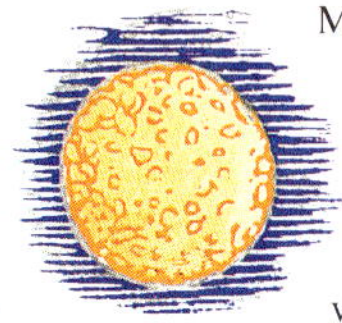

Ein mexikanisches Steinhaupt von Coyolxauhqui, der bedeutendsten aztekischen Verkörperung des Mondes, aus dem 16. Jahrhundert. Sie trägt ein mondförmiges Pendel in ihrer Nase, und ihre Ornamente symbolisieren den Mondkalender der Azteken. Die Glocken auf ihren Wangen beziehen sich auf ihren Beinamen „Die, die mit Glocken bemalt ist".

Die Themen Geschwisterrivalität und weibliche Konkurrenz in den Mondmythen spiegeln wesentliche Aspekte menschlicher Beziehungen wider, während sie gleichzeitig tiefe, universelle Konflikte des menschlichen Bewußtseins dramatisieren, wie das Beispiel der Enthauptung der Coyolxauhqui, der aztekischen Mondgöttin, durch ihren Bruder zeigt. Sie hatte sich gegen eine Konspiration ihrer Geschwister, um die Mutter, die Erdgöttin Coatlicue, zu ermorden, gestellt. Ein riesiger Steinkreis, der 1978 in Mexiko City ausgegraben wurde, zeigt die Verstümmelung von Coyolxauhqui. Spätere Forschungen enthüllten, daß der Kreis ein religiöses Zentrum der Azteken war.

Die Gleichsetzung des Hauptes der Göttin mit dem Mond wird auch in einem kambodschanischen Mondmythos veranschaulicht. Ein junges Mädchen, Biman Chan, heiratete Brah Chan, den Herrn der Himmel. Seine anderen Gemahlinnen, die auf ihre jüngste Rivalin eifersüchtig waren, überredeten diese, ihren Gemahl zu bitten, sie höher in die Himmel zu heben. Dort rissen heftige Winde Biman Chans Kopf ab, der in den Brunnen eines buddhistischen Klosters fiel. Der dort lebende Buddha setzte ihn wieder auf ihren Körper, und sie wurde die Göttin des Mondes, die zu einer nächtlichen Reise auszog, um die drei Welten während der Ruheperiode der Sonne zu umkreisen. Biman Chan ist völlig frei von jeder Sonne-Mond-Animosität.

Ein weiteres Beispiel weiblicher Rivalität ist Ino, die Geliebte des böotischen Königs, die verlangte, daß seine Kinder Phrixus und Helle geopfert werden, um die Fruchtbarkeit der Erde wiederherzustellen. Ein Widder mit goldenen Flügeln wollte die Kinder in Kolchis in Sicherheit bringen, doch Helle wurde schwindelig und fiel in den Meeresstreifen, der Asien und Europa trennt, der darauf Hellespont genannt wurde. Robert Raves, ein Gelehrter des 20. Jahrhunderts, erkannte in der Erzählung von Helle Spuren einer präionischen Mondgöttin. Ähnlich anderen Mondgöttinnen stürze Helle ins Meer, was die alte Verbindung des Mondes mit Meerwasser und Blut herstellt.

Herrinnen der Jahreszeiten und Elemente

Jahreszeiten und Elemente wurden häufig als Handlungen oder Stimmungen einer Muttergöttin interpretiert. Die Etrusker erklärten sich Donnerschläge als Zornesäußerungen ihrer Himmelskönigin. Die römische Göttin Cardea – von Ovid (43 v. Chr. – 17 n. Chr.) als „Türangel" der Welt beschrieben, um die sich die Jahreszeiten drehen – kontrollierte auch die vier Winde. Ungewöhnlicher und poetischer klingt die Schilderung der Inuit von den Kindern, die Stürme verursachen. Eines der Kinder, Kadlu, springt auf hohles Eis, um das dumpfe Rollen des Donners zu erzeugen, während die zweite Schwester, Kweeto, einen Feuerstein reibt, um Blitze zu erzeugen, und das Urinieren einer dritten Schwester bewirkt den Regen.

Die Geschichte von den Inuit-Kindern entspricht einem verbreiteten Muster, dem zufolge die für das Wetter zuständigen Göttinnen in Dreiergruppen auftreten. Dieses Muster existiert nach wie vor, wenn auch bisweilen verdeckt, wie im Beispiel von Frau Holle, einer Gottheit, die in entstellter Weise im gleichnamigen Märchen der Brüder Grimm bis heute überlebte. Auch in Deutschland, der Schweiz und Österreich gedenkt man der Frau Holle an den zwölf Weihnachtstagen, an denen sie den Himmel überquert. Am 6. Januar werden für sie und ihre Schwester Perchta Weizenpfannkuchen aufgestellt. Wie Kadlu und ihre Schwestern wird Frau Holle mit drei Naturphänomenen verbunden: Kämmt sie ihr Haar, scheint die Sonne, schüttelt sie ihre Federdecke aus, fällt Schnee, an ihrem Waschtag regnet es.

In allen Zeiten und Kulturen wurde der regenerzeugende Aspekt der Göttin begrüßt, außer wenn sie, wie Lilith (auch bekannt als Ardatu Lili, siehe S. 98) Stürme erzeugt, die das Land zerstören können. Von Lilith heißt es,

Auf dieser einer Sandmalerei nachempfundenen Decke der Navajo, 19. Jh., umgibt der Regenbogen zwei heilige Männer, die ihrerseits die heilige Maispflanze – ihr Geschenk für die Menschheit – flankieren (siehe S. 70).

DIE REGENBOGENGÖTTIN

Die sieben bunten Streifen des Regenbogens waren die leuchtenden Schleier Mayas, der indischen Göttin des Scheins und Trugs. In Ägypten wurden sie durch die sieben Stolen der Isis symbolisiert und in der Bibel durch die sieben Schleier Salomes. Die Ischtar aus Mesopotamien trug eine Regenbogenkette, die als Brücke für die Gläubigen in den Himmel oder als unüberwindbare Barriere dienen konnte. Nachdem der Himmelsgott der Menschheit eine Flut geschickt hatte, bestrafte sie ihn, indem sie ihren Regenbogen vor seine Altäre stellte, damit er keine Opfergaben mehr erhalten konnte. Bei den Bantu-Völkern Afrikas ist der Regenbogen eine Python, Schutzherrin der Trockenheit und des Wassers. Bei den Bemba und Lunda ist die Göttin manchmal verkörpert durch die unfruchtbare Prinzessin Lueji oder durch die provokante Tshilimbulu. Kaum hatte Tshilimbulu einen Verehrer, tötete ihn der eifersüchtige Gemahl. Tshilimbulu verwandelte sich in Lueji und verursachte eine Trockenheit. Um den Regen zu beschwören, wird die Göttin zeremoniell getötet, zerstückelt und in einen Krug geworfen.

Detail aus dem Gemälde Primavera *von Sandro Botticelli, um 1477. Die eben aufgeblühten Frühlingsblumen entspringen dem Mund eines Mädchens und werden vom Wind verweht. Die römische Frühlingsgöttin war Flora, der zu Ehren die Floralia, ein jährliches Maifest, stattfanden. In Nordeuropa wurde die jungfräuliche Frühlingsgöttin Maj oder Mai genannt. Der ihren Namen tragende Monat war traditionell die Jahreszeit, in der man in Nachahmung der Erdmutter „Grün trug". Der Mai war auch bis zum 16. Jahrhundert etwa der Monat, in dem Männer und Frauen auf dem Land in den gepflügten Feldern verbotenen Geschlechtsverkehr hatten, um das Wachstum des Getreides zu fördern (siehe S. 40).*

daß sie mit derselben Maßlosigkeit, in der sie Regen und Fruchtbarkeit spendet, menschliche Fruchtbarkeit verschwendet, indem sie Männer dazu bringt, im Schlaf zu ejakulieren.

Die Göttin wird in ihrer Dreiheit als Jungfrau, Mutter und altes Weib oft mit Frühling, Sommer und Winter assoziiert, manchmal stehen diese verschiedenen Aspekte ihres Charakters jedoch in Konflikt miteinander. Der Kampf zwischen den Jahreszeiten wird in den britischen und irischen Mythen von Cailleach Bheur dargestellt, einer blaugesichtigen Winterhexe, auch bekannt als „häßliches Fräulein", Caillah ny Groamagh (die „schwarze alte Frau" der Insel Man), und von der Schwarzen Annis (aus den Dane Hills, Lancashire, England). Diese Göttin raubte den Liebsten des Frühlings (manchmal identisch mit Brigit, siehe S. 35) und stellte diesem die unerfüllbare Aufgabe, ein braunes Schafsfell so lange zu waschen, bis es weiß würde. Der Frühling bat schließlich die Sonne um Hilfe. Diese schleuderte einen Speer, vor dem Cailleach unter eine Stechpalme flüchtete – und des Frühlings Liebster war befreit.

Möglicherweise war Cailleach Bheur eine vorkeltische Gottheit und die Frühlingsmaid ihr jugendlicher Aspekt, während ihre „hassenswerte" Form jeden Beltan (30. April) verschwindet und zu Samadh (31. Oktober, dem Tag ihrer Wiedergeburt) zurückkehrt.

Die Geschenke Leben und Getreide

Die als Erde verehrte Göttin hat meist die „Aufgabe", den Ertrag des ihr anvertrauten Saatgutes zu sichern. In einigen Überlieferungen erscheint die Göttin in menschlicher Gestalt, bevor sich Teile ihres Körpers in wichtige lokale Pflanzen verwandeln. Dewi Sri ist eine südasiatische Göttin des reifenden Reises. Ein Mythos aus Java erzählt, wie sie aus einem von der Unterwelt-Schlange Antaboga auf die Erde gebrachten Juwel auftauchte und starb, als sie sich weigerte, den Himmelsgott Batara Guru zu ehelichen. Aus ihrem Haupt sproß die Kokospalme, aus ihrem Schoß gingen Reiskörner hervor, und aus ihren Zähnen wuchs Getreide. Bisweilen fungiert die Göttin in abstrakterer Weise als Verwalterin des Getreides: Eshara, eine chaldäische Göttin, verkörperte das Recht auf Besitz von gepflügtem Land.

Eine Katchina-Puppe der Pueblos, den Geist des Getreides darstellend. Diese Püppchen werden Kindern gegeben, damit sie die einheimischen Gottheiten kennenlernen.

Reis, Mais oder Weizen sind seit jeher die wichtigsten kultivierten Getreidesorten der Welt. Ihre Bedeutung ist in zahlreichen asiatischen und pazifischen Gottheiten wie der Dewi Sri versinnbildlicht, so wie in den Mythen und Ritualen der griechischen Demeter und in einer Vielzahl von Mythologien amerikanischer Kulturen, in denen Getreide oft das Hauptnahrungsmittel war.

Eine Erzählung amerikanischer Pueblo-Ureinwohner berichtet, wie die Menschen die Sonne um mehr Nahrung anflehten. Auf ihre Gebete hin kamen sechs Kornmädchen von unterschiedlicher Farbe zum Pueblo. Jede verkörperte eine andere Getreidesorte. Die Ernten gediehen, bis die Menschen verschwenderisch wurden und die Göttinnen und ihre Geschenke zuwenig achteten. Die Mädchen zogen sich zurück und ließen die Ernten verdorren und verkommen. Sie konnten zur Rückkehr überredet werden, doch um den Menschen klarzumachen, daß die einst von ihnen großzügig gewährte Fülle keine Selbstverständlichkeit war, weigerten sie sich, das ganze Jahr hindurch zu bleiben. Der Mythos der Penebscott von der ersten Mutter (siehe S. 17) zeigt ebenfalls die Notwendigkeit, das Land mit Respekt zu behandeln. Häufig wird das Getreide selbst als Mutter Getreide angesprochen, eine Geisteshaltung, die sich auch auf der anderen Seite des Globus in dem deutschen Ausdruck *Kornmutter* widerspiegelt.

Die griechische Demeter, die Tochter Gaias (siehe S. 72), brachte der Menschheit nicht nur Getreide, sondern war auch die Begründerin der Zivilisation, indem sie Triptolemos (einem jungen Gottkönig) den Pflug und die landwirtschaftlichen Techniken als Geschenk überreichte. Als Hades Demeters Tochter Kore (oder Persephone) in die Unterwelt entführte, wurde die Erde unfruchtbar. Hades ließ Kore frei, doch weil sie in der Unterwelt vom Granatapfel – einem Symbol der Vagina – gekostet hatte, mußte sie alljährlich eine Zeitlang dorthin zurückkehren. Winter herrscht, wenn Demeter ihre Abwesenheit betrauert.

Des Augenblicks der Entführung Kores wurde in Athen bei den Thesmo-

GETREIDERITUALE DER GÖTTIN

Der römische Historiker Tacitus schrieb um 98 n. Chr. über eine keltisch-germanische Erdmutter namens Nerthus. Die Göttin wurde (als Kultbild) auf einem Karren über die Felder eines von sieben Stämmen bewohnten Gebietes gefahren. Während dieser Zeit stellten ihre Anhänger alle Feindseligkeiten ein, um ihre Ankunft zu feiern. Nach Ende der Reise brachte sie der amtierende Priester in ihren heiligen Hain zurück, wo sie samt ihrem Karren in einem See versenkt wurde.

Tacitus erwähnte den Zeitpunkt des Festes nicht, doch fand es vermutlich zu Frühlingsbeginn statt. Auch in Kleinasien wurde Kybele von ihren Anhängern in einem Karren über das Land gezogen, um die Felder zu segnen. Dann zogen sie zu einem Fluß, wo sie rituell gebadet wurde, um die Reinwaschung und Bewässerung der für die Bepflanzung bereiten Felder zu symbolisieren.

Dieses Getreidepüppchen vom Balkan stellt die Göttin dar. Es ist ein Talisman, der im kommenden Jahr eine gute Ernte bringen soll.

phorien, dem Fruchtbarkeitsfest der Frauen (siehe S. 41), gedacht, bei dem Opferferkel in eine Grube voller Schlangen geworfen wurden. Schweine wurden mit Erdgöttinnen in engen Zusammenhang gebracht – von Isis in Ägypten bis zu Pele in Hawaii –, vielleicht weil die Tiere sehr fruchtbar sind und bei ihrer Suche nach Nahrung den Boden umzupflügen scheinen.

Daß ausschließlich Frauen an den Thesmophorien teilnahmen, könnte darauf hinweisen, daß Frauen im Neolithikum – zu einer Zeit, als die Männer nicht mehr genügend Jagdbeute heranschaffen konnten, um die anwachsende Bevölkerung zu ernähren – bei der Bestellung der Erde eine größere Rolle spielten. Die Entdeckung weiblicher Figurinen in Getreidebehältern in den Ruinen von Çatal Hüyük, in der heutigen Türkei, aus dem 6. Jahrtausend v. Chr. bestätigt diese Auffassung.

Pompejanisches Mosaik, 1. Jh. n. Chr.: Ceres krönt die neu aufgegangene Weizenähre. Ceres war der römische Name für Demeter, der Weizen symbolisierte ihre Tochter.

Die Göttin und die natürliche Ordnung

Die Titanen, die Riesen und andere „monströse" Kinder der griechischen Erdgöttin Gaia können als Personifikationen der destruktiven Mächte des Universums angesehen werden. Die Göttin maßte sich kein Urteil über diese Mächte an (siehe S. 60–61). Zerstörung war notwendig, um neuem Leben Raum zu geben, und Teil des Prozesses, der den Lauf der Welt aufrechterhielt. Erst die Menschen sahen eine Bedrohung als böse und Sicherheit als gut an. Zeus, der König der Götter, ein Nachkomme Gaias, kam mit Hilfe seiner ersten Frau Metis („Klugheit") durch eine List an die Macht. Erst nachdem er sie verschlungen hatte, heiratete er Themis („Recht"), die Göttin der gesetzlichen Ordnung, und zeugte die Horen, Eunomia („Gute Ordnung"), Dike („Gerechtigkeit") und Eirene („Friede").

Die Geschichte Gaias schildert ihre Bemühungen, ihre Nachkommenschaft vor der Vernichtung zu schützen. Gaias Handlungen wurden in verschiedenster Weise interpretiert: unter sozialem Gesichtspunkt, als Beispiel unergründlicher weiblicher Mysterien oder als volkstümliche Erinnerungen an den vorsozialen, ungeregelten Status der Menschheit; in mythologischer Betrachtung als unzähmbare Elemente der Religionen eroberter Völker; und vom naturwissenschaftlichen Standpunkt als Analogie für die Funktion der Erde.

Die Gaia-Hypothese wurde erstmals 1969 vom britischen Wissenschaftler James Lovelock aufgestellt und in den 70ern detailliert ausgeführt. Sie geht davon aus, daß die Erde ein komplexer, sich selbst regulierender Organismus ist, in dem eine Wechselseitigkeit zwischen belebten und unbelebten Teilen herrscht. Die Umgebung wirkt sich nicht nur auf ihre Bewohner aus, sondern diese auch auf sie. Die lebendigen Geschöpfe sind die Sinnesorgane Gaias: Sie entdecken Veränderungen (die Sonnenstrahlung ist um 30 % höher als zu Beginn der Evolution) und tragen dazu bei, den „globalen Stoffwechsel" im Gleichgewicht zu halten. Bei diesen Anpassungen können ganze Arten aussterben. Da die Menschheit die Umwelt in so hohem Maße aus dem Gleichgewicht gebracht hat, wurde vermutet, daß Gaia einen neuen Gleichgewichtszustand schaffen würde, was aber auch zum Aussterben vieler Arten und des Menschen führen könnte.

Attische rotfigurige Vase, ca. 460 v. Chr., die verschiedene Züge der Erdgöttin zeigt. In der oberen Szene kämpfen die olympischen Götter gegen die Monster Gaias; die untere Szene stellt Demeter mit Triptolemos dar (siehe S. 70–71). Demeter ist das Sinnbild der Wohltätigkeit und Produktivität der Erde.

Die Verleumdung des Apelles, *von Sandro Botticelli, um 1498. Die nackte Gestalt zur Linken, die himmelwärts zeigt, ist die Wahrheit. Vom 15. Jahrhundert an wurde die Wissenschaft zunehmend als aktiver Prozeß beschrieben, der in die Natur „einzudringen" und sie zu „erforschen" suchte. Gleichzeitig wurde die Wahrheit – in der mittelalterlichen Kunst meist eine verschleierte, bescheidene Jungfrau – allegorisch als „nackte Wahrheit" dargestellt, die nichts zu verbergen hatte.*

NATUR UND KULTUR

Der Philosoph Francis Bacon beschreibt die im 16. Jahrhundert verbreitete Einstellung zur Natur so: „Wir werden die Natur auf die Folter spannen und ihr ihre Geheimnisse entreißen." Aus diesen Worten geht hervor, daß die natürliche Welt den sie erforschenden Menschen fremd war. In den folgenden 300 Jahren sollte diese Haltung einen rein theoretischen Rahmen für die wissenschaftliche Forschung bilden, in dem das Universum nur eine Maschine war, die sich nach von Forschern wie Bacon, Galilei und Newton entdeckten Gesetzen bewegte.

Den Göttinnen-Anbetern und einer wachsenden Anzahl von Wissenschaftsphilosophen zufolge ist die Ansicht, daß zwischen Natur und Menschheit eine unversöhnliche Dualität besteht, typisch männlich. Sie wird teilweise auf die Unfähigkeit des Mannes zurückgeführt, sich aus seinem eigenen Körper zu reproduzieren: ein Mangel, der durch ausgeklügelte kulturelle Modelle, die seinen Anteil am Schöpfungsakt festlegen, ausgeglichen werden muß. Ein mechanisches Universum erlaubt die Vorstellung eines Schöpfers als Maschinenbauer, anstelle einer Schöpferin, die das Leben organisch aus sich hervorbringt.

Die Tendenz, Natur und Kultur als Gegensätze zu betrachten, hält, bisweilen implizit, im Werk von Denkern des 20. Jahrhunderts an. Der französische Anthropologe Claude Lévi-Strauss behauptete, wenn die Natur in traditionellen Gesellschaften weiblich, unvorhersagbar und wild sei, dann wäre die Kultur männlich, beherrscht und dauerhaft.

Die Fruchtbarkeit und das göttliche Paar

Das göttliche Paar – Gott und Göttin in geschlechtlicher Vereinigung – existiert im Mythos und in der Religion, um die männlichen und weiblichen Prinzipien, die für die Fruchtbarkeit nötig sind, zu vereinen und die Existenz der Erde und ihrer Arten in einem Zustand des Gleichgewichts zu halten.

Die heilige Vermählung zwischen der Göttin und ihrem Geliebten ist für das Wohlergehen der Welt unerläßlich und wurde zum Prototyp für menschliche Paare in den Gesellschaften der ganzen Welt. Die Heiligkeit der Ehe geht darauf zurück, daß die Menschen den Göttern nachzueifern trachteten. Die Assoziation von Heirat mit Fruchtbarkeit hielt über die frühen göttinnenverehrenden Kulturen hinaus an.

Das heilige Paar verkörpert eine Ganzheit, eine vollkommene männlich-weibliche Dualität, die die Göttlichkeit über die sterbliche, geschlechtlich bestimmte Existenz hinaushebt. Möglich wird dies aber erst durch die Vereinigung geschlechtsspezifischer Elemente. Das Männliche verbindet sich mit dem Weiblichen, um die in vielen Mythologien geschilderte ursprüngliche Form, die vollkommene, alles umfassende Androgynie, wiederzufinden.

Eine Seite des präkolumbischen mexikanischen Kodex Fejervary-Mayer, der das Schicksal der Maispflanze darstellt. Im dritten Jahr (rechts) segnet der Regengott Tlaloc die Pflanze, die als Chalchiuhtlicue („Die mit dem grünen Edelsteinhüfttuch"), eine Wasser- und Regengöttin, dargestellt wird.

Der Abstieg in die Unterwelt

Als die Menschen der Frühzeit begannen, sich in festen Gemeinschaften niederzulassen und von einem vorwiegend auf Jagd und Sammeln ausgerichteten zu einem landwirtschaftlichen Lebensstil überzugehen, wurden vermutlich ihre bestehenden Glaubenssysteme – die die Analogie zwischen dem fortpflanzungsfähigen weiblichen Körper und der Erde einschlossen – um das neu erworbene Wissen erweitert. Der alljährliche Zyklus des Säens und Erntens wurde in die Rituale und Mythen um die Göttin und ihre Beziehung zur Unterwelt – zugleich Stätte der Beerdigung als auch des neuen Lebens – aufgenommen.

Der griechische Kore-Demeter-Mythos ist eine der bekanntesten Erzählungen über den Abstieg einer Göttin in

Persephone und Hades auf einer griechischen Vase, 4. Jh. v. Chr. Persephone wird häufig mit Getreide in den Händen gezeigt oder mit einer Fackel, dem Symbol des Lichts, das die Welt im Winter verläßt.

die Unterwelt und könnte bis in das Neolithikum zurückreichen, wo es Hinweise auf zwei (namenlose) zusammengehörige Göttinnen gibt, die vermutlich Manifestationen der gleichen Lebensquelle sind, die alles Lebendige durchströmt. Auch die Namen des präolympischen Duos Demeter („Kornmutter") und Kore („Mädchen") spielen auf Reife und Jugend an.

Nach dem homerischen Hymnus an die Demeter wurde die jüngere Göttin (hier Persephone) von Hades entführt. Demeter, die den Verlust ihrer Tochter betrauerte, suchte sie allerorten und kam schließlich nach Eleusis, wo sie dem König Triptolemos das Geschenk der Landwirtschaft machte. Während sie ihre Suche fortsetzte, begann die Erde durch ihre Klagerufe zu verdorren,

DIE SEXUALITÄT IN DEN INANNA-HYMNEN

Der Gedichtzyklus, der die Taten der sumerischen Göttin Inanna beschreibt, existiert seit mehr als 4000 Jahren als Fragment eines auf Tontafeln geschriebenen Werkes. Diesem Zyklus zufolge lehnte Inanna an einem Apfelbaum, als „die junge Frau über ihre schön anzusehende Vulva jauchzte, sich selbst zu ihrer Schönheit beglückwünschte" und beschloß, ihren Großvater Enki (oder Enlil) zu besuchen. Dieser empfing sie und überreichte ihr während eines festlichen Gelages die „me-Kräfte", die Attribute der Zivilisation. Trotz Enkis späterer Versuche, diese zurückzubekommen, kehrte Inanna mit ihnen in ihren Himmel zurück. Bald danach erwachte sexuelles Verlangen in ihr, „und sie sang ein Lied ihrer Vulva", in dem sie diese mit einem Horn und dem „jungen Mond" verglich. Sie beschrieb sich auch als „unbebautes, braches Land" und schuf damit die Basis für den agrarischen Mythos ihrer Heirat mit Dumuzi. Sie rief aus: „Was mich betrifft, Inanna, wer wird meine Vulva pflügen? Wer wird mein reifes Feld pflügen? Wer wird meinen feuchten Boden pflügen? Was mich betrifft, die junge Frau, wer wird seinen Stier daran anschirren?" Durch die Antwort des Königs, daß er ihre Vulva pflügen wolle, ermutigt, befahl sie: „Pflüge meine Vulva, Mann meines Herzens!"

Im Augenblick der Penetration wurde der Geliebte der Göttin essentieller Bestandteil des landwirtschaftlichen Prozesses: das wesentliche männliche Element, das ihr braches Land fruchtbar machte. Die Liebesdienste des Koitus und der Befruchtung waren sowohl heilig und erhaben als auch für die Beteiligten lustvoll. Sie gehörten zu den Attributen der Zivilisation, und Enki nannte sie in einem Atemzug mit der Wahrheit, dem Tod und der Wiedergeburt: „Meiner Tochter Inanna werde ich geben Wahrheit! Abstieg in die Unterwelt! Auferstehung aus der Unterwelt! Die Kunst des Liebens! Das Küssen des Phallus!"

Die Liebe wurde somit als heiliges Ritual mit Raffinement praktiziert. Enkis Anspielung auf Fellatio zeigt, daß Sexualität nicht auf Fortpflanzung beschränkt war, und die Erwähnung des süßen Geschmacks der Vulva in den Versen sowie von Dumuzis Gesicht zwischen Inannas Schenkeln und auf ihrem Schoß sind deutliche Anspielungen auf Cunnilingus.

Schafbock, ca. 2500 v. Chr., aus den Königsgräbern von Ur. Er symbolisiert Dumuzi den Schäfer, der im Dickicht der Unterwelt gefangen ist.

bis kaum noch Nahrung für die Menschen und Opferspeisen für die Götter übrig waren. Zeus wurde alarmiert und willigte ein, daß Persephone zwei Drittel des Jahres an die Oberfläche zurückkehrte, unter der Bedingung, daß sie das verbleibende Drittel mit ihrem Gemahl Hades in der Unterwelt verbringe. Persephones Rückkehr auf die Erde – gefeiert im Fest der Demeter – symbolisiert den Frühlingsbeginn. Ihr Abstieg in die Unterwelt verursacht den Einbruch des Winters.

Isis als Königin der Unterwelt, Tibetanisches Totenbuch, ca. 1150 v. Chr.

Die Hauptelemente dieses Mythos gleichen sich, wo immer sie auftreten: Der jahreszeitliche Zyklus beginnt, wenn eine Muttergöttin – wie Freyja in Skandinavien, Inanna in Sumer oder Aphrodite in Griechenland – ihr Kind verliert. Es gibt jedoch viele regionale und historische Abweichungen. Die ägyptische Isis verliert ihren Gemahl Osiris und wird, als sie seinen zerstückelten Körper wieder zusammenfügt und belebt, symbolisch zu seiner Mutter. Obwohl sie nicht in die Unterwelt hinabsteigt, haben ihre Reisen durch Sümpfe und Ödland denselben mythischen Charakter. Die meisten Göttinnen wie Freyja und Aphrodite verlieren nicht ihre

DAS GROSSE UNTEN

Ereschkigal war, wie die meisten Muttergöttinnen, die Herrscherin der Unterwelt. Ihr Name wird mit „Königin der Unterwelt" übersetzt. Sie wird meist für die Schwester oder die dunklen Seiten Inannas angesehen; es heißt, daß das Paar einst gemeinsam sowohl über die Ober- als auch die Unterwelt herrschte. Dies wird durch Inannas Behauptung auf ihrer Reise in die Unterwelt bestätigt, daß sie das Begräbnis von Gugulana, „dem Gemahl meiner älteren Schwester Ereschkigal", besuchen werde.

Ereschkigal, Inanna und andere sumerische Göttinnen haben viele Attribute gemeinsam.

Ereschkigal wird manchmal auch mit Ninlil, Schutzherrin der Stadt Nippur, gleichgesetzt. Sie wurde wiederholt von Enki (Enlil), Inannas Großvater, vergewaltigt. Die zornigen Götter verbannten Enki in die Unterwelt, doch Ninlil, die wußte, daß sie schwanger war, und nicht allein sein wollte, folgte ihm nach. Später entkam Enki und eignete sich die Erde an. Ninlil wurde von der „Unterwelt" als Preis einbehalten und gebar dort den Mond. Indem sie in die Unterwelt hinabgestiegen war, um neues Leben hervorzubringen, entsprach Ninlil-Ereschkigal der ursprünglichen mythologischen Rolle der Muttergöttin.

Tochter, sondern einen Sohn (Baldur bzw. Adonis), der durch einen gewaltsamen Tod in die Unterwelt kommt. Eine Trauerzeit, charakterisiert durch die Verwüstung der Welt, folgt, bevor die Göttin über die Rückkehr ihres Sohnes für einen Teil des Jahres verhandelt.

Die Göttin Inanna unternahm die Reise in die Unterwelt, um ihren eigenen Tod und ihre Wiedererstehung (trifft auch auf Kore und Demeter zu) zu erfahren. Im Gedicht „Inannas Abstieg in die Unterwelt" heißt es, daß sie freiwillig ging. Als sie in das Reich ihrer dunklen Schwester Ereschkigal (siehe S. 78) hinabstieg, mußte sie sieben Tore durchschreiten. Bei jedem wurde ihr ein Kleidungsstück abgenommen und sie damit Stück um Stück ihrer Insignien und Macht beraubt. In der Unterwelt war sie Ereschkigals Todesblick machtlos ausgeliefert; ihr Leichnam wurde an einen Haken gehängt, und sie konnte die Unterwelt nur verlassen, indem sie ein Opfer an ihrer Stelle nannte: Wie Aphrodite bot sie – einer Sohn-Geliebten-Tradition der Unterwelt folgend – ihren Partner Dumuzi (siehe S. 80–81) an, um die Fruchtbarkeit der Erde zu sichern. Inannas Abstieg entspricht auch den monatlichen Mondphasen: Ihr Körper hängt drei Tage lang (Dauer der Monddunkelheit) an Ereschkigals Haken.

Das Kind symbolisiert in diesen agrarischen Mythen die Saat, die in der Erde versenkt ruht, bis sie als junge sprießende Pflanze hervortreibt. Diese reift bis zur Ernte, und der Prozeß beginnt von vorne. Auf diese Weise wird ein grundlegendes landwirtschaftliches Prinzip zu einer Allegorie für das menschliche Leben, und der Wunsch, in die Jahreszeiten integriert zu werden, führt zu Ritualen, die den Prozeß der Befruchtung symbolisieren. Die als Eleusinische Mysterien der Demeter bekannten Riten (zu Frühlingsbeginn und im Herbst) enthielten geheime, den Initianden vorbehaltene Rituale, bei denen das Individuum starb, in sein vergangenes Leben heimging und die Seele an ihren Ursprung zurückkehrte, bevor sie wiedergeboren wurde. Das Mysterium selbst bestand in der Enthüllung, daß das Leben nicht endet, sondern sich nur endlos wandelt. Das Getreide war das Symbol dieses ewigen Lebens. Der Dramatiker Sophokles sagte: „Dreimal gesegnet seien jene Sterblichen, die diese Riten gesehen haben, bevor sie den Hades betreten: Nur für sie ist dort Leben, den anderen ist alles Jammer."

Die Vorstellung von dem im Erdinneren vom Tode wiederauferstehenden Leben wird in dieser vaginaähnlichen Öffnung des neolithischen Grabhügels bei Bryn Celli Ddu, Wales, deutlich.

Die Göttin und ihr Sohn

Wo immer im Nahen Osten und in Europa eine Muttergöttin verehrt wird, existiert auch ein Kult um einen Gott, der zugleich ihr Sohn und ihr Geliebter ist. Solche Kulte kennt man mindestens seit dem 6. Jahrhundert v. Chr. von der Çatal-Hüyük-Kultur in der Türkei und später auch von Syrien, dem Iran, Ägypten und Westeuropa. Die Muttergöttin ist der Ursprung, ihr Sohn die Frucht, die geopfert, vernichtet und wiedergeboren wird. Der Mythos vervollständigt den Abstieg Kores und Demeters in die Unterwelt und entspricht gleichzeitig dem Mythos von Aphrodite und Adonis oder Ischtar und Tammuz (siehe S. 76–77).

Eine der bestdokumentierten Überlieferungen des Sohn-Geliebten findet sich im Kult um Kybele (siehe S. 36) und Attis, den sterbenden Gott, der im Anatolien der Jungsteinzeit seinen Ursprung haben dürfte oder aus Thrakien (Bulgarien) dorthin gelangte. Der Kult breitete sich im 5. Jahrhundert v. Chr. bis nach Athen aus.

Über Kybele und Attis kursieren die widersprüchlichsten Geschichten. Der vermutlich älteste Bericht von Attis' Geburt schildert eine androgyne Kybele, die/der sich die männlichen Genitalien abtrennte, aus denen, als sie zu Boden fielen, ein Mandelbaum entstand. Aus den Früchten des Baumes ging Attis hervor. Sein Tod wird manchmal einem Jagdunfall zugeschrie-

Die Pietà,
Skulptur von Michelangelo, 1546–55. Die Kreuzigung ist ein typisches Frühlingsopfer.

DIE WEINENDE MUTTER

Die Beihilfe der Muttergöttin bei der Opferung ihres Sohnes verlieh ihr in manchen Überlieferungen den Anschein von Unbarmherzigkeit. In den meisten Mythen wurde sie jedoch als diejenige dargestellt, die die Bedürfnisse der Natur über ihre eigenen stellte und um den Verlust ihres Sohnes und Gemahls trauerte. Sie vergoß ewiglich Tränen um das heilige Kind, das sie zum Heil der Menschheit geopfert hatte.

Der alte Mythos der weinenden Mutter, der dem Frühling zugeordnet wird, hatte über den Pantheismus hinaus Bestand. Offenkundig wird diese Tradition im Christentum, wo man um die Osterzeit der Kreuzigung gedenkt. Auch der Enthauptung Husains, Fatimas Sohn und Enkel des Propheten, wird im *Muharram*, dem Neujahr des islamischen Kalenderjahres, gedacht. Die größte Verehrung wird Husain im Iran, der Heimat der alten Göttin-Sohn-Tradition von Attagartis und Mithra, zuteil. Das Frühlingsfest wird dort als traditionelles Neujahrsfest *Nauroz* gefeiert.

Die heidnische Göttin wurde von der streng monotheistischen Religion des Islam als frevlerisch verbannt, tauchte jedoch in Gestalt der trauernden Fatima wieder auf, einer historischen Gestalt, der eine wachsende Anzahl von Legenden und Beinamen zugeschrieben wird (z. B. „Mutter ihres Vaters"). Die Opferung des Sohnes durch die Göttin scheint in der Vorstellungswelt des Nahen Ostens ihren Platz behauptet zu haben.

Diese Gedenktafel, ca. 295 n. Chr., zeigt Attis vor einem heiligen Baum, während Kybele in einem von Löwen gezogenen Triumphwagen fährt. Der römische Dichter Lukretius (95–55 v. Chr.) schrieb, daß eine Statue Kybeles in einem löwenbespannten Streitwagen durch Rom gefahren wurde.

ben (er wurde, wie Aphrodites Geliebter Adonis, von einem Keiler aufgespießt). In anderen Erzählungen verliebt er sich in eine Sterbliche, woraufhin er sich – von Kybele in den Wahnsinn getrieben – selbst entmannte und verblutete.

Das Fest der Kybele begann am 24. März mit ihrer heiligen Hochzeit mit Attis – einer symbolischen Vermählung der Erde (der Göttin) und des Regens (des Blutes des geopferten Gottes), aus der gleichsam als Kind das Samenkorn hervorgehen sollte. Ein Stier, der den sterbenden Gott verkörperte, wurde rituell geschlachtet, und seine Hoden wurden der Erdgöttin dargeboten. Sterbende Götter (und Stiere) waren Sonnensymbole; sie mußten, wie man glaubte, wie die Sonne abends rot und blutig untergehen, um am nächsten Morgen wiedergeboren zu werden. Auch das goldene Korn wird mit dem Sonnenlicht verglichen; um die Erntesymbolik des Opfers zu betonen, wurden die Genitalien des Stiers mit einer von der Göttin bereitgestellten Sichel zerstückelt. Nicht alle Opferungen des Sohn-Geliebten waren mit Blutvergießen verbunden. Adonis wurde alljährlich im Frühling nur symbolisch getötet: Man ließ Kräuter in Töpfen vertrocknen und warf sie ins Meer.

Dürre und Fülle

Eine Seite aus dem präkolumbischen mexikanischen Kodex Fejervary-Mayer. Rechts bewässert eine Wassergöttin eine blühende Maispflanze. Links: Die von einem Gott (dem Herrn der Geschmeide) gehegte Maispflanze verdorrt.

Obwohl die Mythologien der Welt zahllose Wassergöttinnen kennen (siehe S. 46–51), besitzen nur wenige Macht über den Regen. Diese Diskrepanz beruht auf dem verbreiteten Schema, wonach die Erde die Mutter ist, die vom Regen befruchtet werden muß, der daher notwendigerweise männlich ist. In der Religion der Azteken gab es zwar mehrere Wassergöttinnen, doch war es der Gott Tlaloc, der für Regen, Frost, Dürre und Blitze zuständig war.

Dennoch wird die Göttin auch in den Regenmacher-Ritualen häufig als die oberste Gottheit angerufen. Die Fruchtbarkeit und die Verwaltung der Jahreszeiten sind die zentralen Motive der ugaritischen Mythologie Kanaans, die die Geschichte von El, dem Vater Baals (siehe S. 83), erzählt. Verschiedenen Auslegungen der Geschichte zufolge versucht El, der Schöpfergott, entweder zwei Frauen zu zeugen oder zwei Göttinnen zu lieben. In beiden Versionen überkommt seinen Phallus unwiderstehliches Verlangen, die zwei schönen Frauen, Ashera und „das Mädchen" Anath, zu „besitzen", wobei letztere in einem späteren Mythos die Frau und Schwester Baals ist.

Die Erzählung ist Teil eines Dramas, das vermutlich nach einer schlechten Ernte bzw. zu Beginn aller siebenjährigen Zyklen rituell inszeniert wurde, um die Fruchtbarkeit der nächsten sieben Jahre zu beschwören. Die rituelle Inszenierung des Spieles war ihres ungewissen Ausgangs wegen sehr spannend, weil der Ertrag der Felder, ungeachtet der Begierde des Gottes, allein von der Antwort der Göttinnen abhing. Nannten sie ihn „Vater", so mußte er sie als Töchter behandeln, und die Erde würde unfruchtbar bleiben. Sprachen sie ihn jedoch mit „Gemahl" an, würde er mit ihnen Geschlechtsverkehr haben und sich fortpflanzen. Sie würden ihm die Morgen- und Abenddämmerung gebären sowie 70 weitere „gute und anmutige" Gottheiten, die für Regen, Tau und Stürme und damit für das Gedeihen der Landwirtschaft sorgen würden.

Die ugaritischen Mythen verblüffen durch ihre menschliche Motivation – die Götter teilten die Sorgen gewöhnlicher Sterblicher, auch wenn diese offenkundig eher die Probleme und Ambitionen von Königen als von einfachen Bürgern betrafen. Die Göttin hingegen war geheimnisvoller und besaß unleugbar außerirdische Qualitäten. Selbst das

DIE SEMITISCHE GÖTTIN

Die ugaritischen Steintafeln, die auf 1400 v. Chr. datiert werden und Einblick in die damaligen Vorstellungen von der Göttin gewähren, wurden nach 1929 in Syrien und Palästina entdeckt. Die Erzählungen ranken sich um die männlichen Gottheiten El und Baal. Baal („Herr“) gilt als Schutzpatron der Stadt, während die Göttin ihre schützende Hand über ihn hält. Ähnlich verhält es sich mit El, der zwar der Vater der Götter ist, dem aber Ashera (Athirat) übergeordnet ist.

Der berühmteste Mythos der Steintafeln erzählt von Baal, dem Gott des Regens, des Taus und der Fruchtbarkeit, und seiner Schwester-Gemahlin Anath, die ihn führt, beschützt und unterstützt. Baal kämpft gegen seine Brüder Yam, den Meeresgott, und Mot, die Personifikation des Todes und der Dürre, um den Thron.

Anath sorgt für Baals Fortkommen, Wohlergehen und Erneuerung. Sie bewahrt ihn davor, Yam zu bekämpfen, bevor er vom Gott der Schmiedekunst entsprechend bewaffnet wurde; unbarmherzig metzelt sie feindliche Heerscharen nieder; sie erhält von El die Genehmigung, ihm den gewünschten Palast

Ein ugaritisches Siegel, 14. Jh. v. Chr., zeigt Baal und El.

zu erbauen. Baal mangelt es an Mut, El um einen eigenen Palast zu bitten, doch dieser versteckt sich ängstlich bei Anaths Ankunft. Als Baal vor Mot kapituliert und in den Untergrund verschwindet, findet sie ihn mit Hilfe der Sonnengöttin Shapsh und rettet ihn, indem sie „Mot tötet, zermahlt und einpflanzt“, worauf Baal als Getreide aus der Erde treibt. Damit verewigt sie den Kampf der Jahreszeiten, in dessen Kreislauf Baal (Fruchtbarkeit) immer Mot (Dürre) gegenübertritt.

rituelle Drama von El fand in den Gefilden der Göttin – den „Feldern von Ashera“ – statt. Sie war immanent (alles durchdringend) und erschien in mehreren Personifikationen: als Mutter, Frau, Schwester und Tochter der diversen männlichen Götter. Die Fortpflanzung und der Bestand allen Lebens war von ihrem Willen abhängig. Die Göttin handelte ihrem eigenen Impuls folgend, wandte je nach Erfordernis Diplomatie, Einschüchterung oder Gewalt an, behielt jedoch immer die Kontrolle über die Auswirkungen ihres Handelns. Die Götter Kanaans hingegen waren auf bestimmte Funktionen beschränkte Geschöpfe, Gefangene in einem Kreislauf ewiger Wiederkehr, während die Göttin außerhalb stand und das Geschehen leitete.

Göttlicher Inzest

Isis umarmt Osiris, ihren Bruder und Gemahl; aus dem Grab des Pharao Seti I., gestorben 1279 v. Chr. und begraben in Theben.

Göttlicher Inzest zieht sich in den verschiedensten Zusammenhängen durch die Mythologien der ganzen Welt. Er ist in den Beschreibungen der Unterwelt oder den Erklärungen für die Jahreszeiten (siehe S. 76–81) ein immer wiederkehrendes Thema. Ein Gott, der seine Tochter vergewaltigt, ist typisch in Erzählungen vom Ursprung des Menschengeschlechts. Inzest zwischen Bruder und Schwester wird häufig mit der Errichtung der kosmischen oder sozialen Ordnung verbunden. Wo immer die Göttin in der Weltmythologie auftaucht, ist sie bald – freiwillig oder unfreiwillig – in Inzest verwickelt.

Trotz ihrer augenfälligen Verschiedenheiten betreffen alle Inzestmotive komplementäre Gegensätze. Eine Mondgöttin paart sich mit einem Sonnengott, oder ein Gott, der über den Tod herrscht, vergeht sich an der Göttin neuen Lebens. Oft kommt diese „Vereinigung" nur durch das Gleichgewicht oder das Vertauschen gegensätzlicher Kräfte zustande: Sonne und Mond symbolisieren Tag und Nacht, Hades und Persephone Winter und Frühling, Baal und Anath Fruchtbarkeit und Dürre.

Die ägyptische Geschichte von Isis und Osiris enthält viele mythische Inzestthemen. Nephthys, Seth, Isis und Osiris waren Geschwister und gingen aus einer langen Kette inzestuöser Verbindungen (siehe S. 85) hervor. Isis und Osiris liebten einander bereits im Mutterschoß und wurden erstmals getrennt, als Seth Osiris dazu überredete, in ein Schmuckkästchen zu klettern, in das er eingeschlossen und auf dem Fluß ausgesetzt wurde. Dieser Versuch Seths, das Königreich seines Bruders zu übernehmen, löste die typische „Suche in der Unterwelt" aus.

Weil Isis eine Blutsverwandte von Nut war, verkörperte sie beides: sowohl die Mutter als auch die Geliebte von Osiris. In ihrer Rolle als göttliche Mutter verursachte sie durch ihre Abwesenheit von Ägypten eine Dürreperiode. Isis brachte Osiris schließlich nach Ägypten zurück und verwandelte sich in einen Vogel, dessen Flügel ihm neues Leben einhauchten. Osiris masturbierte und schwängerte Isis mit seinem Samen.

DIE ABSTAMMUNG DER GÖTTER UND KÖNIGE

Am Anfang teilt die ägyptische Schöpfungsmythologie eine formlose Ganzheit in logische Paare binärer Gegensätze. Später ist es komplizierter, weil die Gegensätze nicht die inzestuösen Paare sind – Osiris wird Seth, Isis Nephthys gegenübergestellt.

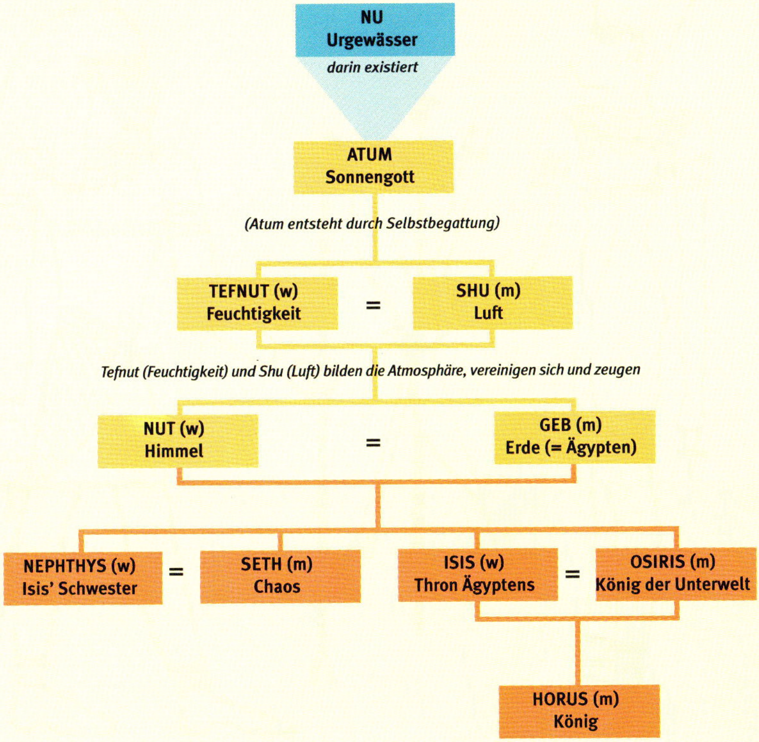

Schlüssel

Urgewässer

Die Atmosphäre trennt Himmel und Erde nach deren Zeugung. Dies ist wesentlich, weil der Himmel die Grenze zwischen dem materiellen Universum und den Urgewässern darstellt (in moderneren Kosmologien als Leere beschrieben). Weil nichts – auch nicht die „Vorfahren" Nuts – existieren kann, bevor der Himmel die Leere verdrängt, muß die ganze Schöpfung bis dahin gleichzeitig und damit zeitlos sein. Der Himmel wird daher sowohl als Mutter als auch Enkelin Atums beschrieben. Das ist der kosmologische Zyklus ägyptischer Mythologie.

Die Pharaonen identifizierten sich mit Horus. Diese Genealogie garantierte den Herrschaftsanspruch des Königs als Enkelsohn Ägyptens. Es ist der „historische" Beitrag der ägyptischen Mythologie, daß sie den Mythos des Königtums etablierte.

(m) männlich
(w) weiblich

= verheiratet oder liiert

Türschwelle eines Maori-Hauses, 19. Jh., die die Trennung Rangis, des Himmels, von Papa, der Erde, durch ihren Sohn Tane zeigt. Dies ist die erste Trennung der ursprünglich androgynen Einheit in Männliches und Weibliches. Tanes Kinder, die er mit seiner Tochter zeugte, bevölkerten die Erde.

Seth jedoch fand Osiris, zerhackte seinen Körper in vierzehn Teile (die vierzehn Abschnitte des ägyptischen Jahres) und verteilte sie im ganzen Land, wodurch mythologisch die Abfolge der Jahreszeiten erklärt wird. Isis sammelte die Stücke ein, konnte jedoch den Penis nicht finden, der von einem Fisch verschluckt worden war. Mit Hilfe von Nephthys setzte sie Osiris wieder zusammen, wodurch sie sich symbolisch erneut als seine Mutter etablierte. Auch Horus, das während ihrer früheren Verbindung empfangene Kind, verkörperte den wiedergeborenen Osiris.

Als Horus zum Jüngling heranwuchs, machte er Seth die Vormachtstellung streitig. Isis verfocht und gewann die Streitsache ihres Sohnes vor einem göttlichen Tribunal, doch der mit dem Schiedsspruch hadernde Seth setzte den Kampf fort. Ein wilder Wettstreit zwischen Seth und Horus setzte ein, der von Gewalt- und Unzuchtshandlungen begleitet war. Diese sexuellen Attacken können auch als göttlicher Inzest interpretiert werden, der zum Ziel hat, gewaltige Gegensätze zu verschmelzen. Der Gegenpol von Osiris (der die Ordnung und die Fruchtbarkeit des Nils verkörperte) war nicht seine Schwester-Gemahlin Isis, sondern sein Bruder Seth (der Chaos und Unfruchtbarkeit der Wüste repräsentierte). Der Inzest von Isis und Osiris kann auch als politisches Bündnis interpretiert werden, welches das göttliche Erbfolgerecht ihrer Nachkommen legitimierte. Andererseits konnte das kosmische Ziel des göttlichen Inzests – die Vereinigung polarer Gegensätze – nur durch die inzestuöse Verbindung von Osiris-Horus und Seth erreicht werden. Nachdem die Götter einander mißhandelt hatten, trennte Isis den Samen Seths von dem des Horus und bewirkte, daß Horus' Samen in Seth eindrang, so daß Seths Behauptung, Horus durch anale Vergewaltigung gedemütigt zu haben, sich vor dem göttlichen Gericht als unwahr erwies. Der besiegte Seth mußte Horus dienen.

Inzest zwischen Bruder und Schwester diente dazu, die göttlichen und die menschlichen Systeme zu verbinden und die sozialen Ordnungen den kosmischen anzugleichen. Pharaonen vermählten sich in Nachahmung der Götter mit ihren Schwestern, um ihre göttliche Herkunft zu legitimieren (die Inka Südamerikas hatten eine ähnliche Tradition). Das Praktizieren des tabuisierten Inzests zeigte ihre Überlegenheit und sicherte ihre Führungsposition.

In den meisten Kulturen scheuten selbst die Könige davor zurück, das Inzesttabu zu brechen. Die Maori Neuseelands glaubten, daß der Tod durch den Inzest des Schöpfers Tane mit seiner Tochter Hine-nui-te-po in die Welt kam. Als Hine entdeckte, daß Tane ihr Vater war, floh sie in die Unterwelt. Tane folgte ihr und bat sie zurückzukehren, doch sie hieß ihn, wegzugehen und ihre Kinder (die Menschen) aufzuziehen, während sie in der Unterwelt auf sie wartete. Davor gab es keinen Tod. Die Erzählung erinnert an einen der ältesten Mythen, der die Vergewaltigung von Ereschkigal, der sumerischen Königin der Unterwelt (siehe S. 78), schildert.

DIE GESETZE DER NACHFOLGE

Als das südamerikanische Inkareich im Jahr 1532 an die Spanier fiel, erstreckte es sich vom heutigen Norden Ecuadors bis nach Zentralchile. Die Inka leiteten ihre Herkunft von mythischen Vorfahren ab, die aus Höhlen aufgetaucht waren. Der erste Inkaherrscher, Manco Capac, heiratete seine Schwester Mama Ocllo und erwählte seinen Sohn Sinchi Roca zu seinem Nachfolger. Anhand der königlichen Genealogie läßt sich dieses Ereignis etwa auf das 12. Jahrhundert datieren.

Aus den Überlieferungen geht nicht eindeutig hervor, ob der Inzest erst von Topa Inca Yupanqui, der 1471 die Macht übernahm, formell eingeführt wurde. Seine Absicht war, die göttliche Herkunft der Inka zu verankern und die Reinheit der Erbfolge zu sichern. Die Schwester und Hauptfrau des nächsten Kaisers, Huayna Capac, starb jedoch kinderlos. Unter diesen Umständen konnte der Herrscher irgendeinen seiner Söhne zum Nachfolger erwählen.

Illustration aus einer peruanischen Genealogie, 18. Jh., mit einer Darstellung der Inka-Prinzessin Mama Ocllo, die als Verkörperung des Mondes gekleidet ist. Sie hält eine Sonnenmaske mit den Zügen ihres Bruders und Gemahls Manco Capac.

Jahwe, Shekhina und Eva

Jahwe, die alleinige, höchste, männliche und vollkommene Gottheit der Juden, war den eroberten Stämmen Kanaans (siehe S. 38–39) – die eine Muttergöttin gewöhnt waren, die zu sexuellen Freuden als wesentlichem Bestandteil ihrer Verehrung aufrief – ein fremdes Wesen. Trotz der heftigen Attacken der hebräischen Propheten gegen die Göttin wurde diese weiterhin von der Öffentlichkeit verehrt und fand sogar Eingang in die Schriften und Traditionen des Judentums. Ashera überdauerte im öffentlichen Glauben mindestens bis 621 v. Chr., wo sie in einer Religionsreform zur Gemahlin des jüdischen Gottes gemacht wurde. Hinweise auf die Göttin finden sich auch im Hohenlied und im *Buch Jesaja*, wo Jahwes Name weibliches Geschlecht besitzt. Es gibt auch Anspielungen auf Jahwe als Mutter, die als Spiegelung eines Gottes erklärt werden, der die Geschlechtlichkeit transzendiert. Der Gnostizismus (siehe S. 107) entwickelte diese Hypothese weiter und meinte, daß das Göttliche sowohl Weibliches als auch Männliches in sich vereinigt und die spirituelle Suche der Menschheit eine Suche nach dieser Vereinigung sei.

Ein mittelalterliches Fresko aus dem Dom von Anagni in Italien zeigt den Propheten Samuel, wie er die Israeliten vor der Verehrung heidnischer Götter, wie Baal und Ashera, warnt.

Als Zerrbild dieser Konzeption einer göttlichen Heirat (siehe S. 100) wurde die Göttin in jüdischen Schriften als Symbol Israels eingeführt und als böse, zerstörerische Hure beschrieben, die ihren Gemahl Jahwe ständig hinterging. Ein Hinweis auf die hartnäckigste judäische Ausprägung weiblicher Göttlichkeit ist im *Buch der Sprüche* zu finden, durch das schattenhaft eine Frau der Weisheit geistert – eine seit Anbeginn existierende weibliche Gefährtin. Diese „Frau" Jahwes tauchte mit dem deutlichen Gepräge einer Göttin – abgesehen von der Bibel – in zahlreichen heiligen und mystischen jüdischen Texten auf.

Dem Talmud nach war sie der manifeste Aspekt Gottes, dessen Gegenwart vom Volk nicht nur gefühlt, sondern auch gesehen und gehört wurde. Die Midrasch erkannte sie als Fürsprecherin Gottes an, und der Talmud bestätigt diesen Status. Sie stand jedoch über den meisten Hypostasen (Geschöpfe, die die Gebote Gottes erfüllten und seine Anweisungen befolgten): Als Weisheit – auch Shekhina, Hokhma und Sophia – erhob sie sich zu Gott mit starken Worten des Rates.

Ihre körperliche Größe dehnte sich über Millionen Meilen aus, und ihre Helligkeit war so groß, daß die Engel

David spielt den Schulammit-Frauen vor, Gemälde nach Theodore Pulaki, 16. Jahrhundert: Schulammit (auch: Sulamith) ist eine der Bezeichnungen der weiblichen Stimme im Hohenlied.

DAS HOHELIED

Im vermutlich um 100 v. Chr. verfaßten biblischen *Hohenlied* verweist die den Hauptpart sprechende weibliche Stimme (die Braut) auf Fruchtbarkeitsrituale und erinnert an die sexuellen, erdbezogenen Bilder von Inannas Brautlied (siehe S. 77): „... Nordwind, erwache! Südwind, herbei! Durchweht meinen Garten, laßt strömen die Balsamdüfte! Mein Geliebter komme in meinen Garten und esse von den köstlichen Früchten." Der Bräutigam antwortet: „Ich komme in meinen Garten, Schwester-Braut; ich pflücke meine Myrrhe, den Balsam; esse meine Wabe samt dem Honig, trinke meinen Wein und die Milch." Seine ständige Bezugnahme auf eine Schwester-Braut erinnert an Isis und Osiris oder Baal und Anath, was den Schluß nahelegt, daß es die Verse bereits lange vor dem *Hohenlied* gab.

Nach der Vereinigung setzt die Braut fort: „Ich öffnete meinem Geliebten, doch der Geliebte war verschwunden: Mir stockte der Atem: Er war weg. Ich suchte ihn und fand ihn nicht; ich rief ihn, und er antwortete nicht." Wie der Sohn-Geliebte nach der heiligen Hochzeit war der Bräutigam gestorben und „in seinen Garten hinabgegangen", der Wiege der nächsten Generation, wo er „auf den Liliengefilden weidet".

Die Gültigkeit des Liedes im jüdischen Schrifttum wurde erst um 100 n. Chr. bestätigt, als der Rat von Jamnia entschied, daß es sich um eine Allegorie der Beziehung zwischen Jahwe und Israel handle. Die Verse wurden im Licht des Monotheismus auch als Metaphern für die Vereinigung der menschlichen Seele mit dem Göttlichen und die Kommunion Christi mit der Kirche interpretiert. Der sterbende Bräutigam scheint jedoch in der folgenden Frage etwas viel Greifbareres anzusprechen: „Wer ist, die da erscheint wie das Morgenrot, wie der Mond so schön, strahlend rein wie die Sonne, prächtig wie Himmelsbilder?" Diese Anspielung auf die Himmelskönigin des Nahen Ostens ist zu deutlich, um ein Zufall zu sein (siehe S. 114).

ihre Augen bedecken mußten, doch konnte sie auch winzig klein und unsichtbar werden. Ein Rabbi verglich sie mit dem Meer, welches nicht geringer wurde, wenn es in eine Höhle eindrang und diese ausfüllte. So kam es, daß Shekhina im Tempel Jerusalems lebte, aber auch mit den Stämmen umherzog und Israel und sein Volk verkörperte. Sie war nur für die Kinder Israels sichtbar, und ein Teil ihrer Aufgabe bestand darin, zu heilen und zu trösten.

Im gnostischen jüdischen Mythos erschufen der erste Mann und Shekhina die Welt, doch mit jeder nachfolgenden Generation von Sündern, von Adam bis zu den Einwohnern Sodoms, zog sie sich mehr und mehr zurück, bis letztlich in den siebenten (entferntesten) Himmel (dies erinnert an Inannas Reise durch die sieben Pforten der Unterwelt, siehe S. 78–79). Die Personifikation Shekhinas wurde teilweise auf die aramäische Bibel *Targum Onkelo* zurückgeführt, die das jüdische Verb „ich wohne" in allen Formen zu „meine Shekhina wohnt" umformt. Eigentlich war sie eine Projektion des Verlangens nach einer weiblichen Gottheit, die jene Eigenschaften aufwies, die als einem singulären männlichen Gott fehlend empfunden wurden. Es wird vermutet, daß Moses keinen sexuellen Verkehr mit seiner Frau mehr hatte, weil Shekhina seine Geliebte war, und nicht weil er sich rituell rein halten mußte, um mit ihr zu kommunizieren.

Der Anguipede, eine frühe Darstellung Jahwes mit der Göttin ähnlichen Zügen und Schlangenfüßen.

Die Erbsünde, aus einem Kommentar zur Apokalypse, *Guadeloupe. Frühe Gemälde zu diesem Thema haben große Ähnlichkeit mit alten Sumerersiegeln, die die Göttin und ihren Sohn zu beiden Seiten des Lebensbaumes und die Schlange als Symbol der Erneuerung zeigen.*

Als Weisheit – die unerkennbare, körperlose Gemahlin Jahwes – wurde die Göttin verehrt. Doch als sie sich in der *Genesis* als eine Frau aus Fleisch und Blut, als Eva, manifestierte, wurde sie offen degradiert und all ihrer Göttlichkeit enthoben. Die Geschichte von Evas Ursprung aus Adams Rippe ist vermutlich die Verzerrung eines alten mesopotamischen Mythos, bei dem die Muttergöttin Ninhursag die Rippe des Wassergottes Enki heilte und dabei die Göttin Nin-Ti (beide „Herrin der Rippe" und „Herrin der Geburt") erzeugte. Nin-Ti wurde die Schutzpatronin der Geburt und erschuf die Kinder *in utero* aus den Rippen ihrer zukünftigen Mütter. Obwohl Eva (von Hawwa) „Mutter alles Lebendigen" bedeutet, wurde sie als Ursprung alles Bösen und Verderberin der Männer verunglimpft, Eigenschaften, dic, wie man glaubte, auf alle sterblichen Frauen als ihre Nachfahren übergingen. Im Licht der Manifestation Shekhina ist Evas Sünde nur das Verlangen nach Wissen. Der Sündenfall ist ein Symbol ihrer Menschwerdung. Eva hatte den Tod gebracht, nicht als Vorstufe der Erneuerung, sondern als Ende des Lebens. Und da die Göttin die ganze Natur verkörperte, übertrug sich der Sündenfall Evas auch auf die Natur (siehe S. 73).

DIE MATRONE

Der Besitz von Weisheit oder Geheimwissen war den Verfolgten oft eine Quelle des Trostes. Der als Kabbala bekannte jüdische symbolische Mystizismus entstand im Mittelalter und entwickelte sich nach der Vertreibung der Juden aus Spanien im Jahr 1492 zu einer Massenbewegung im europäischen Judaismus. Zu dieser Zeit war die Matrone zur populärsten Manifestation der Shekhina oder ihres Alter ego, der Jungfrau Maria, geworden; sie vollbrachte Wunder und wurde wegen ihrer Freigebigkeit und Anmut verehrt. Die Tradition besagt, daß die Matrone, als Gott sich nach der Zerstörung des Tempels in den unerreichbaren Himmel zurückzog, mit ihren Kindern auf Erden blieb.

Dem *Zohar*, einem hebräischen mystischen Text aus dem 13. Jahrhundert, zufolge war sie das vierte Element des kabbalistischen Tetragramms, das durch die vier Buchstaben des Namens Gottes JHWH symbolisiert wird: J steht für den Vater (Weisheit), H für die Mutter (Verständnis), W für den Sohn (Schönheit) und H für die Tochter (Königtum). Die Matrone selbst hat einen ähnlich vierfaltigen Charakter, der mit jenem der Großen Göttin des Nahen Ostens in ihren verschiedenen Masken verglichen werden kann. Sie ist jungfräulich und liederlich, mütterlich und zerstörerisch; die Beschreibungen machen sie zu einer Phantasiegestalt: rein, bis ein Bittsteller ihr Verlangen erstmals erweckt und sie in eine Hure verwandelt; während seiner Abwesenheit ist sie keusch; sie ist seine Beschützerin.

Boethius wird von der Weisheit besucht, aus einem deutschen Manuskript des 12. Jh.s. Boethius (ca. 480–524 n. Chr.) war ein römischer Philosoph. Sein Meisterstück „Trost der Philosophie", das er schrieb, während er auf seine Hinrichtung wartete, beschreibt, wie ihn die Personifikation der Philosophie lehrte, daß alle Dinge, selbst sein Tod, einem höheren Gut dienten.

Das Sexualleben der Göttin

In einem den menschlichen Sitten nachempfundenen Pantheon konnte es keine Schöpfung ohne sexuelle Vereinigung geben. Daher pflegten die männlichen und weiblichen Fruchtbarkeitsgötter ein reges Sexualleben, um die Fruchtbarkeit der Natur zu erhalten. Dieses wurde auch durch keinerlei Vorurteile in Hinblick auf Eigenart oder Charakter der Wesen, die aus den zahlreichen Vereinigungen hervorgingen, eingeschränkt. Da sie das kosmische Gleichgewicht aufrechterhalten mußten, waren sie nicht nur berechtigt, sondern sogar verpflichtet, sowohl Gutes als auch Böses in all seinen zahllosen Variationen hervorzubringen.

Fruchtbarkeitsgöttinnen zögerten nicht, zu Arglist oder Trugbildern zu greifen, um ihre immensen fleischlichen Gelüste zu befriedigen. Die Sexualität der Göttin stand jedoch in hohem Ansehen: Sie wurde in rituellen Dramen inszeniert, von ihren Priesterinnen nachgeahmt und von ihren Anbetern in orgiastischen Ritualen imitiert. Darüber hinaus war das Sexualleben der Göttin in vielen Gesellschaften Vorbild für ein System heiliger Prostitution, worin die Vereinigung Teil einer sakramentalen Wiederholung des göttlichen Schöpfungsaktes war.

Ein Begräbnisband aus Seide, 6.–7. Jh. n. Chr., zeigt die mit ihrem Gemahl Fu Xi verschlungene chinesische Schöpferin Nü-kua, bekannt als die „Wiederherstellerin der kosmischen Ordnung".

Die Funktion des Schöpferischen

Sowohl literarische als auch historische und archäologische Quellen weisen darauf hin, daß die Techniken sexueller Freuden in vielen alten Kulturen in hohem Ansehen standen und ihr Stellenwert vergleichbar jenem der Kunst oder der Musik in modernen Gesellschaften war. Sie wurden zu derartigem Raffinement kultiviert, daß sie zu einer Grundlage philosophischen und religiösen Denkens wurden. Der Augenblick der sexuellen Vereinigung wurde als höchster Ausdruck menschlicher Schöpferkraft betrachtet.

Kulturen wie die des alten Sumer, die die Sexualität als komplexe und lustvolle Aktivität ansahen (vergleichbar der indischen Disziplin des Yoga), verehrten im allgemeinen eine aktive weibliche Gottheit. Die Vereinigung ist dabei ein Akt, dessen Bedeutung über eine rein fleischliche Befriedigung oder das Bedürfnis nach Erhaltung der Art hinausgeht. Diese Form sexueller Ethik inspirierte zahlreiche erotische Texte, die Teil eines bis heute währenden religiösen Diskurses waren. Zu diesen religiös-erotischen Werken zählen die von Inanna (siehe S. 77) handelnden sumerischen Tontafeln sowie ugaritische rituelle Dramen, diverse japanische Texte, darunter *Nihon-Shoki* und *Kojiki*, und verschiedene medizinisch-philosophische Abhandlungen aus China. Der vielleicht berühmteste aller alten erotischen Texte ist das *Kamasutra* von Vatsyayana, das in Indien zwischen dem 3. und 5. Jh. n. Chr. geschrieben wurde.

Eine tibetische Bronzestatuette, 18. Jh., des höchsten Buddha, in Vereinigung mit seiner weiblichen Quelle von Weisheit und Macht.

Die Vorstellung von Sexualität als Sünde fehlt in diesem Werk, wie in den meisten frühen erotischen Schriften, gänzlich. Das *Kamasutra* enthält freie und detaillierte Erörterungen der Schönheit, insbesondere der Yoni (siehe S. 96–97), die mit „einer sich öffnenden Lotusknospe" verglichen wurde und „deren Duft dem einer eben aufgesprungenen Lilie" gleichen soll. Das *Kamasutra* inspirierte die Autoren vieler Tantras, heiliger Texte der mystischen asiatischen Philosophien. Der Tantrismus betrachtet das Universum als ein Bündel energetischer Schwingungen, die beim Liebesspiel des Gottes Shiwa (der passiv und unerkennbar ist) mit seinem aktiven weiblichen Prinzip, der Shakti, frei werden. Eine der „Fünf Praktiken" des Tantrismus ist *kamakala dhyana,* die Meditation über die Kunst des Liebens. Der Anbetende versenkt sich hierbei in das Verlangen nach der Yoni der Göttin als dem Zentrum seiner Verehrung.

Die körperliche Vereinigung findet in vielen tantrischen Traditionen als Allegorie der mystischen Vereinigung zwischen der Göttin und dem Anbetenden statt. Neben dem Frieden im Jenseits führt diese Vereinigung zu einer Befreiung zu Lebzeiten – ein Zustand, der nur in Religionen mit einer mächtigen Göttin erstrebenswert scheint. Der Geschlechtsverkehr soll alle sozialen Schranken aufheben und den für die göttliche Schöpferkraft unerläßlichen Fluß der Energien freisetzen.

Die *Tantras* und das *Kamasutra* adeln Frauen, indem sie sie als Abbild der Göttin ansehen (siehe S. 96–97). Derselbe Prozeß ist im Westen bei den Riten des modernen Wicca-Kults (siehe S. 152–153) zu beobachten. Im extremen Gegensatz dazu steht in der christlichen Tradition der hl. Johannes, der in seinem Buch der Offenbarung, zutiefst der heiligen Tradition verpflichtet, den „abscheulichen Schmutz der Hurerei" anprangert. Frauen, Städte und die Göttin – in Gestalt der Hure Babylon – wurden als Dirnen verdammt, die die schmutzige Ware der Sexualität feilboten. Obwohl patriarchalisch organisierte Religionen die Sexualität nie so umfassend integrieren wie jene, in deren Zentrum eine mächtige Göttin steht, bekämpfen nicht alle die Sexualität. Mohammed befürwortete nie den Zölibat, und der Koran enthält kaum Hinweise auf Sexualfeindlichkeit. Selbst in der Bibel findet sich das erotische *Hohelied Salomons*, das allerdings wahrscheinlich heidnischen Ursprungs ist.

TARA UND DAKINI

Tara, deren Name „Stern" bedeutet, ist die populärste Gottheit Tibets, wo sie auch als Dölma bekannt ist. Den Laienanhängern ist sie die höchste Mutter, die Große Tara – Mahatara. Ihren Ursprung hat sie in der indischen Göttin Kali, doch im 3. Jahrhundert n. Chr. wurde sie in das buddhistische Pantheon des Mahayana eingegliedert. Als höchste Schöpferin schenkte sie den Buddhas und Bodhisattvas selbst das Leben. Tara ist auch die Göttin des Asketentums und der Unterweisung in Weisheit. Ihre 108 Ehrentitel werden regelmäßig zu den Perlen des buddhistischen Rosenkranzes angerufen.

Die Bedeutung des weiblichen Prinzips im mystischen Buddhismus Tibets zeigt sich darin, daß selbst die männlichen Bodhisattvas weibliche Gefährtinnen (oft erwähnt als ihre „Energie" oder „Macht"), genannt Dakini, besitzen. Diese sind wie Tara Initiationsgöttinnen. Sie führen Männer zu esoterischem Wissen, indem sie ihnen ihre göttliche Energie beim Geschlechtsverkehr übertragen.

Tibetische Statuette einer Dakini, 17. Jh. In einigen Schulen des tantrischen Buddhismus wird bei der Initiation eine Dakini symbolisch auf das Geschlecht gestellt.

Die Yoni

Das umgekehrte Dreieck, das die Vulva der Göttin symbolisiert, scheint seit der Urgeschichte verehrt worden zu sein. Es gibt Zeugnisse, daß es bereits im Paläolithikum als Anhänger, Fruchtbarkeitssymbol oder Amulett verwendet wurde, um Gefahr abzuwenden (siehe S. 12–15). Es wurde auf den Venus-Figurinen hervorgehoben und in verschiedenen Kunstformen sowie der Keilschrift, der ersten Schriftform, stilisiert.

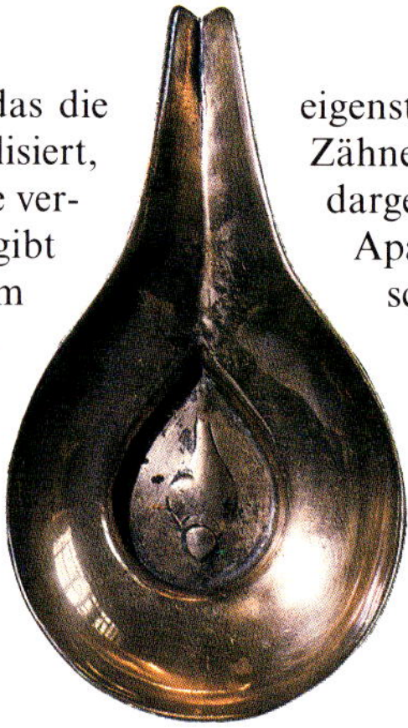

Rituelles indisches Yoni-Gefäß, 18. Jh. Vermutlich wurde Öl aus diesen Schalen als Trankopfer dargebracht.

Das Genitaldreieck der Göttin, heute weithin unter der Sanskrit-Bezeichnung *Yoni* bekannt und als blühende Lotusblume symbolisiert, ist Eingang und Ausgang des Weltenschoßes. Die Yoni der Göttin ist jedoch nicht nur Lebensspenderin. Das Tor, durch welches das Leben in die Welt eintritt, ist auch jenes, durch das es die Welt verläßt. Die Yoni wurde in manchen Kulturen auch als furchterregendes eigenständiges Wesen mit scharfen Zähnen – als die Vagina dentata – dargestellt. Die Navajo und die Apachen erzählen viele Geschichten von allein herumwandernden beißenden weiblichen Genitalien, die von Volkshelden, wie dem Monstermörder, dem Sohn von „Sich verändernder Frau" (siehe S. 112), bestraft wurden. Monstermörder tötete „Erfüllte Vagina" (eine der wildesten ihrer Art, die mit Kakteen kopulierte), indem er eine Keule in sie trieb, um ihren scharfen Zahn zu brechen. Die Pueblo-Indianer und andere Ureinwohner Nordamerikas ahmen das Zerschlagen des weiblichen Vaginalzahnes in ihren Ritualen mit einem geschnitzten hölzernen Phallus nach. Mythologisch betrachtet werden der Vagina-Frau zu dieser Zeit oft auch menstruelle und geburtsbezogene Tabus auferlegt. Das vaginale Bluten, das sie einst selbst

SHEELA-NA-GIG

Bildnisse von Sheela-na-Gig, auch bekannt als Sheela-na-Cloich, sind kostbare Raritäten einer Göttinnen-Ikonographie der alten Kelten. Sheela ist in den Kirchen des keltischen Britannien, vor allem jedoch in Irland verbreitet, wo ihre Existenz als Mahnmal des Bösen und Profanen gerechtfertigt wurde, das vor Einführung des Christentums existierte. Plausibel klingt auch die Erklärung, daß sie an eine Vergangenheit erinnert, in der sie so sehr geliebt wurde, daß mögliche Konvertiten abgeschreckt worden wären, wenn sie in der neuen Religion gefehlt hätte.

Manche Gelehrte verbinden Sheela mit der Göttin Brigit (siehe S. 35), die dem Frühlingsfest vorsteht. Sie könnte der abgespaltene sexuelle Aspekt dieser jungfräulichen Göttin sein (die von der Kirche als Sinnbild der Keuschheit übernommen wurde: eine Nonne, die eine Heilige wurde).

Eine Sheela oder „exhibitionistische Gestalt" über dem Priestereingang der Kirche von Buckland in Buckinghamshire.

kontrollierte und das ein wichtiger Aspekt ihrer Macht war, wird auf einen monatlichen Zyklus beschränkt.

Die Furcht vor der verschlingenden Vulva fehlt in den indischen Bildern der Yoni-Verehrung gänzlich. Hier wird die Göttin, meist in der Personifikation Devis oder Kalis, mit gespreizten Beinen auf dem Rücken liegend oder mit gegrätschten Beinen stehend gezeigt, wie sie ihre Vaginalsäfte, *Yoni-tattva*, von sich gibt, ein göttliches Elixier, das ihre Anbeter trinken.

Eine Passage in einem mystischen Text, genannt *Yoni-tantra*, schildert, wie der Gott Brahma Stücke von Satis Leichnam abhackt, um die Last Shiwas, ihres Gemahls, zu erleichtern, der sie trauernd herumträgt. Die Vulva fiel in Kamakhya in Assam zur Erde, wo ein Tempel zu ihren Ehren errichtet wurde. Im Tempelinneren ist die Yoni durch eine Felsspalte dargestellt, die durch eine natürliche unterirdische Quelle feucht gehalten wird, die einmal im Jahr bei Einbruch des Monsuns mit Eisenoxid rot gefärbt wird. Diese jährliche „Menstruation“ wird von den Anbetern als Ausdruck der Verehrung der Natur für die weibliche Vulva und ihre Vorgänge sowie als Beweis dafür, daß die Göttin die Erde ist, interpretiert.

Yoniähnliche Felsformationen, Höhlen und Steingräber werden in ganz Indien verehrt; Pilger klettern in die Öffnung ein und wieder heraus, um die göttliche Wiedergeburt nachzuahmen. Wo solche Strukturen in der Natur nicht vorhanden sind, werden sie in Form dreieckiger Teiche in der Nähe von Tempeln errichtet. Die Altäre der Hindu-Tempel weisen oft rotgefleckte oder bemalte Dreiecke auf, die die Yoni

Der Eingang zu diesem Gemeinschaftshaus an der Nordwestküste Amerikas stellt die Yoni der Bären-Totem-Mutter der Tlingit dar.

symbolisieren. Wenn im Zentrum der Yoni manchmal ein schwarzer erigierter Phallus zu sehen ist, dann stellt dies das Yoni-Lingam dar, ein Symbol der Vereinigung von Shiwa mit seinem weiblichen Prinzip, der Shakti. Manchmal war die Yoni selbst als Standbild gegenüber dem Altar aufgerichtet.

Die Yoni-Flüssigkeit steht, wie in den mystischen Texten des tantrischen Hinduismus beschrieben, in hohem Ansehen und soll magische Kräfte besitzen.

Die Magd der Götter

Die sakrale Prostitution war eine in vielen alten Kulturen, wie bei den Griechen, in Rom und im Nahen Osten, verbreitete, geachtete Form religiöser Anbetung, die im heutigen Indien, wo die Verehrung der Göttin nie unterbrochen war, teilweise noch praktiziert wird. Die Bezeichnungen für die Prostituierten, wie *devadasi* in Indien und *hierodule* in Griechenland, verweisen auf eine „Dienerin der Göttlichkeit". Die Art des Dienstes variierte von Kultur zu Kultur. Im alten Mesopotamien wurden die *qadishtu* als Dienerinnen Ischtars betrachtet, die mit jedem Anbeter für ein Honorar schliefen. Die *devadasis* von Puri in Indien sind Dienerinnen des „Herrn der Welt", Jagannatha, und schlafen nur mit den Brahmanen des Jagannath-Tempels.

Dennoch war die sakrale Prostituierte eigentlich in all ihren Erscheinungsformen die Verkörperung einer Göttin. Die meisten Liebesgöttinnen förderten eine solche Tradition. Über die Ursprünge dieses Brauchs gibt es

Die Hochzeit von Hera und Zeus; Abbildung auf einer griechischen Vase des 5. Jahrhunderts.

HERA UND ZEUS

Der *hieros gamos*, das Fest der heiligen Hochzeit von Zeus und Hera, wurde in der Bronzezeit offiziell eingeführt und in der Folge in vielen Teilen Griechenlands gefeiert. Obwohl im späteren hellenischen Mythos Hera ihrem Gatten unterstellt ist (sie gelangt zu Ruhm, weil „sie in den Armen von Zeus liegt"), war sie wahrscheinlich einst selbst die höchste Göttin. Als solche drückte sie in den frühen Begängnissen der Hochzeit ihre Verehrung für Zeus dadurch aus, daß sie ihn zum Gemahl erwählte. Der griechische Historiker Herodot, 5. Jh. v. Chr., glaubte, daß Hera älter war als alle anderen olympischen Götter und von den Pelasgern übernommen worden war.

In Knossos gedachte man der heiligen Vermählung in Ritualen, bei denen die Hochzeit von Himmel und Erde inszeniert wurde. Ähnliche Hochzeitsfeste wurden etwa alle fünfzig Jahre in vielen böotischen Städten abgehalten, wobei eine Kuh und ein Stier als rituelles Opfer verbrannt wurden.

Die homerische Theologie definiert ihre Vereinigung als Vorbild für die menschliche Hochzeitszeremonie und spricht in lyrischen Worten von einer dichten goldenen Wolke, die die Liebenden verhüllt, als sie ihre Hochzeit auf der ihre Fülle freigebig verströmenden Erde vollziehen. Damit trägt Homer dazu bei, Heras einstige Autonomie als dreifache Göttin (siehe S. 110) zu unterminieren: In der Klassik wurde Hera als einfache Gattin neu definiert. Selbst in ihren alten Tempeln bei Stymphalos wurden die drei Phasen von Heras Wesen lediglich in Hinblick auf ihre Beziehung zu Zeus verstanden: Sie wurde verehrt als das Kind vor der Heirat, als die durch die Heirat Vollendete und als die von ihm getrennte Witwe.

Heras Rolle wurde auf das Sakrament der Ehe beschränkt und ihr leidenschaftliches Aufbegehren gegenüber den sexuellen Abenteuern ihres Gemahls ihrem Grundsatz der Treue zugeschrieben. Dies könnte jedoch auch als Ausdruck eines Konflikts zwischen der alten matriarchalischen und der neuen patriarchalischen Religion interpretiert werden.

Das Haupt Ischtars, ca. 2500 v. Chr., Mesopotamien. Als Mutter der Huren verfügte Ischtar, daß alle babylonischen Jungfrauen in ihrem Tempel dienen und mit Fremden – zumindest einmal in ihrem Leben – schlafen mußten. Heilige Prostituierte konnten große Macht erlangen. Dem Gesetz nach waren sie erbberechtigt, an Verkauf und Verwaltung des Familieneigentums beteiligt und genossen im allgemeinen eine gute Bildung.

zwar wenige Zeugnisse, doch unzählige Theorien. Möglicherweise ahmten Anbetende die sexuelle Vereinigung der Göttin mit ihrem Sohn-Geliebten in der heiligen Hochzeit nach. Denkbar ist auch, daß die siegreichen Generäle der Antike ihre weiblichen Gefangenen der Göttin gewidmet haben. Die Tradition könnte auch aus einem Stammessystem mit *jus primae noctis* entstanden sein, wobei also ein Häuptling das Vorrecht hatte, die Braut zu entjungfern.

Da die Häuptlinge oft Vertreter der Gottheit waren, wurde der Vorgang als eine Form zeremonieller Reinigung betrachtet, die bei den sakralen Prostituierten wieder auftaucht. Der Historiker Strabo schrieb im Rom des 1. Jh.s v. Chr., daß „eine sehr schöne Jungfrau erlesenster Herkunft" dem Gott dargeboten wurde und Geschlechtsverkehr mit ihm hatte, bis „die natürliche Reinigung ihres Körpers vollendet war".

Der Vorschrift gemäß wurde ein junges Mädchen nach der Pubertät angeboten dem Tempel, wo es mit mindestens einem Mann Geschlechtsverkehr haben mußte. Vor dem Tempel der Aphrodite Pandemos standen die Männer aufgereiht, um eine junge Frau auszuwählen. Der Ritus begann damit, daß die von Priestern und Priesterinnen unterrichtete Frau den Mann badete und die beiden einander huldigten. Der Mann brachte eine Gabe für die Göttin dar. Der Geschlechtsverkehr, bei dem das Paar die heiligen männlichen und weiblichen Prinzipien verkörperte, vollendete den Prozeß der Reinigung. Wie es ein griechischer Chronist ausdrückte: „Die sakralen Huren ... brachten die Natur des Mannes zur Reife."

Tanz eines Mädchens in Anbetung Krishnas im Tempel von Trakamba in Indien. Der Tanz ist eine traditionelle hinduistische Form der Anbetung. Eine „devadasi" muß für ihren Tempel-Gott bei bestimmten zeremoniellen Anlässen tanzen; der Tanz kann als symbolischer Geschlechtsverkehr interpretiert werden.

Von der Schöpferin zur Hure

Die Vorstellung einer höchsten Göttin wurde besonders von jenen Religionen angefeindet, die zwischen Geist und Fleisch absolut unterschieden und glaubten, daß Erlösung durch Kasteiung und Entsagung erlangt werden muß. Diese transzendenten Konfessionen fordern eine von der Natur getrennte Göttlichkeit und verabscheuen eine, die diese durchdringt. Die Priester dieser Religionen z. B. versuchten, die weibliche Göttlichkeit zu verunglimpfen, indem sie die Natur ihres Wesens aufspalteten: Ihre Spiritualität, Weisheit und Jungfräulichkeit wurde einem männlichen Prinzip zugeschrieben, ihre körperlichen Eigenschaften und Gelüste hingegen einem weiblichen.

Der direkteste Angriff auf die weibliche Göttlichkeit bestand in der Attacke gegen ihre Priesterinnen, die oft Prostituierte waren, und in der Verleugnung der Heiligkeit der Sexualität. Häufig wurde dabei grundsätzlich in Abrede gestellt, daß eine Frau heilig sein kann. Der griechische Philosoph Pythagoras z. B. bekundete im 6. Jahrhundert: „Es gibt ein gutes Prinzip, das die Ordnung, das Licht und den Mann erschuf, und ein schlechtes, welches das Chaos, die Dunkelheit und die Frau hervorbrachte." Viel später stand der christliche Heilige Paulus beispielhaft für eine Haltung, daß die Sexualität ein bedauerliches Bedürfnis der Menschen sei, das man am besten abtötete. Er meinte, es sei für einen Mann besser, „eine Frau nicht zu berühren".

Als die Hebräer in Kanaan einfielen (siehe S. 38), erließen sie Gesetze, die

LILITH

Die sumerische Lilitu ging in die jüdische Folklore als Lilith ein, als Inbegriff verdorbener Sexualität, die entweder als weibliche Hälfte Adams oder aus „Schmutz und unreinem Sediment, anstatt von Staub oder Erde" entstanden war. Sie geriet in Konflikt mit Jahwe, indem sie sich weigerte, ihre Unterlegenheit hinzunehmen, und begehrte, beim Geschlechtsverkehr mit Adam obenauf zu sein. Sie entdeckte Jahwes geheimen Namen und verlangte Flügel, die ihr ermöglichten, den Himmel zu verlassen und in Freiheit in einer Höhle am Meer zu leben. Ihre Kinder jedoch mußte sie zurücklassen.

In ihrem neuen Leben wurde sie die Geliebte des Meeresdämons Ashmodai, mit dem sie jeden Tag Hunderte von Monstern zur Welt brachte. Um sich für den Verlust ihrer himmlischen Kinder zu rächen, ließ sie Männer im Schlaf ejakulieren, vergeudete ihren Samen oder stahl ihr Sperma, um sich selbst zu befruchten und noch mehr Dämonen zu gebären.

Ein Relief von Lilith-Inanna mit Mond-Krone, Mesopotamien, ca. 2000 v. Chr.

den sakralen Prostituierten ihre früheren Privilegien raubten, wie z.B. das Erbschaftsrecht, das sie seit den allerersten Überlieferungen aus dem alten Sumer genossen. Allmählich wandelte sich der Zweck der Tempel in sein Gegenteil. An denselben Orten, an denen die Männer einst die sexuelle Vereinigung verehrt hatten, beteten sie nun um Spiritualität. Die Tempel waren nicht länger Stätten freudiger Verehrung, sondern Orte der Buße und der Angst. Die sexuelle Aktivität der Weiblichkeit wurde nicht länger als Akt der Läuterung betrachtet, und die Vereinigung mit dem Göttlichen wurde zu einer ausschließlich spirituellen Angelegenheit. Die Göttin und ihre Stellvertreterinnen wurden als profan verdammt.

In Indien hingegen wird die sakrale Prostituierte nur von der Regierung und der Bildungselite als Verlegenheitslösung betrachtet – als archaisches Überbleibsel, das in einem modernen Staat keinen Platz hat. Die sakrale Prostitution florierte in Indien bis zur britischen Kolonialisierung. Das erste Gesetz gegen die sakrale Prostitution wurde im Jahr 1947 in Madras erlassen, doch die meisten indischen Staaten geben sich damit zufrieden, von dem allmählich aussterbenden Brauch abzuraten.

Halskette einer Prostituierten-Priesterin Inannas in der Stadt Ur, 3. Jahrtausend v. Chr.

Selbst nachdem die weibliche Inkarnation des Göttlichen vom Judentum aus den Tempeln vertrieben worden war, blieben Spuren davon in Gestalt der Sophia (Weisheit), die einst als *Prunikos* (Unreine oder Prostituierte) bekannt war, erhalten. Im biblischen *Buch der Sprüche* spricht Sophia von der Schöpfung der Welt und erinnert sich ihrer Nähe zu einer männlichen Gottheit mit den Worten: „ich spielte auf seinem Erdenrund“, und fährt fort, „meine Freude war es, bei den Menschen zu sein“. Dabei könnte es sich um eine verdeckte Anspielung auf sakrale Prostitution handeln, obwohl an einer anderen Stelle desselben Textes die sexuellen Riten der Ischtar als böse und verdorben bezeichnet werden. Ischtar wird wie Babylon, die Stadt, deren regierende Göttin sie ist, als „Große Hure“ bezeichnet.

Eva im Garten Eden, eine türkische Miniatur, ca. 1595. Die frühe christliche Kirche machte die erste Frau dafür verantwortlich, die Sünde in die Welt gebracht zu haben.

Die Göttin der Liebe

Venus mit Spiegel, *Gemälde von Diego Velasquez, 1651. Die hauptsächlich als Göttin der sinnlichen Liebe bekannte Venus war auch die Göttin des Wachstums und der Schönheit der natürlichen Ordnung.*

Die Liebesgöttinnen entwickelten sich meist zu den populärsten und am häufigsten angerufenen Gottheiten jedes Pantheons. Der größte Tempel Roms war Venus gewidmet und stand im Circus Maximus. Liebesgöttinnen sind meist mit dem Wasser verbunden und zeigen eine besondere Vorliebe für leuchtende Farben und Blumen. Eine der mannigfaltigsten Blumen-Liebesgöttinnen ist die aztekische Xochiquetzel, bekannt als „Hurenmutter", weil sie zur sexuellen Freiheit ermutigte. Liebesgöttinnen sind oft in Geschmeide gehüllt: Man denke nur an die indische Lakshmi, als sie aus den Wellen des Ozeans stieg, oder an Oshun, die Frau Shangos (siehe S. 48) mit ihrem Hang zu kostbaren Metallen und Edelsteinen. Die Voodoo-Göttin Erzulie schmückte sich bei ihrer aufwendigen Toilette mit Blumen, Juwelen und anderem Zierat. Ein gewisser Narzißmus und die Freude an Schmeicheleien gehören zum Charakter der Liebesgöttin, die meist auch die Göttin der Schönheit und der Sexualität ist.

Die indische Göttin Lakshmi hieß ursprünglich Sri und war eine Erscheinungsform von Devi-Shakti, des sexuellen Prinzips, durch welches das Universum entstand. Im Verlauf mehrerer Inkarnationen wurde sie jedoch ihrem Gemahl Vishnu, dem Bewahrer, zunehmend verbunden. Wie Radha war sie eine verheiratete Frau und empfand eine übergroße Leidenschaft für Krishna, den Avatara Vishnus. Zur gehaltvollsten erotischen Literatur Indiens zählt die Geschichte von Radha, die sich von ihrem sterblichen Gemahl fortstiehlt, um Krishna zu treffen.

In diesen Gedichten weist Radhas Ehebruch auf ihren ursprünglichen Charakter als wählerische Fruchtbarkeitsgöttin hin, der Treue wenig bedeutet. Die meisten Liebesgöttinnen waren in ihren Begierden nicht wählerisch, obwohl sie meist einen Partner über alle anderen stellten. Freyja etwa, zu deren Liebhabern praktisch das ganze Pantheon Skandinaviens zählte, blieb innerlich ihrem Gefährten und Bruder Frey treu, ebenso wie die kanaanitische Anath Baal. Die griechische Göttin Aphrodite war einigen Erzählungen nach mit Hephaistos, dem häßlichen verkrüppelten göttlichen Schmied, verheiratet, dem sie regelmäßig Hörner aufsetzte. Ihre Leidenschaft für den schönen Jüngling Adonis wurde jährlich gefeiert (siehe S. 80–81). Ihre Zuneigung zu Ares, dem Krieger, war allseits bekannt, und ihre Vereinigung mit dem Weingott Dionysos führte zur Geburt von Priapos, dem Gott mit dem ewig erigierten Penis. Ihrer ständigen Treulosigkeit schließlich überdrüssig, lockte Hephaistos seine Gattin, während sie bei Ares lag, in ein unsichtbares Netz und lud die restlichen Götter ein zuzuschauen. Aphrodite empfing während dieses Beischlafs im Netz Eros und mehrere andere Kinder.

Auch die römische Liebesgöttin hatte des öfteren ein Verhältnis mit Mars, manchen Überlieferungen zufolge war sie sogar mit ihm verheiratet. Liebe und Krieg hingen auch in den Mythen anderer Kulturen eng zusammen. Die

AVATARA DER GÖTTIN

Babylonisches Siegel, ca. 2000 v. Chr.: Ein Politiker wird vom König vor die Priesterin Ischtars geführt. Die Vereinigung zwischen dem König und einer Frau, die die Göttin verkörperte, bürgte für die Fruchtbarkeit des Landes.

Die Priesterin einer Liebesgöttin war selten nur die Dienerin der Gottheit. Bei bestimmten Zeremonien und Ritualen schenkte sie als Verkörperung der Göttin ihre sexuelle Gunst männlichen Anbetern, um den Wohlstand der Stadt oder des Königreichs aufrechtzuerhalten. Im alten Sumer begründete der König seine Regierungsmacht, indem er mit der Hohenpriesterin Ischtars schlief.

Da die alten Liebesgöttinnen die Verantwortung für die Schöpfung trugen, standen sie frei zu ihrer Sexualität. Ihre Liebe wurde jedoch immer sehr weit definiert und umfaßte die Mutterliebe, *Agape*, die Liebe zu Freunden, sowie *Eros* oder die geschlechtliche Liebe. Als die weibliche Promiskuität in vielen Gesellschaften allmählich tabuisiert wurde, wurde die Liebesgöttin neu definiert, während ihre große Popularität dafür sorgte, daß keiner ihrer Aspekte verlorenging.

Der griechische Philosoph Plato unterschied u.a. zwischen *Aphrodite Urania*, deren Liebe spirituell (göttlich) war, und *Aphrodite Pandemos*, die die säkulare (profane) Liebe darstellte und in Korinth als *Porne* bekannt war. Sakrale Prostituierte (siehe S. 98–99) wurden die Dienerinnen des profanen Aspekts der Liebesgöttin.

Der Tempel der jungfräulichen Vestalinnen, der als älteste Kultstätte Roms angesehen wurde.

JUNGFRÄULICHE VESTALINNEN UND HEILIGE HUREN

Die jungfräulichen Vestalinnen Roms (siehe S. 116–117) scheinen auf den ersten Blick im Gegensatz zu den heiligen Prostituierten zu stehen. Sie unterstanden strengen Verhaltensregeln und erfüllten Pflichten im Tempel, hüteten z. B. das Feuer im Heiligtum der Göttin Vesta. Für die meisten Verstöße wurden sie gegeißelt, doch auf den Verlust ihrer Jungfernschaft stand die Todesstrafe.

Die *Hierodule* oder heilige Dienerin von Göttinnen, wie etwa Aphrodite oder Inanna (siehe S. 98–99), unterstand einem ähnlich strengen Verhaltenskodex: Sie mußte nach den Gesetzen ihrer Göttin leben, den Tempel reinhalten und an allen Zeremonien teilnehmen. Vesta war die Göttin des Herdfeuers, welches in vielen Tempeln als Altar fungierte und um das die *Hierodulen* als Teil ihrer Pflichten tanzten. Robert v. Ranke-Graves, Verfasser von historischen Romanen, vermutete, daß die Vestalinnen ursprünglich Huren-Priesterinnen waren, die an königlichen Orgien teilnahmen, um Kinder in die Welt zu setzen, unter denen dann der König von Rom ausgewählt wurde.

Liebesgöttin Erzulie stammt ursprünglich aus Benin in Westafrika, wurde jedoch als Sklavin über den Atlantik verfrachtet und zu einer der großen Gottheiten des Voodoo-Pantheons. Offiziell ist der Meeresgott Agive Erzulies Gemahl, ihr ständiger Gefährte jedoch Ogoun, der Kriegsgott.

Im Voodoo-Kult wird das schöpferische Prinzip sowohl von weiblichen als auch männlichen Göttern wahrgenommen, weshalb die Entstehung der Welt nicht der Göttin allein zugeschrieben wird. Sie verkörpert jedoch den Unterschied zwischen Mensch und Tier. Sie ist die ewige Möglichkeit der Vollendung, die nie erreicht werden kann. Erzulie ist bekannt dafür, daß sie sich auch von hübschen sterblichen Männern angezogen fühlt, wobei die von ihr auserwählten Männer liebeskrank werden und jedes Interesse an sterblichen Frauen verlieren.

Mit den anderen Liebesgöttinnen teilt Erzulie ihre Leidenschaft für Juwelen, Blumen und Gewänder und ihre Freude an Gesang und Tanz. Doch hinter dieser vordergründigen Heiterkeit verbirgt sich ein unerbittlicher Zorn, der sich in einer furchterregenden komplementären Erscheinungsform als Erzulie Ge-Rouge manifestiert. Die Voodoo-Anhänger auf Haiti haben eine Zeremonie, bei der eine auserwählte Frau von Loa (einem Aspekt von Erzulie) besessen wird. Das Ritual beginnt mit einer langen, komplexen Zeremonie, bei der die besessene Frau sich reinigt und, nachdem sie die hohen Anforderungen der Göttin an Reinheit erfüllt hat, sich langsam mit Hilfe von Assistenten parfümiert und pudert. Sie kleidet sich gemächlich an, trinkt Wein und ißt von den süßen Kuchen und anderen Delikatessen, die ihr gereicht werden. Wenn sie fertig ist, tritt sie vor ihr Publikum, wobei Männer eindeutig bevorzugt und mit mehr Aufmerksamkeit bedacht werden. Die attraktivsten wählt sie zu ihren Tanzpartnern aus, wobei jene, die hochprozentigen Alkohol zu sich genommen haben, links liegengelassen werden. Ihren Anhängerinnen schenkt sie gnädig ein wenig Aufmerksamkeit, die übrigen werden nur durch einen Wink ihres kleinen Fingers zur Kenntnis genommen.

Mitten in der Fröhlichkeit und den ausgelassenen Tänzen steuert die Zeremonie auf einen überraschenden Höhepunkt zu. Erzulie Ge-Rouge, der gramvolle Aspekt der Göttin, kommt über das besessene Individuum, und dieses weint bitterlich über die Dinge, die in der Welt falsch liefen, beklagt, daß sie nicht geliebt wird, und lamentiert über ihre unerfüllten Träume. Die Verwandlung ist verblüffend. Die eben noch in sich selbst verliebte, ekstatische Gestalt verwandelt sich in ein Wesen, das die Fäuste ballt, bis die Nägel blutig in das Fleisch schneiden. Sie steigert sich weinend in einen Zornanfall hinein, bis sie vor Erschöpfung erstarrt. Wieder sind wir bei der archetypischen, bitterlich weinenden Göttin, die den Tod ihres Sohn-Geliebten (siehe S. 80) betrauert. Im Voodoo-Kult Haitis ist die christliche Version der weinenden Göttin, die klagende Jungfrau Maria, in die Erzulie-Verehrung eingegangen.

Greta Garbo in dem Film Mata Hari *(1931) als asiatische Sklaven-Priesterin.*

Manche meinen, daß die Liebesgöttin auch in Gestalt der weiblichen Kinostars Indiens und des Westens Eingang in das 20. Jahrhundert fand. Diese „Leinwand-Göttinnen“ haben eine hingebungsvolle Anhängerschaft, die sie mit Geschenken überhäuft und um ihre Gunst buhlt (und sei dies nur in Form eines Autogramms). Sie werden ausschließlich über ihre Bilder verehrt und produzieren Tausende von säkularen „Priesterinnen“, die sie eifrig nachahmen und damit verkörpern wollen.

Maria Magdalena

Detail des Isenheimer Altars von Matthias Grünewald (1455–1528): Die Jungfrau Maria und Maria Magdalena gemeinsam betend zu Füßen des Kreuzes.

Maria Magdalena scheint das Gegenstück zur Mutter Christi zu sein – die Verkörperung des vom Wesen der Jungfrau (siehe S. 122–123) radikal eliminierten sexuellen Elements. Im Neuen Testament gibt es jedoch zahlreiche Frauen namens Maria, und es ist seit jeher unklar, wie viele von ihnen eigentlich Magdalena waren. Namentlich genannt wird sie im Evangelium von Lukas im Gefolge von Jesus, nachdem er vom Haus Simons, des Pharisäers, aufbrach (sie wird als jene erwähnt, „aus der sieben Dämonen ausgefahren waren"). Magdalena wird meist mit der „Sünderin" gleichgesetzt, die von Simon gerügt wurde, weil sie die Füße Christi mit Öl salbte; diese Frau wird in keinem der Evangelien außer dem des Johannes erwähnt, wo sie als Maria von Bethanien, die Schwester von Lazarus aufscheint. Der Theologe Origenes (ca. 185–254 n. Chr.) unterschied zwischen Maria von Bethanien, Maria Magdalena und der namenlosen Sünderin, und die griechisch-orthodoxe Kirche führte für jede dieser Frauen einen eigenen Festtag ein. In der westlichen Kirche wurden die drei seit dem 6. Jahrhundert unter dem Namen Maria Magdalena, deren Festtag der 22. Juli ist, zusammengefaßt.

Bei Markus steht geschrieben, daß der auferstandene Christus als erster Maria Magdalena erschien, „aus der er sieben Dämonen ausgetrieben hatte". Auch Johannes nennt Magdalena als die erste Person, die Christus traf, obwohl sie erst meinte, er sei der Gärtner. Dies sind vermutlich die ersten Hinweise, daß die Magdalena aus einer älteren Tradition, in der sie eine Göttin war, in das Christentum überging. Sowohl Inanna als auch Ischtar von Mesopotamien schritten durch sieben Pforten der Hölle, als sie in die Unterwelt hinab- und wieder heraufstiegen; und „Gärtner" war ein verbreiteter Beiname für den Sohn-Geliebten Inannas. Geoffrey Ashe, ein Gelehrter des 20. Jahrhunderts, zitiert alte koptische Texte, in denen die Magdalena einem Träumenden erscheint und sagt, daß sie eins ist mit der Jungfrau; demzufolge würde das Paar unterschiedliche Züge einer komplexen Maria verkörpern, die

GNOSTIZISMUS

Maria Magdalena ist eine zentrale Gestalt im Gnostizismus, einer alten mystischen Philosophie, die im 2. und 3. Jahrhundert vom Christentum inspiriert wurde und dieses auch beeinflußte. Seine Anhänger glaubten, daß „Gnosis“ oder Wissen der einzige Weg sei, sich dem Göttlichen anzunähern.

Magdalena, die reuevolle Hure, war in das weltliche Wissen eingeweiht und als Vertraute oder, manchen Überlieferungen zufolge, als Gemahlin Christi ein Gefäß spiritueller Weisheit. Epiphanius, ein Kritiker von Häretikern des 4. Jahrhunderts, behauptete, daß gewisse vom Christentum abgefallene Sekten Maria in eine sexuelle Trinität mit Jesus und einer anderen Frau stellten, die der Messias aus seiner eigenen Seite erzeugt hätte. In der Schrift *Pistis Sophia* preist Jesus wiederholt Marias Verständnis und behauptet, daß „Maria Magdalena, Johannes und die Jungfrau all meine Jünger überragen sollen und alle Menschen, die die Mysterien des Unsagbaren schauen“.

Jede der 60 oder mehr gnostischen Sekten bot eine eigene Version der Schöpfung, des Sündenfalls und der Erlösung an, doch im allgemeinen trachteten die Gnostiker danach, sich mit Gott durch intensives Lernen und leidenschaftliche Hingabe, die auf sexuelle Liebe hinauslief, zu vereinen. Den meisten Gnostikern galten jene, die das Göttliche anstrebten, als spirituell und gut. Diejenigen, die körperliche Freuden um ihrer selbst willen anstrebten, waren materialistisch und böse. Das höchste spirituelle Potential besaßen jene, denen das Göttliche über die physische Erfahrung zuteil wurde. Maria Magdalena galt als Prototyp einer solchen Person.

Magdalena, *Gemälde von Correggio (1489–1534).*

die duale Natur der Jungfrau und Hure in der gleichen Weise vereint wie Ischtar, Inanna und zahlreiche andere Göttinnen.

In der volkstümlichen Betrachtung ist Maria Magdalena unauslöschlich mit fleischlicher Sünde verbunden. Dem italienischen Schriftsteller Jacopo da Varagine zufolge bedeutete Maria „bitterliche Tränen“ und „Magdalena“ „schuldig bleibend“. Dennoch macht gerade ihre verbotene Sexualität Magdalena im christlichen Denken zu einer so mächtigen Gestalt. Christus liebte sie wegen, nicht trotz ihrer großen Sünden, und als seine ständige Begleiterin erweckte sie die Eifersucht der Aposteln. In der nachbiblischen Tradition ist sie untrennbar mit der Jungfrau Maria verbunden, bis sie auf einem Boot ausgesetzt und an die Küsten Frankreichs gespült wurde, wo sie 30 Jahre als Büßerin in einer Höhle lebte. Ihre Gebeine wurden 1279 „wunderbarerweise“ in St-Maximin in der Nähe von Aix-en-Provence entdeckt.

Der Maria Magdalena wird nicht nur gedacht, weil sie ihrer Sexualität abschwor, Jacopo da Varagine beschreibt sie als Mutter von Königen. Die Herrscher Frankreichs vor Karl dem Großen, die Merowinger, behaupteten, von Magdalena abzustammen, und da sie auch glaubten, daß sie die Gemahlin Christi war, behaupteten sie im Grunde, von Gott abzustammen.

Jungfrau, Mutter und altes Weib

In der Mythologie einiger Kulturen und im zeitgenössischen Denken heidnischer Feministinnen verkörpert die Göttin die drei Phasen der weiblichen Lebenszeit, die dem Mondzyklus entsprechen. Der Neumond ist die Jungfrau, der Vollmond die sexuell aktive Frau, üblicherweise entweder als Mutter oder als Hure beschrieben, und der abnehmende Mond ist das alte Weib. Verehrer der Göttin bezeichnen diese dreifaltige Erscheinungsform als dreifache Göttin. Jeder ihrer Aspekte dient einem bestimmten Bedürfnis der Gesellschaft, und die Möglichkeit, nur einen davon anzurufen, macht die Göttin zugänglicher und unkomplizierter.

Die dreifache Göttin existiert in den meisten Kulturen. Jede Erscheinungsform kann ihrerseits wieder drei Seiten aufweisen, so daß die Verdreifachung der Göttin manchmal auf sechs, neun, zwölf Aspekte etc. erweitert wird, wodurch die Göttin den Beinamen der „Einen mit den tausend Namen" erhielt. Keltische Göttinnen tauchen oft in Dreier- oder Neunergruppen auf, während die Kriegermädchen der altnordischen Mythologie, die Walküren, in Neunereinheiten hervortreten und ihre Landsmänninnen, die Nornen, die dreifaltige Zeit von Vergangenheit, Gegenwart und Zukunft verkörpern.

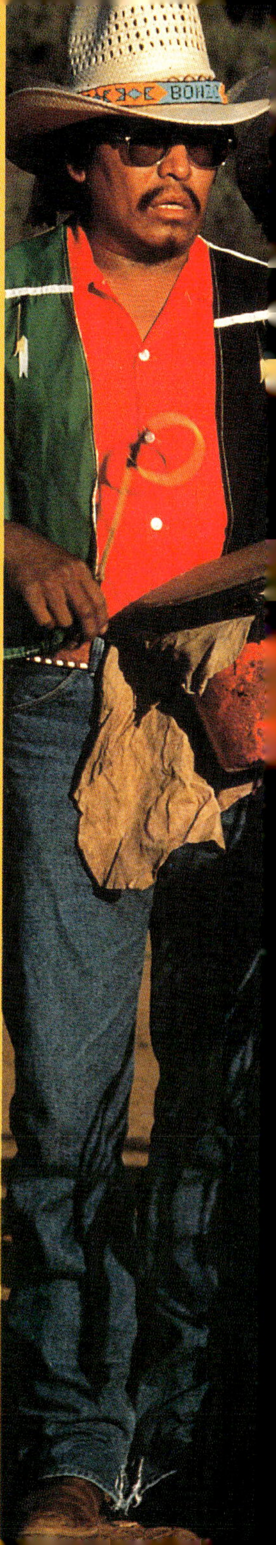

Bei dieser Pubertätszeremonie der Apachen wird ein Mädchen (links) zur Frau. Eine ältere Frau (rechts) steht ihr als Patin zur Seite und unterweist sie in praktischen und geistigen Dingen.

Die Zyklen der Göttin

Die Göttin hat wie die Natur viele Anlagen, die oft in Dreierzyklen aufeinanderfolgen. Sie ist in stetiger Wiederkehr brach, fruchtbar und ergiebig, ein Spiegelbild des weiblichen Zyklus von Eisprung, Menstruationsblutung und Gebären. Ihre wechselnden Formen können auch die ganze Spanne eines Frauenlebens widerspiegeln, das man in drei Phasen teilen kann: das noch nicht fruchtbare, vorpubertäre Mädchen, die geschlechtsreife, fruchtbare Frau und die Frau nach der Menopause, eine autonome Gestalt, die Weisheit und Recht auf Respekt erlangte.

Dieser weibliche Dreierzyklus spiegelt sich in vielen Kulturen in der Erscheinung der Göttin als Jungfrau, Mutter und Greisin wider. In dieser Form ähnelt sie anderen kosmischen Drillingen: den drei Stadien der Kontinuität der Existenz (Geburt, Leben und Tod), den drei Schnittpunkten von Zeit und Raum (Vergangenheit, Gegenwart und Zukunft; Himmel, Erde/Meer und Unterwelt) und den Phasen des Mondes (Neumond, Vollmond und abnehmender Mond). Die weiblichen Trinitäten sind wahrscheinlich in den Legenden der Griechen am auffälligsten, wo Göttinnen und Monster regelmäßig zu dritt in Erscheinung treten, z.B. die Parzen, die Horen und die Gorgonen. Hera, die Gemahlin von Zeus, wurde bei Stymphalos als Kind, Braut und Witwe verehrt, und Demeter, Kore und Hekate bilden in vielen Beschreibungen eine Dreiheit. Die älteste bekannte Darstellung einer dreifachen Göttin geht auf das Jahr 13000 v. Chr. zurück. Sie wurde in einer Höhle in Angles-sur-l'Anglin, Frankreich, in den Felsen geritzt und besteht

Initiationsrituale wie diese Pubertätszeremonie in Neuguinea kennzeichnen den Übergang in eine neue Phase des Frauenlebens.

EINHEIT UND VIELFALTIGKEIT

Die komplexe, vielgesichtige Natur der Göttin schafft oft Verwirrung im Verständnis der Mythen. Heftig umstritten z.B. ist die Beziehung zwischen Kore und Demeter (siehe S. 70–71). Einige meinen, erstere sei die jungfräuliche Tochter, die zweite die sexuell erfahrene Mutter. Andere sind der Meinung, daß die eine die Jugend, die andere das Alter verkörpert und beide daher Aspekte eines einzigen Wesens sind. Manche Gelehrte plädieren für die Vielfaltigkeit von Göttinnen – vor allem jener aus heterogenen Kulturen – und behaupten, daß jede Göttin Ausdruck der kulturellen Bedürfnisse eines Volkes ist. Die komplexesten Kulturen haben aber auch die überzeugendsten Argumente für die Einheit, wie sich am Beispiel der vielen Eigenschaften Kalis zeigt (siehe S. 138–139).

aus drei riesigen weiblichen Figuren, die auf einem Bison stehen.

Einigen hinduistischen Shakti-Traditionen zufolge ist die männliche Götterdreiheit aus Brahma, dem Schöpfer, Vishnu, dem Bewahrer, und Shiwa, dem Zerstörer, nur ein Abglanz der absoluten Macht Devis, die alle diese Funktionen in sich birgt.

Die Göttin als Mädchen wird meist mit der Mondsichel verglichen. Sie ist gleichzeitig verführerisch und einschüchternd und verkörpert häufig einen Dualismus von Jungfrau und Kriegerin, bei dem sich die bedrohte Unschuld in abwehrende Wildheit verwandelt; typisch dafür sind die Waffen der Kriegs- und Jagdgöttinnen wie Athene und Artemis. Diese Gestalten verbinden keusche Unschuld mit wildem, ungezähmtem Instinkt und werden in der Weiterführung zu den Schutzherrinnen unkontrollierter Sexualität.

In ihrer zweiten Phase (dem Vollmond) könnte die Beziehung der Göttin zum Mann als Mutter oder Hure beschrieben werden. In vielen Göttinnen-Mythen werden diese beiden Ausdrucksformen reifer Sexualität als gleichwertig angesehen: Die Tätigkeit der göttlichen Prostituierten trägt dazu bei, die Fruchtbarkeit des Landes aufrechtzuerhalten. Die reife Göttin kann jedoch auch eine sexuelle Räuberin sein, die ihrem Liebhaber die Lebensenergie abzapft (siehe S. 80–81).

Im Alter schließlich gleicht sie dem dunklen, abnehmenden Mond, der die Welt in Finsternis stürzt. Sie vereint die gegensätzlichen Rollen der unbarmherzigen Richterin (siehe S. 48–49) und der Führerin zu den Mysterien der Unterwelt (siehe S. 70–71).

Die drei Lebensalter des Weibes und der Tod, *von Hans Baldung (1485-1545). Baldung stellte das Altern einer Frau insbesondere in Hinblick auf ihre Sexualität und Fruchtbarkeit dar. Vergleichbare Darstellungen eines Mannes konzentrieren sich eher auf den Übergang von Schönheit oder Unschuld zur Kraft und das Reifen der Kraft zur Weisheit.*

Die „Sich verändernde Frau"

Das Einsetzen der Menstruation steht bei vielen Völkern im Zentrum von Ritualen, bei denen Frauen mythische Geschichten inszenieren, deren genaue Bedeutung ein streng bewahrtes Geheimnis bleibt. Die Frauen der Pitjantjatjara-Aborigines in der westaustralischen Wüste veranstalten ein rituelles Drama in sieben Akten: In den ersten Akten wird die Entdeckung von Nahrung, Wasser und Unterschlupf dargestellt, der dritte Akt zeigt die erste Menstruation der Initiandin, die von ihrer älteren Schwester in die Kunst der Sexualität eingeführt wird; in den letzten vier Akten lernt die Pubertierende sexuelles Verlangen kennen und sucht und findet einen Mann ihrer Wahl (von einer Frau nach der Menopause gespielt). In einer Variation des Rituals wird eine der jungen Frauen entführt und vergewaltigt, woraufhin die anderen Frauen den Vergewaltiger festnehmen und verstümmeln. Das Finale beider Versionen besteht aus zeremoniellen Liedern und Tänzen.

Die „Sich verändernde Frau" der Ureinwohner Nordamerikas, der Navajo und der Apachen, ist eine Naturgottheit, die vielerlei Namen trägt, wie etwa „Weiße Muschelfrau", die Licht auf die Welt brachte, oder „Weiß bemalte Frau", die nach Überlieferung der Chiricahua-Apachen die Monster-Mörder bemutterte. In den Mythen der Navajo, die einst zu den Apachen gehörten, heißt sie Estsan Atlehi („Die Mutter aller") und wechselt ihre Kleider

DAS PUBERTÄTSRITUAL

Nach einer Überlieferung der Chiricahua lebten alle Apachen einst bei Hot Springs, wo sie ihre heiligen Gesetze erhielten, bevor sie sich im Südwesten der USA zerstreuten. Hier übergab ihnen die „Weiß bemalte Frau" („Sich verändernde Frau") das Menstruationsritual in Form expliziter Anweisungen, die bis heute eingehalten werden.

Die „Sich verändernde Frau" ist eine lebendige Gottheit; ihre Anbeter bringen ihr Speisen und Geschenke dar und sprechen zu ihr. Sie wird in Geschichten, Liedern und Gesprächen verehrt. Die bedeutendste Geste der Verehrung wird ihr im Ritual zum Einsetzen der Menstruation (*na ih es* in der Sprache der Apachen) erwiesen.

viermal im Jahr, wenn sie aus den vier Toren ihres himmlischen Wohnsitzes auftaucht, um die Jahreszeiten zu schaffen. Sie erblüht mit den Frühlingsblumen, reift mit dem Sommer, altert mit dem Herbst und begibt sich mit dem Winter zur Ruhe. Die „Sich verändernde Frau“ verkörpert alle Phasen der Weiblichkeit, insbesondere jedoch den Augenblick, in dem ein Mädchen zur Frau wird. Dieser Übergang, der durch Feste und Rituale begangen wird, ist für die ganze Gruppe ein bedeutsames Ereignis.

Von der „Sich verändernden Frau“ bekamen die Menschen das Wissen und die Weisheit, den Mond- und den Menstruationszyklus, Lieder, Feste und den Brauch der Suche. Auch lehrte sie die Navajo, wie die kuppelbedeckten Hütten, die *Hogans*, zu bauen sind. Die vorherrschende Gottheit des Pantheons der Navajo wurde gemeinsam mit anderen Heiligen durch eine mächtige Flutwelle in die Welt getrieben und erschuf die Vorfahren der Navajo. In einer anderen Version wurde sie von Erstem Mann und Erster Frau auf einem Berggipfel gefunden und von ihnen wie ihre Tochter aufgezogen. Als der Zeitpunkt ihres Frauwerdens nahte, brachten ihre Adoptiveltern sie an die Stelle zurück, an der sie sie gefunden hatten, und vollzogen das erste Pubertätsritual. Sie heiratete daraufhin die Sonne und gebar die Zwillinge „Töter des Ungeheuers“ und „Kind des Wassers“, die die Welt von den Monstern befreiten.

Das Fest beginnt beim Einsetzen der ersten Blutung des Mädchens und dauert vier Tage, während deren der Medizinmann zur „Sich verändernden Frau“ Gebete singt und sie bittet, das Mädchen mit ihrer Kraft zu erfüllen, damit sie in eine fruchtbare und sorgsame Frau verwandelt werde. Der Geist von „Sich verändernder Frau“ läßt sich, „auf seinen Gesängen reisend“, auf die Jugendliche herab.

Am ersten und vierten Tag schreitet die Initiandin, begleitet von den hohen Klagetönen der Frauen, im Uhrzeigersinn um einen Korb, der Blütenstaub, Federn, Farbe und Getreide enthält, die zu den heiligen Elementen des Rituals zählen. Das Fest ist in verschiedene Phasen unterteilt, in denen Geschichten erzählt und Tänze unter Anleitung maskierter Tänzer, genannt *gahe*, aufgeführt werden. Der Geschlechtsakt von „Sich verändernder Frau“ mit der Sonne wird von der Initiandin während der Zeremonie nachgespielt, an deren Ende sie zur Frau und zu einem Symbol des Friedens und Reichtums für ihr Volk geworden ist.

Während der vier Tage ihres Pubertätsrituals wird dem Mädchen die ungeteilte Aufmerksamkeit einer alten Frau zuteil, die sie verwöhnt, massiert und berät. Ein Zweck des Rituals ist es, ein Amulett mit magischer Energie aufzuladen, welches die Initiandin verwenden kann, wenn sie die Gebärfähigkeit verliert.

Die vielen Gesichter der Ischtar

Inanna-Ischtar war eine Kriegsgöttin. Einer ihrer Namen lautete Labbatu, d.h. „Löwin". In einem sumerischen Gedicht heißt es: „Gleich einem furchteinflößenden Löwen vernichtetest du mit deinem Gift Feinde und Ungehorsame."

Ischtar demonstriert mehr als jede andere Göttin den vielfältigen Charakter der weiblichen Gottheit, weshalb ihr vermutlich so viele der größeren und kleineren Göttinnen Griechenlands, Ägyptens und des Nahen Ostens untergeordnet waren. Ursprünglich stammt sie aus Assyrien und Babylonien und wird im allgemeinen Inanna, der vielfältigen Göttin des alten Sumer (im Süden Babylons), gleichgesetzt. Manche Gelehrte behaupten jedoch, daß Ischtar der semitischen Göttin Astarte näher stand und Inanna nur durch die vielen gemeinsamen Attribute angeglichen wurde.

In der babylonischen Mythologie ist Ischtars Herkunft ungewiß: Sie könnte die Tochter des Mondes oder auch der Sonne sein. Sie ersetzte schließlich den Mondgott im Pantheon und bestimmte den lunaren Kalender, wodurch sie mit dem jahreszeitlichen Wachstum und der Getreideernte in Zusammenhang gebracht wurde. Ihre Schirmherrschaft über die Sterne verband sie mit den Jungfrau-Kriegerinnen wie Anahita (siehe S. 140) und Muttergöttinnen wie Hathor. Als Morgenstern herrschte sie, wie es heißt, über das menschliche Verlangen.

Ischtar steht im Zentrum zweier großer mesopotamischer Mythen: Im ersten, einer Erzählung, die der von Inanna ähnelt (siehe S. 76–79), machte sie eine Reise in die Unterwelt, um ihren Sohn-Geliebten Tammuz zu erlösen, der nach ihrer heiligen Hochzeit geopfert worden war. „Der Abstieg Ischtars in die Unterwelt", verfaßt gegen Ende des 2. Jahrtausends v. Chr., beschreibt ihre Suche. Während Inanna respektvoll und geduldig war, erzwingt Ischtar den Weg in die Unterwelt, indem sie zum Torwächter die folgenden Worte spricht: „Falls du das Tor nicht öffnen willst und ich nicht eintreten kann, will ich die Tür zerschmettern und den Riegel zerschlagen, ... will ich die Toten auf-

Eine Statue von Astarte oder Ischtar beim Tamburinspiel, 8. Jh. v. Chr. Der Ischtar wurde von ihren Prostituierten-Priesterinnen in Liedern und auch im Geschlechtsakt gehuldigt.

Das Gesicht Ischtars, der Herrin der Nacht, auf einer im 8. Jh. v. Chr. geschnitzten Elfenbeintafel, ausgegraben beim assyrischen Palast in der Stadt Nimrud im heutigen Irak.

MAGIE UND DAS GESETZ

Der Tierkreis galt als der Gürtel Ischtars. Die Vorstellung, daß die Bewegungen der Planeten das Leben auf Erden beeinflussen, kann bis auf die ersten bekannten astrologischen Kalender zurückverfolgt werden, die in Sumer um 3200 v. Chr. entstanden. Da Ischtar die Himmelskönigin war, herrschte sie über Sterne und Planeten, die wiederum das menschliche Verhalten bestimmten. Daraus resultierte, daß Ischtar auch die Gesetzgeberin war, eines Gesetzes das in alten Zeiten eng mit Magie verbunden wurde. Die Erlasse der Könige waren seit jeher mit Tabus und Verwünschungen behaftet, und auch die Formen der Magie unterstanden meist einer strengen und detaillierten Gesetzgebung.

Die Wahrsagerei war wie magische Riten und blutige Opfer Bestandteil des höfischen Lebens in Mesopotamien. Die Astrologie war nur eine der Formen der Vorhersage, die Ischtar unterstanden. Als Herrin der Nacht gestaltete sie auch die Träume, in die sie Vorzeichen verwob oder in die sie eindrang, um Details über die Zukunft mitzuteilen.

wiegeln, die Lebenden zu verspeisen, so daß die Toten die Lebenden an Zahl übertreffen werden.“ Während Ischtars Abwesenheit verwelkten die Pflanzen, und Menschen und Tiere verloren ihr Verlangen nach Vereinigung, bis die Göttin ihren Geliebten gerettet hatte und mit ihm zur Erde zurückgekehrt war. Aber sie muß ihren Geliebten alljährlich opfern, um die Gesetze der Erneuerung aufrechtzuerhalten. Während seiner Abwesenheit hielt sie weinend Wache und tauchte wiederholt in die Unterwelt hinab, um ihn zu retten.

Der zweite große Mythos um Ischtar tauchte in leicht abgewandelter Form auf den frühesten mesopotamischen Tontafeln des Gilgamesch-Epos und der akkadischen Standardversion (etwa tausend Jahre später geschrieben) auf. Als Göttin der Liebe bot sich Ischtar dem Helden Gilgamesch an, der sie jedoch aus Angst vor dem Tod auf dem bräutlichen Lager der Göttin verächtlich zurückwies (jeder Liebhaber Ischtars wurde zur Personifikation von Tammuz und von ihr geopfert). Ischtar, erzürnt über Gilgameschs Verhalten, schickte einen riesigen himmlischen Stier, der ihn aufspießen sollte. Der Stier wurde jedoch von Enkidu, einem Freund Gilgameschs, getötet. Während Gilgamesch und Enkidu mit ihrer Tapferkeit prahlten, sandte Ischtar Enkidu eine Krankheit, an der er qualvoll starb. Für Gilgamesch war dies das auslösende Moment für seine lange, erfolglose Suche nach Unsterblichkeit (siehe S. 45).

Die Jungfrau als klassisches Ideal

Athene und Odysseus *von Giuseppe Mantua (1717–1784). Die Jungfrau Athene geleitete Odysseus auf seiner Heimreise von Troja, und so entkam er unzähligen Verführerinnen wie Kirke und den Sirenen.*

Die Göttinnen im alten Griechenland und Rom, die Personifikationen der Jungfräulichkeit waren, verlangten von ihren Anbetern nicht immer die gleiche Keuschheit. Während der jungfräulich-kriegerische Aspekt Athenes im Parthenon in Athen verehrt wurde, war das nahe Erechtheion ein Tempel für ein wärmeres, häuslicheres Gesicht derselben Göttin. Eine Statue Gaias, der Muttergöttin, erhob sich neben Athenes Altar. Man munkelte, daß ihre Priesterinnen, die Gorgonen-Masken trugen, Orgien feierten. Auch Artemis stand solchen Orgien vor, denn ihre Priesterinnen ahmten im allgemeinen eher ihre hurenmäßige als ihre jungfräuliche Natur nach (siehe S. 98–99).

Eine bemerkenswerte Ausnahme war die römische Göttin Vesta, die der griechischen Hestia entspricht. Beide waren Inkarnationen des Feuers und folglich gestaltlos, weshalb sie auf Ikonen nie in menschlicher Gestalt dargestellt wurden. Dies könnte erklären, warum Vesta weniger Aufsehen erregte als die anderen elf großen Gottheiten Roms.

Der Vesta-Kult war der bedeutendste der Staatsfeuerkulte, die vom Königtum jener Zeit eifrig praktiziert wurden. Vestas soziale und magische Verdienste brachten ihrem Staatsfeuer die offizielle Auszeichnung „Die vom Senat" ein. Vesta erhielt die ersten Opfer der Saison und wurde als erste in Gebeten angerufen. Ihre Priesterinnen waren die jungfräulichen Vestalinnen, deren Aufgabe es war, das heilige Feuer zu hüten, bis sie es zeremoniell am ersten März auslöschten. Die jungfräulichen Vestalinnen waren Töchter aus adeligem Haus und wurden als „das Herz Roms" angesehen. Die oberste Vestalin fungierte in Kriegszeiten als Botschafterin.

Aus zwanzig Jungfrauen zwischen sechs und zehn Jahren wurden vom Pontifex maximus, dem Hohenpriester und einzigen männlichen Diener Vestas, zwei bis sechs ausgewählt und für einen Zeitraum von etwa fünf Jahren ernannt. Historische Aufzeichnungen belegen aber, daß manche bis zu dreißig Jahren dienten. Während dieser Zeit blieben sie jungfräulich. Obwohl sie heiraten durften, sobald sie ihrer religiösen Pflichten ledig waren, taten sie es selten, entweder weil sie weiterhin dem Tempel verpflichtet waren oder weil es als schlechtes Omen betrachtet wurde. Die Bestrafung für eine dienende Vestalin, die ihren Eid brach und einem Mann beiwohnte, war die Einmauerung, so daß sie verhungerte. Jährlich am 15. Juni, am letzten Tag des Festes der Vesta, wurde der Tempel als symbolische Reinigung der Göttin gründlich ausgekehrt.

Diana und ihre Nymphen werden von Aktaion überrascht *von Andrea Vaccaro (1598–1670). Weil Aktaion die Göttin nackt sah, wurde er in einen Hirsch verwandelt und von Hunden zerrissen.*

DIE TEMPEL DER JUNGFRAU

Die römische Göttin Diana entspricht der griechischen Artemis. Ihr Kult hatte weitreichenden Einfluß und führte zum Bau einer Reihe bedeutender Tempel, deren berühmtester der von Ephesus (siehe S. 126) war.

In Capua wurde die Göttin Diana Tifatina genannt, die Herrin der Wälder, was sich vom „Steineichen-Hain" ableitete. Sie war jedoch eng mit der Stadt verbunden und besaß der Legende nach eine heilige Hirschkuh, von deren Wohlergehen die Zukunft Capuas abhing. Ihre Verbundenheit mit bewaldeten Plätzen zeigte sich auch in Aricia, ihrem vielleicht berühmtesten Kultzentrum, bei Speculum Dianae am Ufer des Nemi-Sees, wo ihr Tempel inmitten eines Wäldchens errichtet wurde. Hier soll sie ihren Anbeter Virbius als Monster wiedererweckt und als obersten Priester des Heiligtums eingesetzt haben.

Daß in Rom eine Ikone stand, die der vielbrüstigen Artemis von Ephesus glich, läßt vermuten, daß man versuchte, den Ruhm des sagenumwobenen Tempels von Ephesus zu nutzen und das Hauptquartier des Kults von Aricia ins Zentrum des Römischen Reiches zu verlagern.

Nur ein fragmentarisch erhaltener Mythos um Vesta überlebte bis in die heutige Zeit; in diesem rettet ein Affe, ihr heiliges Tier, sie vor den Nachstellungen des Priapus. Ihr Altar existiert nach wie vor auf dem Forum Romanum, das durch Neros Brandstiftung im Jahr 64 n. Chr. zerstört und sukzessive wiederaufgebaut wurde. Im Inneren befand sich ein verschleiertes Gemach, genannt Penus, in dem die heiligen Gegenstände der Göttin aufbewahrt wurden und wo Vestas Feuer von den jungfräulichen Vestalinnen gehütet wurde.

Jungfrauen und Liebhaber

Die Wiedergeburt der Aphrodite, *ein Marmorrelief am Ludovisischen Thron, ca. 470 v. Chr. Trotz ihrer Rolle als Liebesgöttin wurde Aphrodite jährlich gereinigt als Jungfrau wiedergeboren.*

Die Jungfrau ist nur ein Teil der weiblichen göttlichen Dreiheit (neben der Mutter/Hure und der Greisin), doch ihre Keuschheit wird von der intensiven Sexualität ihrer beiden anderen Aspekte nicht berührt. Sie kann ihre Unverdorbenheit durch einen Willensakt oder Zeremonien immer wieder erneuern. Dadurch wird sie zur „ewigen Jungfrau", ein Beiname, den sie mit Ischtar, Anath und anderen teilt, die dessenungeachtet für ihre zahlreichen amourösen Abenteuer berühmt waren. Obwohl sie als Jungfrau dargestellt wurde, war sie die Aphrodite Pandemos (des Volkes), in deren Tempel in Korinth die sakralen Prostituierten wohnten. Zu den wenigen Göttinnen, die ständig und im wahrsten Sinn des Wortes keusch waren, zählten die griechische Göttin Artemis, ihre römische Entsprechung Diana sowie Athene, die Tochter von Zeus; sie alle wurden mit Gewalt und Tatkraft in Verbindung gebracht.

Die unterdrückte Sexualität der Jungfrau wird oft als potentielle Energiequelle dargestellt, die äußerst gefährlich

DIE HERRIN DER WILDNIS

Die jungfräuliche Göttin ist oft von Tieren umgeben, die ihren nicht sozialisierten, reinen und natürlichen Status symbolisieren. Dabei handelt es sich, wie bei den Ziegen der Aphrodite Pandemos, um Geschöpfe mit einer starken sexuellen Symbolik. Dem mythischen Einhorn, das in der christlichen Kunst des Mittelalters oft neben Maria abgebildet wurde, durfte sich nur eine Jungfrau nähern.

Die Jungfrau wird auf drei Arten mit Tieren verbunden: Als Göttin der Jagd ist sie von Jagdhunden umgeben, sie verbindet jedoch die Funktion des Jagens mit der Aufgabe, das Wild zu beschützen. Darüber hinaus kann sie selbst ein Tier sein. Das alte griechische Fest Kalligenia, bei dem junge Frauen zu Ehren von Artemis Bärenhäute anlegten, deutet an, daß die Göttin einst ein Bär war. Artemis wurde auch mit einer Hirschkuh in Verbindung gebracht, die der Legende nach so lange leben würde wie Athen.

In urzeitlichen Mythen erscheint die Göttin in vielen weiteren Tiergestalten (siehe S. 161). Als Eurynome ist sie „fischgestaltig", und als Echidna besitzt sie einen Schlangenleib. Alte Quellen sprechen von Artemis und der sumerischen Lilitu als „Eulengesicht"; auch Tauben wurden seit der Antike mit der Göttin assoziiert. Die Vereinigung zweier Tauben um einen *omphalos* (Nabel) in Delphi ist für einige Wissenschaftler die Darstellung der Vulva (sie wurde beschrieben als „Klitoris zwischen gefiederten Schamlippen").

Bisweilen ist die Göttin auch die Mutter von Tieren. Die indische Lichtgöttin Sanjana z. B. gebar die Zwillingspferde, die den Triumphwagen ihres Vaters zogen.

Indische Miniatur, 18. Jh., die Shiva und Parvati zeigt. Shivas Lingam (Penis) wird für eine Quelle kosmischer Kraft gehalten, die durch das Zurückhalten des Samens, der mit Seelenkräften gleichgesetzt wird, entsteht. Sein gleichwertiges Pendant ist die Kraft, die durch Parvatis Askese entsteht.

sein kann. Diese Energie wird von den Jungfrau-Kriegerinnen, den Beschützerinnen aller weiblichen Mysterien, ins Positive gekehrt. In dieser Rolle sind sie oft Schutzherrinnen von Aktivitäten, von denen sie ihre Jungfräulichkeit scheinbar ausschließt. Diana, die Schutzherrin der Natur, war auch die Göttin der Fruchtbarkeit und wurde mit der Geburt und dem Getreideanbau verbunden. Auch die sexuelle Erfüllung von Frauen ist Bestandteil weiblicher Mysterien; vielleicht war Diana, die selbst Sexualität mied, aus diesem Grund die Vorsteherin orgiastischer Feste.

Athene war gestrenger: Sie war die Personifikation der Keuschheit. Sie wies den Heiratsantrag von Hephaistos zurück, obwohl Zeus diesen billigte. In dem folgenden Handgemenge tropfte das Sperma des Gottes auf ihr Bein. Von Ekel erfüllt, wischte sie es ab. Es fiel auf Gaia, die Erde, die dadurch befruchtet wurde und den schrecklichen Erichthonios, den künftigen König Athens, gebar. Athene zog ihn wie ihren eigenen Sohn auf und kam so zu einer Mutterschaft.

Die indische Jungfrau Parvati verschrieb sich der Askese nur, um einen Gefährten – Shiva, ihre männliche Hälfte – zu bekommen. Sie hungerte und isolierte sich, bis das männliche Prinzip in Trauer um sie die Welt sterben ließ – ein Beweis für Parvatis Bedeutung als Fruchtbarkeitssymbol. Alle indischen Mythen, die sexuelle Enthaltsamkeit beschreiben, vermitteln den Eindruck einer ungeheuren Energie, die in der Jungfernschaft oder der Askese schlummert.

Mutter der Götter

In den ältesten überlieferten Mythologien des Nahen Osten wurde die Bedeutung der Fortpflanzungsfunktion der Göttin meist in Zusammenhang mit der Geburt eines Sohnes betrachtet, der als Erlöser (siehe S. 80–81) in die Welt kam und die Menschheit vor dem Untergang bewahrte. In diesen Mythen stiftete die Göttin den Tod ihres eigenen Sohnes an und stand im Zentrum der damit verbundenen Rituale; in späteren Mythen ähnlicher Art wurde ihre Rolle jedoch auf Empfängnis und Geburt beschränkt. Der Erlösungsgedanke wurde vorherrschend in den Legenden, die von der Erlösung der Seele (Jesus und Maria) oder der Suche nach einer Heimat handelten (wie im Fall von Alexander dem Großen, dessen Mutter Olympias ihn empfangen haben soll, nachdem ein Gott sie besucht hatte).

In dieser späteren Tradition war die Göttin vermenschlicht, nur ihr Geliebter war göttlich. Ihr Kind wurde deshalb oft als halb Mann und halb Gott beschrieben. Die Mischung von Geschichte und Mythos trug dazu bei, die Charaktere der religiösen Legende durch den Anschein von Wirklichkeit zu popularisieren, während historische Könige und Helden gleichzeitig eine göttliche Aura bekamen.

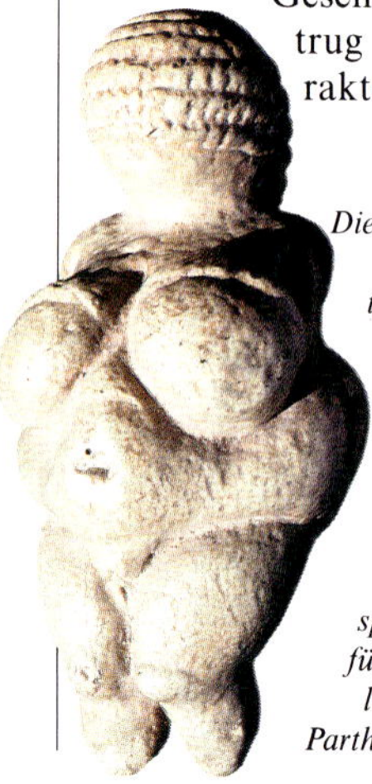

Die Venus von Willendorf, ca. 23 000 v. Chr. Die paläolithische Fruchtbarkeitsfigur wurde ohne männliche Begleitung dargestellt, was bedeuten könnte, daß die Menschen im Paläolithikum dachten, daß Männer bei der Fortpflanzung keine Rolle spielen. In diesem Fall wäre für die Menschen des Paläolithikums jeder Geburt eine Parthenogenese vorangegangen.

Die Parthenogenese (jungfräuliche Zeugung), die nach westlicher Vorstellung auf den christlichen Glauben (siehe S. 122–123) beschränkt ist, stammt tatsächlich aus einem uralten Mythos, vielleicht sogar aus der Prähistorie. Typisch dabei ist, daß eine Jungfrau (*parthenos*) – oft ohne Wissen um die göttliche Identität des Vaters – ein Kind empfängt. Das Kind wächst zum Erlöser eines Volkes heran, wird getötet (meist in der Blüte der Jugend) und erlebt eine Wiederauferstehung. Die Jungfrau wird von ihrem halbgöttlichen Sohn zu einem frühen Zeitpunkt getrennt, damit er den Willen seines heiligen Vaters erfüllt.

In dem in keltischen Mythen vorherrschenden *Modron-mabon*-(Mutter-Jugend)-Motiv wird dieses Muster am deutlichsten. Arianrhod war die Tochter der walisischen Göttin Danu. Ihr Onkel, König Math, war durch ein Tabu gezwungen, wenn er nicht im Kampf war, seine Füße in den Schoß einer Jungfrau zu legen. Nachdem Goewin, seine erste „Fußhalterin", entjungfert war, bat Math Arianrhod, ihren Platz einzunehmen. Sie mußte, um ihre Jungfernschaft zu beweisen, um eine magische Stange schreiten, doch als sie es tat, fielen Zwillingsknaben aus ihrem Schoß. Der zweite wurde ihr von ihrem Bruder Gwydion entzogen und wuchs in einem Zauberwald auf. Arianrhod stieß einen Fluch aus, daß der Knabe Lleu keinen Nachnamen haben, keine Waffen tragen und nie eine menschliche Frau haben solle. Durch Zauberei

DIE HEILIGWERDUNG

Buddha wurde als Kind eines menschlichen Paares, des Königs Suddhodana und der Königin Mahamaya, geboren. Er war nicht göttlich, doch weil er eine lange Folge früherer Inkarnationen geduldig ertragen hatte, wurde er bereits mit den Zeichen eines großen Wesens (*Chakren* auf seinen Fußsohlen) geboren.

Mahamaya wußte, daß sie einen Helden gebären würde, weil sie geträumt hatte, daß sie von Geistern zu einer Hochebene gebracht wurde, wo ein weißer Elefant in ihren Schoß eindrang. Bei der Geburt stand die Königin aufrecht und klammerte sich an den Zweig eines Baumes. Frühe Abbildungen ähneln indischen Bildern von Baumgeistern und suggerieren, daß Mahamaya ursprünglich eine Göttin eines vorbuddhistischen Naturkults war.

In späteren Darstellungen seiner Geburt entsprang Buddha in fertiger Gestalt Mahamayas Seite. Auch diese Legende könnte einer älteren Tradition entlehnt sein. Von Parsvanatha, dem Jaina tirthankara (oder Heiligen) aus dem 9. oder 8. Jahrhundert v. Chr., dem ersten historisch belegten Heiligen, hieß es, daß er der Seite seiner Mutter entsprungen war.

Miniatur aus Gujarat, Indien, 15. Jh., stellt die Geburt des heiligen Jaina Parsvanatha dar.

täuschte Gwydion Arianrhod dahingehend, daß sie selbst die beiden ersten Flüche brach. Um auch den dritten zu umgehen, schufen Math und Gwydion Blodeuwedd, eine Frau aus Blumen, als Braut für Lleu. Blodeuwedd lieferte ihren Liebhaber Lleu dem Tod aus, doch sein Geist blieb an einem Baum hängen, und am folgenden Tag stand er von den Toten auf.

Der sterbende und wiedergeborene Sohn wird in vielen Mythologien zu einer Sonnenfigur. In Irland soll St. Patrick Jesus als den „vollkommenen Sonnen-Christus" bezeichnet haben. Bei den Azteken war Coatlicue die Schöpferin allen Lebens. Eines Tages, als sie den Tempel kehrte, empfing sie den Erlöser Huitzilopochtli (die Sonne, die die Auferstehung des Kolibri-Gottes war) durch ein vom Himmel gefallenes Bündel Federn. Ihre Tochter Coyolxauhqui (der Mond), die dies für einen sexuellen Verstoß hielt, stachelte ihre Brüder, die Sterne, zur Revolte gegen die Göttin an. Die Sonne entsprang gewappnet ihrem Schoß und besiegte die Sternengötter. Sie wurde die Retterin der Azteken, denen sie bei ihrer Suche nach einer Heimat half.

Die Jungfrau Maria

Das mythische Vorbild für die Empfängnis und Geburt Christi war schon vor der christlichen Ära im Nahen Osten jahrhundertelang fest verankert. Maria gebar, wie viele andere Muttergöttinnen – Demeter, Isis, Astarte, Kybele und Attagartis – vor ihr, einen Gott in Menschengestalt, der für die Erlösung der Menschheit starb, am dritten Tage wiederauferstand und zurückkehrte.

Die Schwarze Madonna von Notre-Dame-aux-Neiges in Aurillac.

Die tiefe Verehrung, die der Jungfrau Maria in Vergangenheit und Gegenwart in der katholischen Kirche zuteil wurde (manchmal als Mariolatrie bezeichnet), ist sicherlich nicht durch die Bibel begründet, die sie zu einer Nebenrolle, zum Gefäß des Erlösers, degradiert. Erstmals erwähnt wird die Jungfrau in der Verkündigung, als der Engel Gabriel ihr mitteilt, daß sie den Sohn Gottes empfangen werde. Das Evangelium nach Lukas enthält das *Magnificat*, in dem Maria verherrlicht wird, doch nach der Beschreibung ihrer Wanderung mit Joseph, der Geburt des Jesuskindes und dessen Verehrung durch Schafhirten und Könige wird sie von den biblischen Erzählungen, abgesehen von kurzen Begegnungen mit ihrem Sohn und ihrer Anwesenheit bei der Kreuzigung, ignoriert.

Eine derart drastisch reduzierte Mutterrolle straft ihren berühmtesten Ehrennamen – den der Mutter – Lügen. Einige Theologen der Frühkirche versuchten, ihre Rolle auf die der *Theotokos*, der Gottesgebärerin, zu beschränken. Die zahllosen Gebete, Lieder und Gemälde jedoch, die ihre Mutterschaft lobpreisen, verweisen auf den mächtigen Einfluß der alten Göttin-Sohn-Zweiheit (einer Dualität, die auch eine Einheit ist; siehe S. 80–81). Der biblische Bericht allein hätte eine solche an Vergöttlichung grenzende Popularität nicht auslösen können; wahrscheinlicher ist, daß die Muttergottheit, die im Zentrum der keltischen und mediterranen Verehrung stand, in die neue Theologie eindrang.

Außergewöhnlich ist, daß die sexuelle Beziehung zwischen Mutter und Sohn, die sich in den alten Vorbildern findet, fehlt. Doch Maria durfte, um die jüdischen Kriterien weiblicher Tugend zu erfüllen, keine sexuelle Erfahrung haben. Sie mußte auch fügsam und völlig schuldlos sein, wodurch ihre profane oder dunkle Seite gänzlich verleugnet wurde. Ironischerweise war es zum Erstaunen vieler Kirchenväter gerade Marias Mangel an herkömmlichen Attributen einer Göttin, der ihren göttlichen Status verbürgte.

Der alte Aspekt der „Jungfrau als Göttin“ konnte jedoch nicht aus dem Bewußtsein des Volkes gelöscht werden, und alsbald wurden Maria zahlreiche heidnische Attribute und Wunder zugeschrieben, die zu ihrer wachsenden Rangerhöhung beitrugen. Bis zum heutigen Tag dehnen sich die Marienkulte innerhalb der Sicherheit und Unantastbarkeit der katholischen Kirche aus. Das Fehlen biblischer Aussagen veranlaßte viele Theologen zu dem Versuch, die Marienverehrung auszulöschen – doch vergeblich. Die ersten Reliquien und Ikonen der Jungfrau werden im allgemeinen auf das 5. Jahrhundert datiert. Die byzantinische Kaiserin Eudokia (408–450) erwarb Marias Leichentuch und schickte ihrer Schwester ein Porträt der Jungfrau, das vom hl. Lukas gemalt worden sein soll. Nach wie vor hält sich in der katholischen Welt der Glaube, daß solchen Gegenständen die Macht innewohnt, Kranke zu heilen. Einige außergewöhnliche Wunder wurden auch den sogenannten Schwarzen Madonnen zugeschrieben.

DIE UNBEFLECKTE EMPFÄNGNIS

Im 4. Jahrhundert wurde die Jungfrau Maria vom hl. Gregor von Nazianz als unbefleckt (*amiantos*) und von Marcellus von Ancyra als unberührt (*acheantos*) bezeichnet. Die westliche Kirche betrachtete sie bereits als unfähig zur Sünde. Die griechischen Theologen hingegen schrieben ihr einige Sünden zu (u.a. Eitelkeit). Der hl. Augustinus (354–430) sprach Maria von der von Eva (siehe S. 91) begangenen Erbsünde frei, die auf jedes menschliche Wesen bereits im Mutterleib überging, doch schreckte er vor der Behauptung zurück, daß Maria ohne Sünde – ohne Geschlechtsverkehr – empfangen hätte.

Die erste Andeutung, daß Maria selbst die Frucht einer jungfräulichen Geburt war, tauchte vermutlich in dem apokryphen Buch des Jakobus auf, in dem es heißt, daß Maria ein Wunderkind war, das Anna und Joachim in hohem Alter geboren wurde. Trotz heftiger theologischer Kontroversen erlangte die Ansicht, daß die Jungfrau unbefleckt empfangen worden sei, großen Zuspruch, und das Fest der Empfängnis der hl. Anna wurde seit dem 7. Jahrhundert begangen. Die Unbefleckte Empfängnis wurde im Jahr 1854 von Papst Pius IX. zum Dogma erhoben.

Die Unbefleckte Empfängnis *von Zurbarán (1598–1664) war Teil eines Propagandakrieges zwischen den Jesuiten, die die Unbefleckte Empfängnis vertraten, und den skeptischen Dominikanern.*

Maria, die Himmelskönigin

Der Tod der Jungfrau Maria wird in der Bibel nirgendwo erwähnt. Es gibt keine Aufzeichnungen von ihrem Begräbnis oder über die Lage ihres Grabes. Das Fehlen jeglicher schriftlichen Quelle rief bei den Gläubigen fieberhafte Spekulationen hervor, und um das 4./5. Jahrhundert gab es schon eine Reihe von Texten, die die Umstände von Marias Tod erwähnten. Zwar waren alle diese Schriften häretisch, dennoch wurden manche die Grundlage für die mittelalterliche Tradition von Mariä Himmelfahrt, die besagte, daß Maria leiblich in den Himmel aufgenommen worden war.

Der vielleicht früheste Hinweis auf Mariä Himmelfahrt scheint in dem von einem unbekannten Verfasser zwischen dem frühen 3. und der Mitte des 5. Jahrhunderts in syrischer Sprache (einem aramäischen Dialekt, der nach wie vor die Sprache der christlichen Kirche Syriens ist) verfaßten Text *Obsequien der Hl. Jungfrau* auf. Die *Obsequien* beschreiben einen Streit zwischen Paulus, Johannes, Petrus und Andreas „vor dem Betreten des Grabes Mariens". Jesus erscheint mit dem Erzengel Michael, um ein Urteil zu fällen, und befiehlt dann, daß der Körper der Jungfrau in den Himmel getragen werde. Der Körper Mariens wird zum „Baum des Lebens" gebracht, einem verbreiteten Symbol der Göttin, und dort mit ihrer Seele wieder vereint. In anderen Darstellungen aus dem 5. Jahrhundert stirbt Maria überhaupt nicht, sondern wird von Jesus und einer Schar von Heiligen in den Himmel getragen.

In dem Maße, wie die Tradition von Mariä Himmelfahrt vermehrt akzeptiert wurde, wurde Marias göttliche Identität unwiderruflich bekräftigt. Wie Isis, Ischtar und andere vor ihr war sie nunmehr die Himmelskönigin (zur Vesper wird Maria angerufen: „Ave, du, Himmelskönigin ... Fürstin, die uns das Licht erschlossen"). Sie bekam auch die Namen anderer höchster Göttinnen, darunter „Meerstern" und allen voran „Mutter Gottes".

Im Jahr 754 n. Chr. gebot Kaiser Konstantinos, der Bilderstürmer, nachdrücklich die verpflichtende Verehrung Mariens, indem er jedem den Zugang zum Himmel verwehrte, „der sich nicht zur heiligen, ewigen Jungfrau bekennt, der wahrhaften Mutter Gottes, die über allen Geschöpfen, den sichtbaren und den

Statue der Himmelfahrt der Jungfrau Maria von Pierre Puget (1620–1694). Im allerersten Bericht von der Himmelfahrt wurde Maria vom Erzengel Michael in den Himmel gebracht. Die meisten Künstler stellten sie jedoch dar, wie sie von einer himmlischen Schar emporgetragen wird.

unsichtbaren, steht, und der nicht mit wahrem Glauben um ihre Fürsprache bittet und an ihre Nähe zu Gott glaubt". Der hl. Anselm von Canterbury (1033–1109) beschrieb Maria in Worten, die einer Naturgöttin angemessen waren: „Durch dich werden die Elemente erneuert, die Dämonen zertrampelt und die Menschen gerettet, selbst die gefallenen Engel nehmen ihren Platz wieder ein. O Frau, voll der Anmut und der Fülle, die du alle Kreatur wieder grünen läßt."

Die Unbefleckte Empfängnis erhob Maria über das sündige Geschlecht Adams, und die Himmelfahrt befreite sie vom Adamschen Gesetz des Todes. Doch da es kein biblisches Zeugnis gab, das die Sündenfreiheit oder die Himmelfahrt der Jungfrau bestätigte, wurden diese Lehren von der Kirche jahrhundertelang nicht offiziell sanktioniert. Die Unbefleckte Empfängnis wurde 1854, die Himmelfahrt erst 1950 in die Glaubenslehre aufgenommen (das von Papst Pius XII. 1950 erlassene Dogma war eine Reaktion auf eine von 8 Millionen Menschen unterzeichnete Petition).

Erst 1954 erklärte die katholische Kirche Maria offiziell zur „Himmelskönigin". Spätestens seit dem 5. Jahrhundert wird die Jungfrau als Miterlöserin und Fürsprecherin der Menschheit bei Gott betrachtet. Sie spendet Segen, wirkt Wunder, veranlaßt Massenpilgerfahrten und verfügt über ihre eigene Form der Verehrung (während Gott *latria* oder Anbetung geschuldet wird, ist Maria nur zur *hyperdulia*, einer höheren Form der *dulia* oder Verehrung, die Anrecht der Heiligen ist, berechtigt).

DIE WEINENDE MUTTER

Die weinende Statue Unserer Lieben Frau in Mechelen, Belgien.

In der römisch-katholischen Welt finden sich zahlreiche Bilder der Madonna, auf denen sie Tränen zu vergießen scheint. Nicht alle befinden sich in Kirchen: Industriell gefertigte Marienstatuen in Häusern oder Wohnungen wurden, nachdem sie zu weinen schienen, zum Ziel regelmäßiger Wallfahrten. Mitunter sind die Tränen nicht aus Wasser: In Santiago, Chile, wurde 1922 eine kleine weinende Porzellanstatue geprüft, und das Gericht befand, daß die Tränen aus menschlichem Blut der Blutgruppe Null waren.

Die römisch-katholische Kirche dementiert zwar selten die Berichte von weinenden Madonnen, distanziert sich jedoch offiziell. Dies hält die örtlichen Priester und Gläubigen jedoch nicht davon ab, die Erscheinung einer weinenden Statue als wahres Wunder zu betrachten. Als 1953 in Sizilien eine Gips-Gedenktafel vier Tage lang weinte, schrieb der Erzbischof von Syrakus: „Maria hat geweint! ... Das Weinen ist fruchtbar. Es gibt keine unfruchtbare Träne. Wie der Regen, der vom Himmel fällt, das Land bewässert und auf das fruchtbare Tragen von Getreide, Samen und Früchten vorbereitet, ... so geschieht es im Reich des Geistes. Eine Frau, die weint, wird im eigentlichen Sinn immer zur Mutter."

Die Worte des Erzbischofs bestätigten die Verbindung zwischen Maria und den frühen Erdgöttinnen, die auch um ihre Söhne weinten (siehe S. 80). Der Kult um die trauernde Maria entstand vermutlich im 6. Jahrhundert aus einer vom Dichter Romanos Melodos für Kaiser Justinian geschriebenen Karfreitagsklage. Zu jener Zeit ließ Justinian die letzten Tempel der Isis schließen, und die Szenerie der ägyptischen, bitterlich um ihren toten Gemahl Osiris weinenden Göttin wurde vermutlich von Melodos und den Dichtern, Priestern und Künstlern nach ihm übernommen.

Die nährenden Mütter

Die Macht des Archetypus der Mutter (siehe S. 18–19) zeigt sich in der Fülle und Vielfalt von Darstellungen der Muttergöttin in der ganzen Welt. Dazu zählen die Naturgöttinnen, die unterschiedslos die Mütter von Göttern, Menschen und der Pflanzenwelt sind. Stärker personifizierte Figuren erinnern an die *matres domesticae* aus keltisch-römischer Zeit, die Mütter eines Volkes, eines Ortes oder eines Landes waren. Die meisten keltischen Göttinnen hatten keinen Namen und wurden einfach als Mutter, gefolgt vom Namen des Ortes, an dem sie angeblich erschienen, bezeichnet.

Die vielleicht dauerhaftesten und weitestverbreiteten Muttergöttinnen sind, wie Isis oder die Jungfrau Maria, jene, in deren Mythologie die Beziehung zu einem Kind betont wird. Diese Göttinnen werden oft beim Stillen des Kindes abgebildet; die nährende, tröstende und schützende Eigenschaft der Brust ist eines der bedeutendsten Attribute der Göttin, das in so hohem Ansehen stand, daß es auch für die höchsten männlichen Gottheiten beansprucht wurde. Der hl. Ambrosius (339–397 n. Chr.) war einer von vielen Kirchenlehrern, die die „nährende Brust Christi" erwähnten.

Mythologisch ist die Muttermilch eine mächtige Quelle sowohl der Schöpfung als auch der Ernährung. Ein indischer Schöpfungsmythos erzählt von einer großen Mutter in Gestalt des Milchmeeres, die den Weltozean quirlt, um die

Zeichnung der vielbrüstigen Artemis von Benvenuto Cellini (1500–1571)

ARTEMIS

Die griechische Göttin Artemis erscheint widersprüchlich: als unbarmherzige jungfräuliche Jägerin, die auch Weltmutter und Schutzherrin der Geburt war (einem Mythos nach wurde sie vor ihrem Bruder Apollon geboren und half ihrer Mutter Leto, ihn zu entbinden). In ihrem jungfräulichen Aspekt forderte sie die Keuschheit ihrer Anbeter. Als ihre Freundin und Gefährtin Kallisto von Zeus (verkleidet als Artemis) verführt wurde, verwandelte sie diese zur Strafe in eine Bärin. Die Bärin war auch das Kulttier von Artemis, und die jungen Mädchen trugen beim Tanz zu ihren Ehren Bärenmasken. Den Griechen war der Bär ein Symbol für Mutterschaft und Schöpfung.

Obwohl sie eine Jägerin war, wurde Artemis im *Agamemnon* von Aischylos mit folgenden Worten angesprochen: „Die Schöne, sie ist so wohlgesinnt der grimmigen Löwen täppischer Brut, säugenden Jungen alles Getiers." Als Königin aller Nymphen und Göttin der Tiere besaß Artemis wie die alten Erdgöttinnen fruchtbare und zeugende Energien. Dieser Aspekt ihres Wesens ebenso wie ihre Verkörperung als Mond wurden in Tänzen und Orgien gefeiert. Der Tempel der Mutter Artemis bei Ephesus war einst eines der sieben Weltwunder. Im Tempelinneren wurde die Göttin durch eine riesige, geschwärzte Statue dargestellt, deren Körper mit vielen eiförmigen Brüsten und Tierbildern bedeckt war. Die Statue wurde – vermutlich aufgrund dieser Tiere – von Generationen von Gläubigen als Artemis identifiziert. Tatsächlich entspricht die Darstellung eher der großen anatolischen Muttergöttin Kybele, die der Legende nach bei Ephesus gebar und mit ziemlicher Sicherheit dort einen Schrein besaß. Der Name Artemis tauchte zuerst auf den Steintafeln von Pylos auf, wodurch sie mit der alten kretischen Muttergöttin in Verbindung gebracht wird. Beim Frühlingsfest bei Ephesus wurde in Erinnerung an minoische Rituale ein Stierrennen (siehe S. 50–51) abgehalten.

Die Geburt der Milchstraße *von Peter Paul Rubens (1577–1640). Herakles wurde dem griechischen Gott Zeus aus seiner Verbindung mit der sterblichen Alkmene geboren. Zeus legte das Kind heimlich zu seiner Frau Hera, damit es durch ihre göttliche Milch unsterblich werde. Herakles aber biß in ihre Brust und sog so stark, daß sich die Milch über den Himmel ergoß und die Milchstraße bildete.*

Milch zur Lebensessenz gerinnen zu lassen. Die Sterne wurden oft als Milch beschrieben, die sich aus der Brust Heras (im klassischen Griechenland), dem Euter von Kuhgöttinnen, wie Hathor (in Ägypten) oder Io (im einstigen Ionien), und unzähligen anderen Göttinnen der ganzen Welt ergoß.

Milch ist auch ein Medium für die Übertragung der Göttlichkeit bzw. der göttlichen Macht. Isis wird oft gezeigt, wie sie den bereits erwachsenen Horus stillt. Die Pharaonen der ersten Dynastie präsentierten sich an der Brust von Isis, durch die sie ihren göttlichen Herrschaftsanspruch einsaugten.

Das Bild der nährenden Mutter existierte bereits vor Isis. In Thessalien fand man die Figur einer ihr Kind stillenden Frau auf einem Thron aus dem 5. Jahrtausend v. Chr. und in den Ruinen von Ur im alten Sumer eine stillende Göttin mit Schlangenhaupt aus Terrakotta (ca. 4000 v. Chr.). Die Figur aus Thessalien weist ebenfalls ein Schlangenmotiv auf: Sie scheint mit Schlangen bedeckt zu sein. Man meinte, daß die allgemeine Assoziation von Göttinnen und Schlangen von der Form der Nabelschnur herrühren könnte, die zwei ineinander verschlungenen Schlangen gleicht.

RECHTS *Ein Holzschnitt aus Zaire, 19. oder frühes 20. Jh., der die nährende Rolle der Frau in der Gesellschaft als magische Stärkung des Königtums idealisiert.*
UMSEITIG *Ein mexikanisches Garnbild von Crescencio Peres Robles (20. Jh.) zeigt Tatei („Mutter") Urianaku, die zur Aussaat bereite Erdgöttin.*

Schicksalsgöttinnen

In den Mythen vieler Gesellschaften ist das menschliche Schicksal üblicherweise mit Dreiergruppen von Göttinnen verbunden. Diese Trinitäten zeichnen sich meist durch kapriziöses Verhalten aus, was dazu benützt wird, die scheinbar zufälligen Schicksalsschläge zu erklären. Die Dreiergruppen besitzen große Macht, bekommen jedoch selten Opfer dargebracht, weil sie für zu unbeugsam gehalten werden. Wann immer hingegen eine einzelne Göttin, wie Lakshmi (siehe S. 146), das Schicksal bestimmt, wird dieser übergroße Verehrung entgegengebracht.

Die Dreiheiten, die das Schicksal bestimmen, werden häufig als Jungfrauen dargestellt. Eine typische Trinität waren die Nornen der nordischen Mythologie, die alle Götter an Macht übertrafen, weil sie die Unausweichlichkeit des Gewesenen, des Seienden und des Werdenden verkörperten. Die Asen konnten ihre Verfügungen über das Schicksal nicht rückgängig machen, weil die Nornen über den Weltenbaum das Leben auf Erden kontrollierten. Die römischen *Tria Fata* – nach der Göttin Parca (von parere, „gebären") auch Parzen genannt – waren eine andere mächtige Dreiergruppe. Sie waren bei jeder Geburt anwesend und spannen den Schicksalsfaden aller Individuen.

In der europäischen Mythologie waren die Schicksalsgöttinnen zumeist Weberinnen. Zu den griechischen Moiren, Vorläuferinnen der Tria Fata, gehörten Klotho, die Spinnerin des Lebensfadens, Lachesis, die ihn mißt, sowie Atropos, die ihn durchschneidet.

Die drei Schicksalsgöttinnen verkünden Maria von Medici die Zukunft *von Peter Paul Rubens.*

Die Griechen besaßen zahlreiche andere Gruppen von Schicksalsgöttinnen wie die rachsüchtigen Furien, die weisen, doch bösen Graien und die Gorgonen. Die Gorgonin Medusa war verschleiert, weil sie die unbekannte Zukunft war; sah man ihr ins Gesicht, erblickte man seinen eigenen Tod oder erstarrte zu Stein. Sie kam um, als die Göttin Athene ihre glänzende Aegis (Schild) dem Helden Perseus gab und Medusa darin ihr eigenes Spiegelbild erblickte. Medusa hat vermutlich eine prähellenische Vorgeschichte als libysche Göttin und wurde möglicherweise erst im Zuge der hellenischen Übernahme degradiert.

Vom Einfluß der Dreiergruppen auf das menschliche Leben ist auch außerhalb des indoeuropäischen Sprachkreises die Rede. Eine Legende der Ureinwohner Amerikas, die von Nordkalifornien bis Washington kursiert, erzählt, wie die Menschen Koyote baten, ihnen Feuer zu bringen. Drei alte, verwelkte Schwestern, genannt Skookums, wechselten sich bei der Feuerwache ab, wobei jeweils eine die nächste aufrüttelte, nachdem ihre Wache um war. Koyote rief seine eigenen Schwestern zu Hilfe – ein weiteres Trio, das in seinem Bauch in Gestalt von Heidelbeeren lebte –, und auf ihren Rat hin ließ er den Ort mit schnellfüßigen Tieren umstellen. Als die Skookums einander ablösten, stahl er ein brennendes Holzscheit. Die drei Hexen jagten ihm nach, doch Koyote gab das Feuer Eichhörnchen, welches es reihum den Tieren weiterreichte, bis es schließlich von einem Baum verschluckt wurde und die Skookums die Verfolgung aufgeben mußten.

Das Glücksrad, aus einem englischen Psalter, illustriert von William de Brailes, ca. 1240. Fortuna, die römische Glücksgöttin, wurde oft auf einem Ball oder einem Rad balancierend dargestellt, um die Unsicherheit des Schicksals zu demonstrieren. Ihr Rad wurde als Glücksrad im Karneval säkularisiert; Fortuna selbst wurde als Glückspatronin der Spieler bekannt.

DER DRITTE BETEILIGTE

In „Prolegomena to the Study of Greek Religion" (1991) meint die Schriftstellerin Elizabeth Jane Harrison, daß sich die Dreiheiten der Schicksalsgöttinnen aus einem Mutter-Mädchen-Dualismus, wie jenem von Demeter und Kore (siehe S. 70), entwickelten. Die Möglichkeit des Todes oder der Todestrieb existieren sowohl bei der Mutter als auch beim Mädchen: Beispiele sind Kores Abstieg zur Hölle und die Verwüstung der Welt durch Demeters Klagerufe.

Ein dritter Aspekt der Göttin dient dazu, diesen Todestrieb abzusondern. Indem der Tod zu einer gesonderten Größe wird, kann der Gläubige das Bedrohliche von Mutter und Tochter ignorieren. Der Tod, als unvermeidlicher Teil des menschlichen Schicksals, wird personifiziert und verkörpert die universale Angst vor dem Unbekannten. Gemeinsam vereinigt die Trinität alle negativen und positiven Aspekte des Schicksals.

Die Todesbringerinnen

Hekate, *Druck von William Blake, ca. 1795.*

Zwar hat die Göttin in jedem ihrer Aspekte die Fähigkeit zu töten, doch wird sie am stärksten mit dem Tod assoziiert, wenn sie als Greisin in Erscheinung tritt. Dies spiegelt sich in zahlreichen Kulturen wider, wo es Brauch ist, daß alte Frauen die Toten ankleiden, salben und bis zur Beerdigung bewachen. Die Greisin wird auch mit Hexenkraft (siehe S. 134–135), Mysterien und Geheimnissen verbunden, und wenn eine Frau das gebärfähige Alter überschritten hat, heißt es, daß sie ihr Blut „zurückzieht" oder auch „zurückhält". Ihr Schoß, obgleich nicht mehr fruchtbar, kann nun zu einem Gefäß der Regeneration werden, wie der große Kessel der keltischen Göttin Brânwen, in dem sie die Toten brodeln ließ, um sie zu neuem Leben zu erwecken. Dessenungeachtet wird der Schoß der Greisin, weil er die Geheimnisse der Frauen bewahrt, oft als Synonym für das Grab verwendet – als ein Ort, der die Schrecken vor dem Unbekannten verkörpert.

Die vielleicht bekannteste Greisin, die die Bereiche des Todes und der Hexenkraft vereinte, ist Hekate. Als älteste der griechischen Göttinnen geht sie vermutlich auf die ägyptische Hequit oder Heket, die Göttin der Hebammen (der archetypischen Bewahrerinnen von Frauengeheimnissen), zurück. Hekate wurde in die Theogonie Hesiods (siehe S. 60) als ein höchsten Lobes würdiges Wesen aufgenommen. Sie war eine Nachfahrin des dunklen Mondes, des Herrschers über die Toten und über Geisterscharen, die nachts durch die Straßen streiften. Abendmahlzeiten wurden ihr gewidmet und die Überreste für sie vor das Haus gestellt. Hekate wird in ihrer Funktion als Richterin über die Seelen mit ihr gleichgesetzt.

Als die, die den Tod bringt, verkörpert die Greisin auch das letzte Gericht. Zu ihren Utensilien zählen oft Bücher mit Aufzeichnungen, wie jene Ereschkigals (siehe S. 78) und ihrer semitischen Entsprechung Husbishag. In ihrem Namen wurden die feierlichsten Schwüre getan, und die Todbringerinnen – von Tellus Mater in Rom über Ybme-Akka in Skandinavien bis zu Ala in Afrika – zählten zu den besten Bürgen von Wahrheit und Tugend.

Dennoch wird die Königin des Todes meist als räuberisch angesehen. Sie kann wie die aztekische Coatlicue Blut trinken oder wie Hine in Ozeanien (siehe S. 26) Körper verschlingen. Wenn die Seelen der jüngst Verstorbenen zu ihren Ahnen reisen, wartet auf der Seite bereits Miru, die polynesische Herrin der drei innersten Zirkel der Unterwelt, um ihr Netz auszuwerfen und sie einzufangen. Die bösen Seelen werden in die verzehrenden Flammen ihres Ofens geworfen, während die guten ein dem Erdenleben ähnliches Dasein, doch ohne Angst vor dem Ende, führen.

Dieser an einem sakralen Tanz in Kerala, Indien, teilnehmende Mann ist von der Göttin Machilottu besessen, einem der vielen Aspekte von Devi-Kali. Machilottu war ein junges Mädchen, das fälschlich der Ausschweifung beschuldigt wurde. Nachdem sie ihren Fall vor Shiva gebracht hatte, errichtete sie als neugeborene Göttin ihren eigenen Scheiterhaufen und brauste auf einer Flammensäule in den Himmel.

KALI – DER ANFANG UND DAS ENDE

Die Göttin Kali, auch als Shakti (die Verkörperung der weiblichen Energie, siehe S. 94) bekannt, ist die Form, in der die große Göttin Devi in der indischen Ikonographie, Kunst und Literatur am häufigsten angetroffen wird. Kali führt die Beinamen Shyama („die Schwarze"), Chandi („die Wilde") und Bhairava („die Furchtbare"), und in diesen Gestalten erhält sie Blutopfer männlicher Tiere.

Menschliche Opfer wurden 1835 verboten, werden aber immer noch dargebracht.

Kalis verbreitetste Abbildung zeigt sie als turmhohe schwarze Göttin mit heraushängender Zunge, von der Blut tropft. Sie ist reich mit Schlangen und Totenschädeln verziert. Von jedem Ohr baumelt der Leichnam eines Kindes. In einer Hand schwingt sie ein Schwert, in der anderen hält sie einen Totenschädel. Mit dem dritten und vierten Arm segnet sie die Anbetenden. Als Mahakali nimmt sie Zeit und Raum der sterblichen Dimension und auch den Ruhepunkt im Zentrum der Unendlichkeit ein. Die hinduistische Kosmologie beschreibt ein Universum, das eine Reihe von Zeitaltern durchläuft. Am Ende eines Zeitalters geht alle Kreatur in Mahakali zugrunde und wird wieder zu Samen, aus dem das nächste Zeitalter hervorgeht. Dem heiligen Text *Devibhagavata* zufolge hat die Göttin am Ende der Zeit keine faßbare Gestalt oder Qualität und verkörpert die absolute Wahrheit.

Göttin und Hexe

Hexen sind mit der Göttin, vor allem in ihrer Erscheinung als Greisin, eng verbunden. Sie verfügen häufig über die gleichen Eigenschaften: Alter, Dunkelheit, Mysterium und eine Verbindung zum Tod. Hexen, die Kinder ermorden und essen, wie jene im Märchen von Hänsel und Gretel, und auf Göttinnen wie die melanesische Likele und Kalwadi (siehe S. 23) zurückgehen, sind Schöpfungen volkstümlicher Folklore – eindimensional böse Charaktere von grundloser Grausamkeit. Medea von Kolchis, die Jason auf seiner Suche nach dem Goldenen Vlies half, ist eine dieser Gestalten, die aus Liebe rücksichtslos ungeheure Opfer bringt. Nur um ihren Vater abzulenken, zerstückelt sie den Körper ihres jüngeren Bruders und wirft ihn ins Meer, später tötet sie sogar ihre eigenen Kinder, um sich für Jasons Treulosigkeit zu rächen.

Wo der Mythos jedoch lebendiger Bestandteil der Anbetung und noch nicht zur Folklore degeneriert ist, werden die todesbezogenen Aktivitäten der Göttin nach wie vor als Teil des ewigen Kreislaufs des Lebens betrachtet. Die mit Tod und Wiedergeburt eng verbundene Isis war eine große Repräsentantin der Magie und das Vorbild unzähliger Hexen. Zwar verkörpern alle Göttinnen Hexenkraft, doch gibt es herausragende Vertreterinnen. Die mächtigsten und mehrgesichtigen Verkörperungen der weiblichen Gottheit – wie Isis, Hekate und Kali – eignen sich besonders dafür, von Ungläubigen zum eindimensionalen Stereotyp der Hexe degradiert zu werden. Mag sein, daß diese gefährlichen, unvorhersehbaren Wesen der menschlichen Psyche in dieser Form nicht so erschreckend sind. Bei den Cohiti, Ureinwohnern Nordamerikas, ist die Gelbe Frau eine räu-

Kirke verwandelt Odysseus' Gefährten in Schweine *von Camillo Paderni (1770). Odysseus wurde durch ein magisches Kraut geschützt.*

Eine Seite aus dem mexikanischen Kodex Fejervary-Mayer: eine Hexen-Göttin, aus deren Vulva magische Kräfte treten.

HATHOR, DAS BÖSE AUGE

Die ägyptische Göttin Hathor war in Teilen Ägyptens einst vermutlich so berühmt wie Isis. Sie war entweder die Tochter oder die Mutter von Ra und wurde vom Sonnengott in Gestalt eines großen, allsehenden Auges ausgesandt, um nach dem Menschengeschlecht zu sehen, das, wie sie beklagte, auf Abwege geraten war. Die Göttin begann, die Menschheit grausam zu vernichten, bis die anderen Götter ihr Einhalt geboten (siehe S. 139).

Hathors Böswilligkeit gegenüber der Menschheit resultierte aus ihrer Zerlegung in Teilaspekte: Im Laufe ihrer Geschichte wurde sie von der vielschichtigen Schöpferin-Zerstörerin und Schutzpatronin der Freuden des Lebens zu einer ausschließlich zerstörerischen Figur. Sie gilt als Ursprung des Begriffs vom „bösen Blick", der in vielen Gesellschaften fortdauerte, und verkörperte die Verwandlung von tiefempfundener, unheilvoller Eifersucht in tatsächliches Unglück. Zahllose Hexen wurden verfolgt, weil Tod, Krankheit oder Mißernten ihrem bösen Blick zugeschrieben wurden, den sie, wie man vermutete, aus Ressentiment und Böswilligkeit gebraucht hatten.

Heute wird das ägyptische Kreuz (Ankh), das auf Hathors Auge zurückgehen dürfte, als Glückssymbol angesehen. Es wird nach innen schauend aufgehängt, um das Glück im Inneren der Wohnung zu halten.

Hathor, die Sethos I. eine magische Halskette umlegt. Theben, 1314–1200 v. Chr.

berische Hexe, die ihre Opfer erbarmungslos verfolgt. Bei Nachbarvölkern kann sie eine Wohltäterin sein. Die Keres nennen sie All-Frau, weil Gelb die weibliche Zeremonienfarbe ist.

Die Kirke der Odyssee und die Morgan Le Fay der Artussage sind zwei Beispiele für Hexen, die, obgleich unvorstellbar alt, als schöne und sinnliche junge Frauen in Erscheinung treten. Die Verzauberung wird hier als trügerischer Weg des Liebeswerbens dargestellt, der dem Liebenden und den Seinen Unglück bringt. Die romantischen Epen des Mittelalters enthalten häufig das Motiv des häßlichen Fräuleins, das den Helden mit ihrer Jugend und Schönheit becirct, in Wahrheit aber alt und häßlich ist. Ihre Wandelbarkeit ist oft eine Prüfung, ob der künftige König den „häßlichen" Teil seiner Pflichten, wie Krieg und Leid, ebenso klug meistert, wie er seine Privilegien wahrnimmt.

Germanische Märchen kennen moralische Hexen, wie Frau Trude und Frau Holle – eine verwässerte Version der Göttin Hulde. Frau Holle bestraft ein faules, böses Mädchen, während sie deren hart arbeitende Schwester reichlich belohnt. Ähnlich beschenkt die russische Hexe Baba Yaga die gute Vasilissa und bricht der Schwester die Knochen.

Kriegerin und Beschützerin

Wenn der Todesaspekt der Göttin unter Ausschließung anderer, lebensbejahender Eigenschaften betont wird, tritt die Kriegsgöttin – Kali, Sekhmet oder Anath – in Erscheinung. Als Kriegerin wird die Göttin sowohl als erbitterte Kämpferin wie auch als Beschützerin des Universums dargestellt. Sie ist die Jägerin, die das Wild zugleich beschützt, und um diese doppelte Aufgabe zu veranschaulichen, wird sie gewöhnlich von einem wilden Tier, einem Löwen oder Hirsch, oder, wie Artemis und verschiedene römisch-keltische Gottheiten, auch von einem Jagdhund begleitet.

Wohl von ihrer grimmigsten Seite zeigt sich die Göttin, wenn sie die Mysterien der Frauen, die sie in ihrer eigenen Jungfräulichkeit verkörpert, beschützt: Die konzentrierte Kraft ihrer ungenützten Sexualität macht sie zu einer unbesiegbaren Gegnerin. Aus diesem Grund wird sie oft zur Schutzpatronin der Krieger und Soldaten, von Königen verehrt und in Siegesdenkmälern ferner Königreiche, wie Indien, Afrika und Südamerika, verherrlicht.

Bei diesem traditionellen balinesischen Tanz versucht die mächtige Hexe Rangda, das Königreich zu zerstören, und tötet die halbe Bevölkerung, bevor sie von einem heiligen Mann besiegt wird.

befürchten, bereiten 7000 Krüge ockergefärbten Wein vor. Als Sekhmet erwacht und die blutähnliche Flüssigkeit erblickt, die sich über die Felder ergießt, nimmt sie einen tiefen Schluck, um ihren noch unbefriedigten Blutdurst zu stillen. Der Wein versetzt die Göttin in einen tiefen Schlaf, und so entkommt die Menschheit der Vernichtung.

Steinrelief der Sekhmet aus dem 3. Jahrtausend v. Chr., Horus-Tempel in Edfu.

Die zerstörerische Raserei der Göttin tritt immer nur sporadisch auf, um Feinde eines gerechten Gottes zu bekämpfen. Männliche positive Energie stellt das Gleichgewicht wieder her. Dadurch, daß der Gott selbst Gewalt vermeidet, kann er die Göttin in die Passivität zurückführen, indem er ihren freundlichen Aspekt widerspiegelt, bis sie erkennt, daß ihr Zorn über das rechte Maß hinausgeschossen war.

Das von der Göttin in der Raserei des Kampfes vergossene Blut ist der Urstoff von Leben und Tod, der durch göttliche Alchimie in ein neues Wesen verwandelt werden kann. Indem die Göttin die Welt vom Bösen reinigt, schafft sie den Raum für eine neue Generation, ein neues Geschlecht, welches aus jeder Katastrophe hervorgeht, und bevölkert die Welt aufs neue.

BLUTRITUALE

Seit dem Paläolithikum steht Blut mit Ritual und Anbetung in engem Zusammenhang. Es wurde durch roten Ocker (verwendet, um Ikonen zu färben, auch an Leichnamen gefunden, die für die Rückkehr und Wiedergeburt in Fötuslage gebettet wurden) und Rotwein symbolisiert.

Das Blut ist die Grundlage von Familienverband, Königtum und Erblinie, und man vermutet, daß die Frauen in alten Gesellschaften einen hohen Status hatten, weil sie durch den Geburtsakt Bewahrerinnen und Übertragende des Blutes des Klans und damit dessen Geistes waren.

Das Menstruationsblut wurde einst in vielerlei Hinsicht als nützlich betrachtet. Es wurde dem Dünger für die Felder beigegeben, zu Heilzwecken und zum Machterwerb eingesetzt. Männer versuchten häufig, die Menstruationsblutung bei Zeremonien nachzuahmen: z. B. durch Beschneidung, Aufschneiden der Harnröhre bei den australischen Aborigines und das Brustwarzen-Piercing beim Sonnentanz der Sioux.

Manchmal wird auch behauptet, daß die menstruellen Tabus und Opfer von Priestern erfunden wurden, um die Verwendung des weiblichen Blutes in Ritualen zu vermeiden, die früher auf Priesterinnen beschränkt waren. Als unrein verunglimpft, mußte das Menstruationsblut in den sakralen Zeremonien durch Blut von Männern oder Tieren ersetzt werden.

Tantrisches Gemälde aus Indien, Mitte des 19. Jh.s. Die Göttin Chinnamasta steht auf Shiva und Shakti, während ihre Jünger das aus ihrem Hals rinnende Blut trinken.

Die Göttin in Waffen

Kriegsgöttinnen werden oft mit der Sonne und den Sternen in Zusammenhang gebracht. In den Legenden animistisch denkender Völker können sich die Abermillionen Sterne am Himmel leicht in eine strahlende Armee verwandeln, die die Dunkelheit mit ihren glänzenden Körpern bekämpft. Im slawischen Mythos wird Zarya, die Göttin der Dämmerung, als große Kriegerin personifiziert, die bei der Geburt bewaffnet auftaucht, um die Mächte der Nacht zu zerschlagen. Auch Dilbah, der babylonische Morgenstern, vertreibt die Dunkelheit und wird deshalb in himmlischem Gewand, mit glänzender Rüstung oder juwelengeschmückt dargestellt.

Die mehrfache Göttin Anahita etwa wird in der heiligen Schrift des Zoroastrismus (*Awesta*) als außerordentlich groß und stark beschrieben, als beeindruckende Erscheinung, die „dem Gesetz gemäß" reich mit Juwelen behangen ist. Anahita war die göttliche Energie des Guten, die, wie man glaubte, die Könige Persiens erfüllte und vor Angreifern aus dem Norden beschützte.

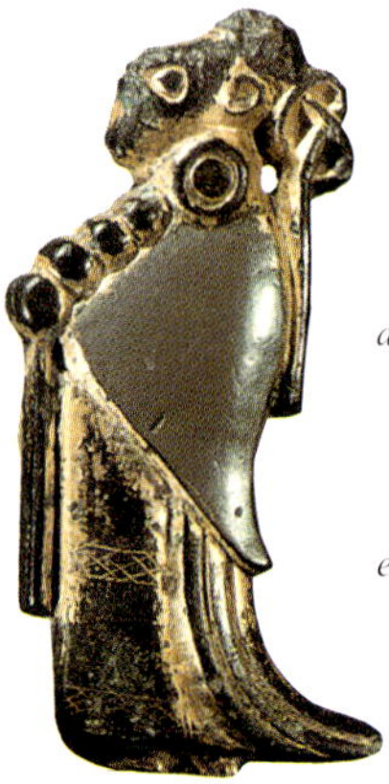

Ein Wikinger-Anhänger, 6. Jh., meist als Walküre identifiziert. Die Walküren der nordischen Mythologie förderten die militärische Tapferkeit der Helden, halfen ihnen auf ihrer Suche und heirateten sie, wenn sie heroisch genug waren. Eine Walküre gab bei einer Heirat ihren Status und auch ihre Macht über das Schicksal ihres Heldengemahls auf.

Die Griechen setzten Anahita mit Athene gleich. Auch sie war groß und imposant und zeigte Interesse an den Taten der Helden (siehe S. 142–145). Sie unterstützte Achilles gegen Hektor im Trojanischen Krieg, half Herakles bei seinen Arbeiten und geleitete Odysseus bei seinen Irrfahrten. Ihr Lieblingsvogel war die Eule, die geheimnisvolle Nachtjägerin.

Im Gegensatz dazu trat die Kampfkrähe der irischen Kriegsgöttinnentrinität, kollektiv die Morrigan genannt, immer als Vorbote des Todes auf. Die Morrigan hatte ein schrilles Lachen, das angeblich die Herzen der tapfersten Männer gefrieren ließ. Ein Krieger reinen Herzens jedoch erkannte, daß kein Grund zur Furcht bestand. In einer ihrer berühmtesten Fehden forderte sie in verschiedenen Tiergestalten den Helden Cuchulainn heraus, nachdem dieser ihre sexuellen Avancen ausgeschlagen hatte. Obwohl sie entschlossen war, ihm eine Lektion zu erteilen, handelte sie fair und umsichtig, warnte den Helden vor ihren Absichten und setzte im Kampf keinerlei Magie ein.

Als eine Erscheinungsform der Landgöttin stand die Morrigan für Territorialität und für „den Schutz des allgemeinen Volksinteresses". Sie half ihren Schützlingen, dem Volk Tuatha de Danaan, Irland in einem Kampf gegen die eingesessenen Fir Bolg zu erobern. Oft sah man die Morrigan Leichentücher von Kriegern waschen, die tatsächlich bald darauf im Kampfe fielen; sie erschien als riesige alte Hexe am Ufer eines Flusses oder als große Frau, die knietief im vom Blut gefärbten Wasser watete.

Pallas Athene, *Gemälde von Gustav Klimt, 1898. Athene entsprang in voller Rüstung dem Haupt ihres Vaters Zeus. Sie trug einen Speer und einen Ziegenfellschild, der meist mit einem Gorgonenhaupt, umrahmt von Angst, Furcht, Kraft und Verfolgung, abgebildet wird. Sie tötete Pallas – verschiedenen Darstellungen zufolge ein Gigant oder ziegenähnlicher priapeischer Gott – im Krieg des Zeus gegen die Titanen und verwendete seine Haut als Brustharnisch. Sein Name – der möglicherweise „Mädchen" oder „Jugend" bedeutete und vermuten läßt, daß er eine androgyne Gottheit bezeichnete – wurde ihr Beiname.*

DIE SUFIS

Der Sufismus, eine mystische Richtung im Islam, entstand im 8. Jh. n. Chr. in arabischen Ländern. Seine Anhänger lehnten die institutionalisierte Religion und deren Dekadenz ab, wurden jedoch als Häretiker verfolgt und gezwungen, nach Persien zu emigrieren.

Allmählich entstanden sufistische Verse, scheinbar eine Liebespoesie, die aber in kodierter Form das mystische Verlangen nach dem Göttlichen beschrieb. Die darin angesprochene „Geliebte" symbolisierte die Gottheit, und der „Liebende" war der Mystiker selbst. Die an sich männliche Gottheit wurde weiblich dargestellt. Ein Dichter schrieb: „Die Geliebte ist märchenhaft, mit Zypressenstatur und Tulpenwangen / von Kopf bis Fuß ehrfurchtgebietend."

Die „Geliebte" hatte denselben kriegerischen Ausdruck wie die alte persische Göttin Anahita. Ihre Augenbrauen wurden mit Schwertern verglichen, ihre Blicke mit Speeren, ihre Wimpern mit Dolchen. Sie war die Quintessenz einer Jungfrau-Göttin, in einem Augenblick grimmig und lebensbedrohlich, sanft und anziehend im nächsten. Gewöhnlich war sie unsichtbar oder von einem aufreizenden Schleier verhüllt. Sie blieb unerreichbar, geheimnisvoll und kokett wie die idealisierten Frauen der mittelalterlichen islamischen Gesellschaften, und das Zusammenspiel dieser Eigenschaften übte magnetische Anziehungskraft auf ihre Anbeter aus.

Die Begegnung mit der göttlichen Geliebten wurde schließlich der einzige Zweck der Existenz des Mystikers; er verbrachte sein Leben in Erwartung, mit ihr im Tode zu verschmelzen. Während seiner Anbetungen hat er gelernt, daß Fana (Vernichtung) zu Baqa (ewigem Leben) führt, dem letzten Geheimnis der Geliebten.

Die Göttin der Suchfahrt

Das Urteil des Paris *von Peter Paul Rubens (1577–1640). Der Schönheitswettbewerb zwischen Hera, Aphrodite und Athene löste den Trojanischen Krieg aus, in dem jede Göttin ihrem Helden beistand.*

Die Göttin tritt bei der Suchfahrt eines Helden in vielen Stadien in Erscheinung. Manchmal ist sie die Initiatorin für den Aufbruch zu einer solchen Reise, oder sie hilft ihm später weiter; manchmal jedoch ist sie selbst das letzte Hindernis, wie im Falle der Gorgone Medusa, die von Perseus getötet werden mußte, bevor er seine Suche als vollendet betrachten konnte. Aber ohne den Beistand einer anderen Göttin (Athene, in ihrer prähellenischen Gestalt mit der Gorgo gleichgesetzt) hätte er Medusa nicht töten können. Der Held ist daher weitgehend nur eine Figur in einem himmlischen Spiel zwischen verschiedenen Aspekten der Göttin.

Die Suche, die meist von einem Mann unternommen wird, kann als eine für seine Entwicklung notwendige psychologische Entdeckungsreise betrachtet

DIE INNERE SUCHE

In dem Werk *Metamorphosen*, bekannt als *Der goldene Esel*, von Lucius Apuleius, 2. Jahrhundert n. Chr., verführt der Hauptheld ein Sklavenmädchen, um die Zauberkraft ihrer Herrin zu entwenden. Der Versuch scheitert, und Lucius endet als Esel, der ein unglückliches und mühseliges Leben führt. Auf dem Höhepunkt der Geschichte begegnet Lucius Isis, wird in ihre Mysterien eingeweiht, in die Göttin verwandelt und zu ihrem Priester. In diese zentrale, kohärente Erzählung sind kürzere Geschichten eingestreut, die die jungsche Analytikerin (siehe S. 18–19) Marie Louise von Franz als traumähnliche Strukturen interpretiert, die das Innenleben von Lucius an die Oberfläche bringen wollen. Als seine Hemmungen wegfallen, erfährt er das Zusammenspiel seiner physischen und psychischen Energien und begegnet den verschütteten Schichten seiner Persönlichkeit.

„*Der goldene Esel* ist die moderne Beschreibung der Entwicklung der *Anima* oder weiblichen, unbewußten Seite der Persönlichkeit eines Mannes", schreibt Franz und fügt hinzu, „daß darin auch ein Entwicklungsprozeß von historischer Dimension" Gestalt annimmt: die Rückkehr des weiblichen Prinzips in die patriarchalische westliche Welt.

werden. Der Beginn der Reise, zu der er aufgerufen ist und zu der er sich entschlossen hat, kann mit der allerersten Trennung vom Mutterschoß verglichen werden. Ihr Ziel könnte als das Bedürfnis verstanden werden, die weiblichen Elemente – negative wie positive – in sich zu entdecken und zu integrieren, damit die widersprüchlichen Eindrücke von der Mutter versöhnt werden. Der Erfolg der Aufgabe wird durch den „Preis" symbolisiert – meist eine begehrenswerte junge Frau. Zuvor muß der Held jedoch einen Drachen, einen Riesen, eine Hexe oder einen besonders mächtigen bösen Mann oder eine Frau besiegen.

Bei diesen Begegnungen helfen oder behindern ihn Frauen, die Personfikationen der Göttin sind und meist die gute und die schreckliche Mutter (siehe S. 18–19) verkörpern. Es ist Teil der Herausforderung des Helden, mit jeder ihrer Manifestationen richtig umzugehen – einerseits die Hexe zu überlisten oder zu töten, andererseits ihre Hilfe zu suchen ist wesentlich für das Erreichen seines Zieles.

Auf einer anderen Ebene ist die Suche eine Metapher für die Initiation in das Mannsein oder ein geistiges Leben. Verschiedene Göttinnen können in den diversen Stadien einer solchen Initiation auftauchen – erst als Motivation für die Suche, dann als Prüferin oder Helferin des Helden und schließlich als größte Gegnerin oder Belohnung. Alle Aspekte der Göttin können jedoch als Erscheinungsformen derselben alles durchdringenden Gottheit angesehen werden.

Der Trojanische Krieg hatte viele Ursachen. Die Göttin Eris (oder Streit), die bei ihrer Suche nach sich selbst von einem himmlischen Fest ausgeschlossen wurde, warf einen goldenen Apfel für die „Schönste" unter die Anwesenden. Hera, Aphrodite und Athene beanspruchten ihn. Zeus weigerte sich, den Wettstreit zu entscheiden, und zwang Paris dazu. Jede der Göttinnen versuchte Paris zu bestechen, sie zu wählen. Hera versprach ihm Macht, Athene Weisheit und Sieg im Krieg, und Aphrodite versprach ihm Helena, die schönste Sterbliche. Doch die dem trojanischen Prinzen überlassene Aus-

DIE SUCHE IM KUNSTHANDWERK

Bei den Ureinwohnern Nordamerikas äußert sich die magische weibliche Schutzmacht oft in unheldenhaften, alltäglichen Aufgaben.

Navajo-Sandmalerei, die „Sich verändernde Frau" und sechs Fußabdrücke zeigend, die ihren Geist darstellen. Das Bild ist eine Kraftquelle für die Männer, die sich darauf vorbereiten, um für Regen zu beten.

Micmac-Frauen im heutigen Neuengland und in Nordostkanada mußten für ihre künftigen Ehemänner schöne Kleider anfertigen, um ihr praktisches Geschick zu beweisen. Sie waren jedoch auch eine Quelle magischen Schutzes.

Das sakrale Kunsthandwerk der Cheyenne-Frauen galt als Gebet für das Wohl ihrer Verwandten und wurde – mehr als das Objekt selbst – als magisch angesehen.

wahl war eine Täuschung: Er war nur Ausführender des von Zeus geplanten Schicksals, der Griechenland durch Krieg entvölkern wollte. Zu diesem Zweck hatte Zeus Helena erzeugt. Paris wählte, wie geplant, Aphrodite. Doch indem er ein göttliches weibliches Prinzip über die anderen stellte, aktivierte er die inhärenten Gegensätze zwischen den verschiedenen Aspekten der Göttin. Als er Liebe und Schönheit wählte, stieß er Mutterschaft, Keuschheit und Beschützergeist zurück, und so standen im Trojanischen Krieg Hera und Athene auf der Seite der Griechen.

Die Göttin tritt in den Legenden auch in Gestalt sterblicher oder halbgöttlicher Kriegerinnen in Erscheinung wie als Druidin Scathach, die Mentorin des irischen Helden Cuchulainn. Solche Frauen sind Teil desselben mythischen Erbes wie die große Göttin der Landeshoheit (siehe S. 55), die in ihren verschiedenen Verkleidungen Könige und Helden versuchte und prüfte.

Die walisische Erzählung von Cullwch und Olwen ist ein komplexes Beispiel für die vielen Gestalten der Göttin in diesen Erzählungen von Suchfahrten. Der Held Cullwch wird bei einem Schweinerennen (das Schwein galt als alten Göttinnen wie Demeter und Artemis heilig) als Sohn einer Königin geboren, die bald danach stirbt. Der Name der Königin, „Tageslicht", suggeriert, daß sie die Natur und die Sonne verkörpert. Nachdem sie ihre einzige Aufgabe, den Helden zu bemuttern, erfüllt hat, zieht sie sich zurück und wird durch eine Königin ersetzt, die in der Erzählung unbenannt bleibt und die Suche initiiert, indem sie über Cullwch den Fluch ausstößt, daß er nie eine andere als Olwen, die Tochter des bösen Riesen Ysbaddaden, heiraten werde. Als direkter Gegensatz zu seiner sonnenhaften Mutter verkörpert Olwen den Mond und wird rasch zum Ziel vom Cullwchs Leben. Der Held bricht zu zweiunddreißig Missionen auf, in deren Verlauf er von Annwn („der Unterwelt") einen Kessel erwirbt, der den Schoß (siehe S. 35) versinnbildlicht, und den in den König verwandelten Stier Twrch Trwyth besiegt, ein Symbol für den Sieg über seine eigene anima-

DIE AMAZONEN

Ein Fries vom Grab des Mausolos, der Karien in Kleinasien von 377–353 v. Chr. regierte. Dieser Ausschnitt zeigt eine Amazone, die einen griechischen Soldaten niederschlägt.

Der Name der Amazonen leitet sich angeblich davon ab, daß sie den kleinen Mädchen eine Brust entfernten, damit sie später leichter mit Pfeil und Bogen umgehen konnten. Die Amazonen waren nicht göttlich, sondern kämpften gleichberechtigt gegen die griechischen Helden, mit denen sie in Konflikt gerieten. Sie waren ergebene Anbeterinnen der Artemis und erbauten angeblich den Tempel der Artemis und auch die Stadt Ephesus.

Die Amazonen lebten in Nordafrika, Anatolien und am Schwarzen Meer. Sie benutzten die Männer, um schwanger zu werden, dann wandten sie sich von ihnen ab oder töteten sie. Auch die männliche Nachkommenschaft ermordeten sie nach der Geburt.

Diese militanten Superfrauen waren für die Männer offensichtlich bedrohlich, und die erhaltenen Mythen von den Amazonen schildern nur Kampfbegegnungen, in denen ein männlicher Held triumphiert. Als die Königin Penthesilea ihre Kriegerinnen zur Unterstützung von König Priamus bei der Belagerung Trojas führte, wurde sie getötet und ihr Leichnam von Achilles entführt (ein magischer Versuch, ihre erzürnte Seele zu bezwingen). Königin Hippolyta wurde von Herakles bei seinem Versuch, ihren magischen Gürtel zu stehlen, getötet.

Man vermutet, daß die Niederlage der Amazonen durch die Griechen eine Allegorie für die Zurücksetzung darstellt, die der Göttin widerfuhr, als die indoeuropäischen Eroberer ihre eigenen männlichen Götter in den von ihnen neu eroberten Territorien einführten.

---

lische Kraft. Zuletzt muß Cullwch eine schwarze Hexe, die Tochter einer weißen Hexe, töten. Nun ist er frei und kann sich mit seiner *Anima*, seiner Schwesterseele Olwen, vereinen.

Zum Abschluß seiner Reise gelangt der von der Göttin geleitete Held oder Initiand an ein materielles, psychologisches oder spirituelles Ziel. Diese drei schließen sich nicht gegenseitig aus, denn anders als in den spirituellen mystischen Suchen der Religionen Abrahams ist der Pilger auf der Suche nach der Göttin berechtigt, die sinnliche Welt zu genießen. Sobald sich Isis Lucius Apuleius (siehe S. 143) offenbarte, verband er seine Priesterschaft mit der Rechtskunde und lebte im Vertrauen auf die Großzügigkeit seiner Göttin ein erfülltes und glückliches Leben.

Die Göttin der Barmherzigkeit und des Glücks

Auf dem Berg Putuo auf der Insel Zhoushan in Zentralchina befindet sich das Heiligtum von Chinas beliebtester Gottheit, der Guanyin, der Göttin der Barmherzigkeit, die vor allem Frauen und Kinder beschützt. Ihre Popularität wird von einer chinesischen Legende verstärkt, die sie mit Prinzessin Miao Shan gleichsetzt. Diese war die dritte Tochter eines Königs und wurde furchtbar bestraft, weil sie keinen anderen als einen gewöhnlichen Arzt heiraten wollte.

Sie wurde zur öffentlichen Hinrichtung verurteilt, doch ihr Körper wurde von den Geistern entführt und für die Wiederauferstehung aufbewahrt. Als die Unterwelt durch ihre Anwesenheit zu einem paradiesischen Garten erblühte, wurde ihr rasch göttlicher Status zuerkannt. Als Gottheit meditierte sie regelmäßig über die Not der Menschheit und beantwortete jedes Gebet mit Barmherzigkeit. Sie trat aber auch weiterhin in menschlicher Gestalt auf der Erde auf, um den Menschen sowohl seelisch als auch spirituell beizustehen.

Historisch wurde Guanyin (manchmal auch bekannt als Kuan-yin oder in Japan als Kwannon) von buddhistischen Missionaren in Gestalt eines Bodhisattva oder künftigen Buddha vom indischen Subkontinent nach China gebracht. Der buddhistischen Theologie zufolge war ein Bodhisattva ein Erleuchteter, der durch generationenlange Meditation und Versenkung gelernt hatte, wie man dem endlosen Kreislauf von Tod und Wiederauferstehung, dem der Rest der Menschheit verhaftet war, entkommt, der jedoch in einem Akt der Barmherzigkeit regelmäßig einen Körper auswählte, in dem er wiedergeboren wurde, um anderen zu helfen, Erlösung zu erlangen.

HULDIGUNG DES GLÜCKS

Lakshmi, die Göttin des Glücks, hat in ganz Indien eine riesige Anhängerschaft. Sie sichert den Wohlstand der Menschen, und jede Familie hofft, daß eine neue Schwiegertochter Lakshmi (Glück) ins Haus bringt. Sie wird nicht nur wegen ihrer Freigebigkeit umworben, sondern auch weil man sie für verlockend und kapriziös hält. Die Altäre der Lakshmi werden mit Öl, Milch und Blumen geschmückt, weil sie wankelmütig und mit luxuriösen Gaben leicht zu verführen ist. Ihre nachtragende Verletzlichkeit spiegelt sich in dem geflügelten Wort: „Vergiß nicht, Lakshmi zu besuchen."

Obwohl Lakshmi das universale Weibliche verkörpert, das bei der Schöpfung auf einer Lotusblüte auf dem Wasser trieb, schloß sie sich den Göttern erst an, als das Urgewässer zu einem Elixier vermengt wurde, welches das Böse aus der Welt vertrieb. Als sie dem Schaum entstieg, wechselten die Flüsse die Richtung, um auf sie zuzufließen, und himmlische Elefanten schöpften Wasser aus den Wellen, um sie zu waschen. Dann erwählte die Göttin Vishnu zu ihrem ewigen Partner – für Vergangenheit und Zukunft.

Die größte Ehrung wird Lakshmi beim Diwali-Fest, dem hinduistischen Neujahrsfest, erwiesen. Alle Familien zünden Lampen an, in der Hoffnung, sie in ihre Häuser zu locken. Kleine Terrakotta-Öllampen werden um Häuser und Geschäfte aufgestellt und manchmal auch auf dem Wasser ausgesetzt.

In ihrer Ikonographie wird Lakshmi als schöne, lächelnde Frau mit schwarzen, welligen langen Haaren dargestellt. Sie ist juwelengeschmückt und hat eine blasse, goldschimmernde Haut. Obwohl sie angeblich vier Arme hat, wird sie beinahe immer mit zwei Händen dargestellt. In der einen hält sie eine Lotosblume, mit der anderen erteilt sie ihren Segen.

Eine Statue der Guanyin in Hongkong. Sie wurde in mehr als dreißig verschiedenen Arten als Mann und als Frau porträtiert. Meistens wird sie in fließendem Gewand mit Juwelen oder einem Weidenzweig in den Händen dargestellt. Um das 4. Jahrhundert n. Chr. waren die Keramikbildnisse der Göttin so populär, daß sie in Massenanfertigung produziert wurden. Keramiken von Guanyin fanden sich vor der Revolution in jedem chinesischen Haushalt.

Guanyin war ursprünglich Avalokiteshvara, der männliche *Bodhisattva* der Barmherzigkeit. Ihre Umwandlung zur Göttin erscheint in einer Religion, in der Frauen als unvollkommenere Wesen betrachtet wurden als Männer, rätselhaft. Doch als der Buddhismus unter der Han-Dynastie im 3. Jahrhundert n. Chr. in China eingeführt wurde, hatte er sich bald mit dem Taoismus und dem Konfuzianismus vermengt. Diese Religionen könnten die Metamorphose von Avalokiteshvara bewirkt haben, indem sie ihn mit einer einheimischen weiblichen Gottheit verwechselten. Kuan-yin könnte ursprünglich die alte Muttergöttin Nükua gewesen sein, eine Schutzgöttin der Menschheit oder die als Himmelskönigin bekannte taoistische Gottheit. Ein Bodhisattva vereint die Attribute des Wissens und der Barmherzigkeit, und unter diesem Aspekt überrascht es nicht, daß der männliche Avalokiteshvara der Göttin angeglichen wurde, die in ihrer Rolle als allwissende Richterin der Toten oft Barmherzigkeit übte (siehe S. 49).

Die Befreiung der Göttin

Die Geschichte des zeitgenössischen Wiederauflebens der Göttinnen-Bewegung beginnt vermutlich im Jahr 1861 mit der Publikation des Buches „Mutterrecht" des Schweizer Rechtshistorikers J. J. Bachofen (1815–1887). In diesem Buch vertrat er die Theorie von der Familie als sozialer Institution und meinte, daß den Rechten und der Macht von Müttern einst vor jenen der Väter der Vorrang gegeben wurde. Dieser Gedanke führte rasch zu der Überlegung, daß, wenn Frauen einst die Gesellschaft gestalteten, wohl auch Religion und Kultobjekte nach ihrem Bild entworfen worden waren.

Ein weiteres wichtiges Buch für die Entwicklung der Göttinnen-Bewegung war „The Witch-Cult in Western Europe" (1921) von Margaret Murray, die behauptete, daß eine organisierte heidnische Religion, deren Priesterinnen Hexen waren, seit dem Paläolithikum durchgehend existierte. Obwohl Murrays Theorien später bezweifelt wurden, regten sie viele Menschen an, neoheidnische Gruppen zu gründen. Der moderne Göttinnen-Kult sieht in der Konstruktion einer glorreichen weiblichen Vergangenheit eine zwar historisch ungenaue, aber legitime Übung zur Phantasie- und Mythenbildung, um die Bewegung zu stärken.

Bei den Candomblé-Riten in Brasilien werden Frauen oft von Göttinnen besessen. Kulte wie der Candomblé finden im modernen urbanen Nordamerika unter dem Sammelbegriff Santeria oder Macumba rasche Verbreitung.

Die Göttin heute

„Neolithische Höhle Grapceva: Achte auf dich", eine 1977 auf der Insel Hvar, Jugoslawien, aufgenommene Fotografie. Die Fotografin Mary Beth Edelson unternahm eine Wallfahrt dorthin, nachdem sie das Buch „Gods and Goddesses of Old Europe" von Marija Gimbutas (siehe S. 13) gelesen hatte.

In der ganzen Welt sind zahlreiche Traditionen der Göttinnen-Anbetung ungebrochen bis zum heutigen Tag lebendig. Die weibliche Gottheit wird in Gestalt Kalis in allen Teilen Indiens verehrt. Die große Göttin Devi taucht in vielen verschiedenen Personifikationen in Südostasien und in Tibet auf. In Ozeanien, Australasien und Afrika wird die Göttin, missionarischen Bemühungen zum Trotz, von verschiedenen Gruppen nach wie vor verehrt. In katholischen Ländern, vor allem in Südamerika, wird die Göttin in verdeckter Form als Heilige oder Jungfrau Maria verehrt.

Nach dem 2. Weltkrieg wurde die westliche Gesellschaft auf die Göttin aufmerksam. Der Krieg hatte die Diskrepanz zwischen dem untergeordneten sozialen Status der Frau und ihren Beiträgen in allen Lebensbereichen betont. Das Ungleichgewicht der Geschlechter war unübersehbar und schien von den offiziellen Religionen gebilligt zu werden. Gleichzeitig verstörten die Nachkriegsindustrialisierung und ein wachsender Materialismus immer mehr Menschen, die nach spirituellen Alternativen zum technischen Fortschritt suchten. Die Göttin bot demgegenüber

DIE GEMEINDE DER GÖTTIN

Es gibt ein großes internationales Netzwerk moderner Heiden, von denen die meisten Aspekte der Göttin anbeten, die bis zu den alten Traditionen Ägyptens, Mesopotamiens, Griechenlands, Skandinaviens, Indiens und Nordamerikas zurückverfolgt werden können.

Die meisten dieser Heiden sind keine Aussteiger, sondern Angehörige der Mittelschicht. Zu ihnen zählen Wissenschaftler, Erzieher, Politiker und Medienstars – sie alle werden angezogen von der holistischen Botschaft des Heidentums, die die Einheit der Menschheit mit der Natur betont sowie die Freiheit des Glaubens und der religiösen Praxis.

Die internationalen heidnischen Gruppen unterstützen sich gegenseitig. Der heidnische Verband hat Mitglieder aus Lateinamerika, Indien, Afrika und Europa, aus so unterschiedlichen Religionen wie dem Shintoismus, dem Christentum, dem Buddhismus, dem Judentum und dem Hinduismus. In den frühen 90ern gab es in den Vereinigten Staaten an die 100000 Heiden. Etwa die Hälfte aller praktizierenden Heiden würde sich selbst als Hexen bezeichnen. Im Jahr 1996 zählte die Hexenkirche von Großbritannien an die 12000 Mitglieder, die allein oder in Vereinigungen aktiv waren.

Übereinstimmend mit einem Glaubenssatz des Göttinnen-Kults kennen die heidnischen Gruppen keine Schranken der Rasse, der Erziehung, der Profession oder der Klasse.

Die Krönung der Isis *(1996), moderne Version eines heidnischen Rituals, Illustration von Stuart Littlejohn.*

eine andere Form der Anbetung und ein ganzheitliches Konzept vom Menschen als Teil der Natur.

Die verschiedenen Gruppen, die unter dem ökumenischen Banner des Neo-Heidentums segeln, haben die Tendenz gemeinsam, an die wechselseitige Abhängigkeit des Kosmos und seiner verschiedenen Gattungen und Ressourcen zu glauben. In ihrem folgenreichen Bericht über das Neo-Heidentum „Drawing Down the Moon" (1979) nennt Margot Adler als die drei zentralen Glaubensinhalte der neuen Generation von Göttinnen-Anbetern den Polytheismus (die vielen Aspekte der Natur gehen von derselben göttlichen Kraft aus), den Pantheismus (die Gegenwart der Göttin in der Natur führt zum Prinzip, nur das zu nehmen, was dem Wesen nach von der Erde ist, und es in irgendeiner Form zu ersetzen) und den Animismus (Gegenstände, Pflanzen und Tiere besitzen die universelle Lebensenergie, die den Kosmos erfüllt und zusammenhält).

Vor allem der Pantheismus bewirkte eine neue Betrachtungsweise des weiblichen Körpers. Als Abbilder der Göttin sind die Frauen Gefäße des Göttlichen, und ihr Körper ist anbetungswürdig. Die Wahrnehmung des Körpers als Tempel der Göttin bedeutete eine Rückforderung einer alten Tradition und trug viel zur Hebung des weiblichen Selbstwertgefühls bei. Der Körper erhielt seine Rolle bei der Anbetung zurück, und verschiedene Rituale wurden um ihn entwickelt.

Die Suche nach der Göttin

In ihrem Buch „The Witch-Cult in Western Europe“ (1921) vertrat die Anthropologin Margaret Murray die umstrittene Theorie, daß die Hexenverfolgungen vom 14. bis zum 17. Jahrhundert die Zerstörung einer organisierten heidnischen Religion mit Ursprung im Paläolithikum bezweckten, und definierte sie aufgrund der Anbetung der römischen Mondgöttin als Kult der Diana. Ihre Theorien machten großen Eindruck auf Gerald Gardner (1884–1964), einen englischen Beamten, der zur Verbreitung der Hexerei als Religion maßgeblich beitrug.

Gardner war mehrere Jahre Mitglied einer okkulten Freimaurergruppe, bevor er sich 1939 einem Hexenkonvent „erblicher Hexen“ anschloß. 1951, nach Aufhebung des Hexerei-Gesetzes in England, gründete er seinen eigenen Hexenkonvent. Obwohl Gardner behauptete, daß er die „Alte Religion“ des heidnischen Altertums praktizierte, scheinen seine meisten Zeremonien, Zaubersprüche und Riten vom selbsternannten „Großen Tier“ Aleister Crowley (1810–1875) abgeleitet. Gardner bestand darauf, daß der männliche Gott das höchste Wesen sei und daß Frauen sich den Männern unterzuordnen hätten.

Die herausragende Stellung der Göttin im modernen Hexenglauben geht vermutlich auf Doreen Valiente zurück, die 1953 in die Gruppe Gardners eingeweiht und später deren Hohepriesterin wurde. Sie schrieb einen Großteil

---

MAGIE

Die Hexe Doreen Valiente beschrieb Magie einmal als ein so tiefes und durchdringendes Wissen von der Natur und ihren Prozessen, daß es zur Kommunikation mit den Elementen eingesetzt werden kann, um ein gewünschtes Ereignis zu bewirken. Dieser Eingriff könne, wenn bei der Durchführung alle relevanten Faktoren berücksichtigt werden, den Verlauf eines Lebens substantiell verändern, ohne Auswirkung auf den gesamtgöttlichen Plan zu haben.

Das Wissen des Magiers muß mit Ernst und Verantwortungsbewußtsein gepaart sein, damit die Hexerei nicht bagatellisiert oder in Mißkredit gebracht werde. Darin unterscheidet sie sich von der Definition des Okkultisten Aleister Crowley, der meinte, Magie sei „die Wissenschaft und Kunst, Veränderungen zu bewirken, die in Übereinstimmung mit dem Willen auftreten“, wozu auch Handlungen zählen können, die gegen die Interessen der Natur sind (Crowleys berühmteste Maxime lautet: „Dein Wille soll das oberste Gesetz sein!“). Die Magie kann in schwarze (mit der Absicht zu schädigen), graue und weiße eingeteilt werden. Ihrem Wesen nach ist sie jedoch neutral, diese Definition bezieht sich auf die Anwendungsweise.

Die großen Hauptreligionen setzen der Magie das Gebet entgegen. Die Magie erfordert angeblich, daß der individuelle Wille jenen der Gottheit überlagert, während im Gebet die Gottheit angerufen wird, um etwas Gewünschtes zu bewirken. Nach der Definition von Doreen Valiente wirkt Magie, wenn sie mit Bedacht praktiziert wird, durch die Gnade der Göttin. Der Unterschied zum Gebet besteht darin, daß die Auswirkungen viel offenkundiger und unmittelbarer sein können.

Zaubersprüche in Zusammenhang mit Beginn, Fülle oder Schwinden sind analog zu der aufsteigenden, abnehmenden und dunklen Phase des Mondes am wirkungsvollsten. Moderne Hexen vereinen Magie aus den verschiedensten Quellen. Sie benutzen Meditation, Gesänge, Farben, Düfte, Kristalle, Symbole und den Körper. Die Zaubersprüche und Prozeduren zeichnet jede Hexe in ihrem persönlichen „Buch der Schatten“ auf.

Ein Korn-Tanz der Ureinwohner Nordamerikas des Santa-Clara-Pueblos, der die Fruchtbarkeit der Erde und das Wachstum des Getreides fördern soll. Die Praktiken der Ureinwohner hatten einen wesentlichen Einfluß auf die Göttinnen-Bewegungen in den USA.

der Überlieferungen der Gruppe um und war für die Gestaltung der Philosophie und Praxis der Magie im 20. Jahrhundert maßgeblich verantwortlich. Die Lehre Gardners war zweifelsohne die einflußreichste Quelle der modernen Hexerei. Bald erreichte sie die USA, wo Fred Evans z.B. 1957 eine Vereinigung gründete, die als „Ferefaria", „das Fest der Wildnis", bekannt wurde. Der Gruß der Gruppe, „Evo-Kore", sowie ihr Symbol, der Baum, veranschaulichten den Glauben, daß die Menschen mit der Umwelt durch eine sogenannte öko-psychische Beziehung untrennbar verbunden sind.

Eine der bedeutendsten heidnischen Gruppen ist jene um die dianische Hexe Zsusanna Budapest, eine ungarische Emigrantin, die behauptet, eine erbliche Hexe mit einem bis zum Jahr 1270 n. Chr. zurückreichenden Stammbaum zu sein. Budapest gründete im Jahr 1971 eine weiblich geprägte „Thealogie" (eine Wortneuprägung für die Anbetung der weiblichen Gottheit). Ihre berühmteste Initiandin, die feministische amerikanische Hexe Starhawk, betont die Ambivalenz der Göttin, die „Liebe und Zorn verkörpert, weshalb sie sich in die soziale Ordnung nicht reibungslos einfügt". Sie behauptet auch, daß im Hexenglauben nicht zwischen materiellen und spirituellen Bedürfnissen unterschieden werde, daß aber tiefere Sehnsüchte bleiben, wenn die materiellen Bedürfnisse befriedigt sind. Diese können, wie sie meint, nur durch die Verbindung mit der weiblichen Gottheit in uns selbst erfüllt werden.

Wicca

Diana, die Mondgöttin und Königin der Hexen, in ihrem Triumphwagen, umgeben von den Zeichen des Zodiak, *Gemälde von Lorenzo Costa dem Jüngeren (1537–1583).*

Die Gemeinde der Göttin bezeichnet ihre Religion meist als die Alte Religion, Hexenglaube oder Hexenwerk. Wicca, der bekannteste Göttinnen-Kult, leitet seinen Namen von dem alten angelsächsischen Wort für Hexe ab und beruft sich auf Wurzeln im Heidentum. Die Wicca-Gemeinde verehrt eine bipolare (männliche und weibliche) Gottheit in Form der dreifachen Göttin und des gehörnten Gottes. Die Göttin, die Verkörperung des Mondes, kontrolliert Geburt, Leben, Tod und Erneuerung. Der männliche Sonnengott ist ihr untergeordnet und ergänzt ihre Aktivitäten. Höchstes Ziel der Anbetung ist das Erlangen individueller und universeller Ganzheit durch eine Verbindung mit der vielgestaltigen Göttin. Der Glaube an den Wert der Schöpfung führt zu innerem Gleichgewicht.

Die Wicca-Gemeinde stellt die individuelle Freiheit über alles, wie in ihrem Leitmotiv (oder Code) zum Ausdruck kommt: „Acht Worte beachte ein Wicca: Tue, was du willst, doch schade niemandem dabei!“ Manche Hexen glauben, daß dadurch der freie Wille unversehrt bleibt. Sie betrachten es als falsch, Magie anzuwenden, um eines anderen Handlungen einzuschränken, so schädlich oder kriminell diese auch sein mögen. Andere Hexen verhängen zwar einen Fluch, um solche schädliche Aktivität zu „binden“, führen aber keine Rache-Rituale aus. Die dianische Wicca Zsusanna Budapest (siehe S. 153) billigt „graue“ Magie als Gegenmittel für das Böse in der Gesellschaft. So inszenierte ihr Kult z. B. ein öffentliches Hexenritual gegen einen Serienmörder und Vergewaltiger in San Francisco, der mehr als drei Jahre lang nicht gefaßt wurde. Nur drei Monate nach diesem Ritual wurde er verhaftet.

Die bedeutendsten Hexenrituale sind jene, die den Glaubenssatz von Wiedergeburt und Kontinuität zelebrieren. Der

ARADIA

Aradia, die Tochter der Mondgöttin Diana, wird heute in vielen Ritualen angerufen. Sie wurde in der westlichen Welt durch die Übersetzung eines 1899 veröffentlichten Manuskriptes des Volkskundlers Godfrey Leland mit dem Titel „Aradia. Die Lehre der Hexen" bekannt. Leland erhielt das Manuskript von einer florentinischen Hexe, die er Maddalena nannte und die ihm eine enge Freundin wurde.

Leland hatte das ursprüngliche Manuskript des „Evangeliums" nicht verfaßt, bestritt später sogar, es je gesehen zu haben. Obwohl dadurch die Authentizität in Frage gestellt wurde, wuchs die Bedeutung der Schrift seit dem ersten Erscheinen unter Hexen stetig an. Dem „Evangelium" nach war Diana die Königin der Hexen, das allererste Wesen, das aus sich selbst Licht und Dunkelheit zeugte. Das Licht war eine Personifikation des männlichen Prinzips, mit dem sie sich in Gestalt einer Katze paarte. Aus dieser Vereinigung ging Aradia (eine Abwandlung des Namens Herodias) hervor, die als Prophetin der Hexenreligion zur Erde entsandt wurde. Aradias Hauptanhängerschaft fand sich bei den Unterdrückten, die sie aufrief, gegen den Feudalismus zu kämpfen.

Aradia wird wegen ihrer Vervollkommnung der magischen Künste gerühmt: Heilung und Kartenlegen, Handlesen, das Zähmen wilder Tiere, Kommunikation mit Geistern und Verständnis der Sprache der Elemente. Als Aradia zu ihrer Mutter zurückkehrte, beauftragte sie alle Hexen, sich bei Vollmond zur Anbetung zu versammeln, und hinterließ ihnen eine Anrufungsformel, um sie herbeizuholen. Die Hexe muß dabei um Mitternacht mit einer kleinen, roten, salzgefüllten Tasche auf ein Feld gehen und die Göttin um ihre Gunst bitten.

Wicca-Mythos der Göttin beschreibt, wie der Tod durch die Schönheit der Göttin überwunden wurde. Er begrüßte sie mit dem Wicca-Gruß „Seid gesegnet" und küßte ihr Füße, Knie, Schoß, Brüste und Lippen (der „fünffache Kuß der Wicca-Riten), dann erklärte er: „Um wiedergeboren zu werden, mußt du sterben und für einen neuen Körper bereit werden; um zu sterben, mußt du geboren werden; ohne Liebe wirst du nicht geboren, das ist die ganze Magie."

Im großen Ritual wird die sexuelle Vereinigung der Göttin und des Gottes tatsächlich vollzogen oder findet symbolisch statt, indem der „Athame" (Hexenknecht) in einen Kelch getaucht wird. „Die Anrufung des Mondes" ist eine wichtige Zeremonie, die angeblich aus dem alten Thessalien stammt und bei der die Hohepriesterin zum Medium für die Gegenwart der Göttin wird.

Zsusanna Budapest, die „Die Herrin der Dunkelheit, Königin des Lichts" schrieb (ein wichtiger Wicca-Text).

Manche Wicca-Anhänger glauben, daß ihre Körper ein Werkzeug der Göttin für die Heilung sind. So erfahren ein Wicca in der Magie auch sein mag, wird er im allgemeinen vermeiden, der Natur ins Handwerk zu pfuschen, um das Gleichgewicht des Universums nicht zu stören. Böswillige Magie wird von der „dreifachen Regel des unsicheren Ursprungs" eingeschränkt, die davor warnt, daß alles von einer Hexe Ausgesandte dreifach zurückkehrt.

Der Inbegriff des Weiblichen

Im Indien des 7. Jahrhunderts n. Chr. verbreiteten mystische Texte (Tantras) die Idee der Shakti als weibliche Urenergie, ohne die die Götter (insbesondere Shiva) nicht wirken konnten. Ein Tantra besagt: „Frauen sind Göttlichkeit; Frauen sind der Atem des Lebens.“ Erstmals seit der Etablierung der indoeuropäischen patriarchalischen Anbetungslehre wurde die Vormachtstellung der Göttin bestätigt.

Der tantrischen Vision zufolge ist Shakti eine Ausstrahlung der zentralen, universalen Macht oder Großen Macht, die Mahakali, die Große Kali, genannt wird. Sie ist die Bewahrerin des Kosmos, zu dem auch die Götter gehören. Ein Gemälde zeigt Shiva in ihrem Totenschädel sitzend, Vishnu an ihren Brüsten und Brahma an ihrer Vulva lehnend. Neben dem Glauben, daß die Göttin die männlichen Gottheiten mit ihrer grandiosen Kraft beschützt, wird sie in vielen Tantras als Mahavidya – die Große Weisheit – definiert.

Vom Vorbild Shaktis als positive, mächtige weibliche Kraft fühlen sich immer mehr Frauen heute angezogen. Die vielleicht berühmtesten Bilder der Shakti, bei denen sie hauptsächlich in der Personifikation Kalis gezeigt wird, sind die der sexuellen Überlegenheit, wobei sie im Wirbel ihres Zerstörungstanzes mit einem Fuß auf der Brust Shivas, ihres Gemahls, stehend oder rittlings auf seinem Körper in sexueller Ekstase dargestellt wird. Der heilige Text *Kalika Purana* ist voller phantastischer Erzählungen von Kalis sexuellen Kämpfen mit ihrem Gemahl. Er zeigt ihre Freude an erotischen Spielen und ihre Entschlossenheit, dabei ihren eigenen Willen durchzusetzen. Ihre Yoni wird von den Schaktas (den Anhängern der Shakti) als Großer Schoß verehrt. Manche männliche Shaktas kastrieren sich, um ihr zu ähneln, und die Vachari-Shaktas trinken Menstruationsblut, um Shaktis kosmische Energie aufzunehmen.

DAS RECHT ZU WÄHLEN

Das Recht auf Selbstbestimmung ist eine der deutlichsten Eigenschaften von Frauen oder Gottheiten, die das weibliche Wesen verkörpern, und das Hauptthema der Artussage von Gawain und Ragnell. Sir Gawain war einer der schönsten Ritter seiner Zeit, doch willigte er ein, sich mit einer grauenerregenden Hexe namens Ragnell zu vermählen. Die Heirat war ein Gegendienst für die Antwort auf ihr Rätsel: „Was begehrt eine Frau am meisten?“ Die Antwort lautete: „Souveränität.“

Obwohl immer wieder verfälscht, trifft die wirkliche Bedeutung des Rätsels das Zentrum weiblicher Selbstverwirklichung – das Recht zu wählen. Als Gawain die häßliche Ragnell in der Hochzeitsnacht aus einer Anwandlung von Mitleid küßte, verwandelte sie sich plötzlich in eine schöne Frau. Insgeheim hatte sie gehofft, daß Gawain sie in ihrer Häßlichkeit küßte, weil der Kuß sie von einem Fluch erlösen würde. Unbeabsichtigt hatte Gawain ihren Wunsch erfüllt, doch weil es nicht aus Verlangen geschehen war, wurde der Fluch nur teilweise aufgehoben.

Ragnell gab Gawain zwei Möglichkeiten zur Wahl: Entweder würde sie tagsüber schön bleiben, wenn das Paar am Hof erschien, oder nachts, wenn sie allein waren. Er konnte sich nicht entscheiden und überließ ihr die Wahl. Damit gab er ihr das Bestimmungsrecht über ihre eigene Person, was gleichzeitig die richtige Lösung ihres Rätsels war. Gawain hatte die Prüfung der Männlichkeit und Ritterlichkeit bestanden, und Ragnell blieb für immer schön.

Swayambram *(1996), eine Gouache von Gogisaroj Pal. Eine moderne künstlerische Vision der alten indischen Kriegertradition, bei der Männer weit reisten, um sich vor einer Frau zu versammeln, die in freier Wahl ihren Gefährten aussuchte.*

Obwohl Kalis Charakter und Erscheinung oft als blutrünstig dargestellt wird, hatte sie immer nur die Absicht, dämonische Kräfte zu vernichten, die die kosmische Ordnung gefährdeten. Als Symbol weiblicher Vollmacht ist sie daher das perfekte Vorbild weiblicher Harmonie: mächtig, aktiv und bejahend, keinesfalls ziellos aggressiv. Sie gibt den Frauen die drei Tugenden zurück, die ihnen historisch in den meisten Kulturen vorenthalten wurden – Stärke und Intellekt, gepaart mit Wissen, sowie sexuelle Souveränität.

Zeitgenössische heidnische Feste

Der heidnische Kalender, der manchmal auch als das Hexenrad bezeichnet wird, enthält acht Festtage im Jahr. Es gibt vier Hauptfeste oder große Sabbate: Imbolg (auch bekannt als Imbolc oder Oimelc) am 2. Februar, Beltane am 30. April, Lughnasadh (auch bekannt als Lammas) am 1. August und Samhain am 31. Oktober. Die vier kleineren Sabbate markieren die Sonnenwenden und Tagundnachtgleichen: Ostara am 21. März, die Sommersonnenwende am 21. Juni, Mabon am 21. September und Yule am 21. Dezember. Obwohl sich die Sabbate von den druidischen Riten der Kelten herleiten lassen, wurden alle in Form von Festen wie Weihnachten und Ostern oder bestimmten Heiligen gewidmeten Tagen in das christliche Brauchtum aufgenommen.

Eine Seite aus „Raphaels Hexe oder das Orakel der Zukunft", einem populären Manuskript aus dem 19. Jh., das auf einem heidnischen Kalender aufbaut.

Yule kennzeichnet die Wintersonnenwende, die Zeit des Jahres, in der Muttergöttinnen wie die kanaanitische Astarte, Ischtar von Mesopotamien, Isis von Ägypten und Myrrha von Griechenland traditionell die Sonne ins Leben riefen. Das Fest der Imbolg („im Schoß") ist der Göttin als der das Kind tragenden Erdmutter gewidmet. Bei diesem Fest begrüßten die irischen

Die Vier Hexen *(1497), Radierung von Dürer, inspiriert vom „Malleus Maleficarum" (1486), einem Prüfungsbuch der Hexenjäger.*

IM HIMMELSKLEID

Seit dem 15. Jahrhundert wurde das Bild bei Vollmond nackt – im Himmelskleid – tanzender Hexen mit Orgien und Satanskulten verbunden, weshalb viele Hexenkonvente jetzt davon abkommen. Dennoch wird die Nacktheit bei Ritualen als Teil der Zeremonien akzeptiert, und die Entscheidung, ob im „Himmelskleid" getanzt wird oder nicht, wird dem einzelnen bzw. dem Hexenkonvent überlassen. Als Anbetende der Göttin und ihrer irdischen Großzügigkeit legten viele Hexen ihre Kleider ab, um der Umwelt näher verbunden zu sein.

Die Göttin Aradia (siehe S. 155) fordert ihre Gemeinde auf, sie zu jedem Vollmond gemeinsam nackt anzubeten, und verspricht: „Du wirst frei sein von Sklaverei. Als Zeichen deiner Freiheit sollst du nackt sein. Singe, feiere, tanze, musiziere und liebe – nur mir zu Ehren."

Die Hexe Starhawk behauptet, daß die Nacktheit „die Wahrheit verkörpert, die hinter der sozialen Maske liegt", und daß Hexen bei der Anbetung nackt sind, „um ihre Verbundenheit zu etablieren und diese Masken fallen zu lassen, weil Kraft so am leichtesten zu transportieren und der menschliche Körper selbst heilig sei". Die Nacktheit ist ein Zeichen, daß die Hexe der Wahrheit treuer verbunden ist als jeder Ideologie oder bequemen Illusion.

Murs in der Provence ist eines der ältesten Dörfer Frankreichs. Die Einwohner haben ein angeblich altes heidnisches Fest wieder ins Leben gerufen, bei dem Männer und Frauen Kleider tauschen.

Kelten die Göttin Brigit („die Strahlende"), deren Geist das festliche Kultbild erfüllte. Brigit reiste dann durch ganz Irland und segnete die Felder und Wälder. Im alten Griechenland beging man Anfang Februar die kleineren Eleusinischen Mysterien zu Ehren Demeters.

Das heidnische Fest Ostara ist mit Ostern verwandt. Der verbreitete westliche Brauch des Eierschenkens könnte seinen Ursprung bei den Magyaren oder den alten Persern haben, die die Eier, die den Ursprung des Kosmos symbolisierten (siehe S. 52), rot färbten. Beltane ist als Maifest oder Walpurgisnacht bekannt, in der die Maikönigin den Sonnengott heiratet und die universellen männlichen und weiblichen Prinzipien in vollkommener Harmonie sind. Die dionysischen Riten des alten Griechenlands wurden zum Frühlings-Äquinoktium aufgeführt. Am Mittsommernachtsabend soll vor allem die Liebesmagie am wirkungsvollsten sein.

In Irland wurde Lughnasadh entweder zu Ehren des Sonnengottes Lugh oder seiner Ziehmutter Tailtiu gefeiert, und der amtierende höchste König wurde symbolisch mit der Göttin des Landes vermählt (siehe S. 34). Mabon, zum Herbst-Äquinoktium, und Samhain sind Feste des Todes. Zu Samhain können übernatürliche Wesen auf Erden wandeln. Traditionell wurden in Schottland und Irland in der Samhain-Nacht die Kaminfeuer gelöscht und mit den Flammen großer Opferfeuer, die die Sünden des Vorjahres verzehren sollten, wieder angefacht.

Dokumentation und Hinweise

Die Göttin und die Tiere

In den meisten erhaltenen Mythologien Europas und des Nahen Ostens werden eher Göttinnen als Götter mit dem Wohl und dem Schutz der Tiere verbunden, und die Göttin konnte zeitweise als Tier in Erscheinung treten. Die griechische Göttin Artemis z. B. wurde manchmal in Gestalt eines Bären – *Arktos* oder „Bärin" genannt – verehrt, und im Tempel der Artemis in Despoina war die Statue der Göttin mit einem Hirschfell bekleidet. Wenn hingegen eine männliche Gottheit Tiergestalt annahm, war meist eine List im Spiel (Zeus z. B. verkleidete sich als Schwan, Adler oder Stier, um seine Frau zu hintergehen), oder es hatte Opfercharakter (wie Christus als Lamm).

Möglicherweise geht die Verbindung der Göttin mit heiligen Tieren auf die ersten Versuche der Menschheit zurück, ihre Spiritualität auf den Wänden von Höhlen darzustellen. Zwar gab es in der Prähistorie weitaus mehr Darstellungen von Frauen als von Männern, die häufigsten Motive waren jedoch Tiere. Bisons und Pferde sind am verbreitetsten; gefährliche Geschöpfe, wie Löwen und Rhinozerosse, sind seltener. In den paläolithischen Höhlen werden

LINKS Die schlafende Medusa *von Fernand Khnopff (1858–1921). Sowohl Medusa als auch die Eule wurden eng mit der Göttin Minerva verbunden.*

UNTEN *Strichzeichnung einer Tiergöttin aus Böotien, Kopie einer Vase aus dem 8. Jh. v. Chr.*

FUNDSTÄTTEN VON VENUS-FIGURINEN UND PRÄHISTORISCHE HÖHLENTEMPEL IN EUROPA

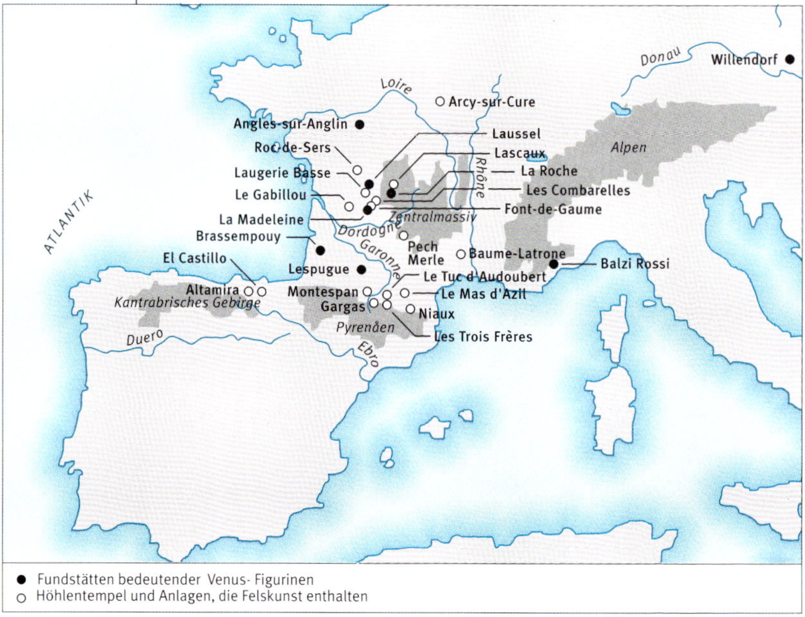

Die ersten als das Werk prähistorischer Menschen erkannten Höhlenmalereien wurden 1879 an den Decken der Höhlen von Altamira, Spanien, entdeckt. Die meisten bekannten Höhlen wurden zu Beginn des 20. Jahrhunderts erschlossen – unglücklicherweise wurden sie anfangs als Touristenattraktionen behandelt. Viele Höhlen, wie die große Anlage von Lascaux in Frankreich, erlitten in einigen Jahrzehnten gravierendere Schäden als in den Jahrtausenden davor.

jedoch nicht nur die Ernährungsgewohnheiten prähistorischer Völker dokumentiert, denn ihre bevorzugten Beutetiere waren nicht die beliebtesten Motive ihrer Malereien. So stammten z. B. die Nahrungsüberreste in den Höhlen von Lascaux, Frankreich, zu 90 Prozent von Rentieren, doch gibt es in der gesamten unterirdischen Anlage nur ein Bild dieser Spezies. Die Höhlenmalereien sind nicht, wie man einst glaubte, „Einkaufslisten der Jäger", sondern scheinen eine Entsprechung der heiligen Bücher zu sein – sie enthalten zusammengehörige, schematische Symbol-Strukturen, die die Grundlage einer verlorengegangenen Ideologie bildeten.

1959 begann der französische Archäologe André Leroi-Gourhan die bis heute umfassendste Untersuchung von mehr als 60 paläolithischen Höhlen. Er registrierte eine Reihe von abstrakten Zeichen, die anscheinend immer im Umfeld von Tiermalereien auftraten. Die „vollen" Zeichen waren schematische Umrisse, die sich aus den Abbildungen der Vulva und anderer weiblicher Motive entwickelten. Die „dünnen" Zeichen – oft einzelne oder punktierte Linien – waren aus manchmal sehr realistischen Darstellungen des Phallus entstanden. Leroi-Gourhan behauptete, daß die Tiermalereien an den Höhlenwänden in sehr spezifischen Mustern angeordnet wurden. Die „ganzen" Zeichen waren Bisons (oder in manchen Gebieten Hirschkühen oder Mammuts) zugeordnet, wodurch sie mit der Macht oder dem Potential des Weiblichen verknüpft wurden. Die Pferde waren mit „dünnen" Zeichen umgeben und befanden sich, solchermaßen als männlich definierte Bilder, häufig an entlegeneren Orten. Der Archäologe James Mellaart, der die Ausgrabung von Çatal Hüyük leitete, beobachtete dort die gleiche Bildanordnung: ein zentrales weibliches Symbol, umgeben von untergeordneten männlichen.

Einige der spektakulärsten Wandmalereien paläolithischer Höhlenanlagen befinden sich an den engsten Stellen, was zu der Vermutung führte, daß die Höhlen den Erdenschoß darstellen könnten, aus dem alle Tiere geboren wurden. Diese Ansicht wird von der Neigung der Höhlenkünstler untermauert, Klüfte und Risse, die einer Vulva gleichen, zu vergrößern und mit rotem Ocker zu beschmieren, um die Ähnlichkeit noch zu betonen. Die Theorien Leroi-Gourhans verweisen jedoch auf eine größere Gegenseitigkeit in der Geschlechterbeziehung, als manchen Verfechtern der prähistorischen Göttin lieb ist: Die Spalten sind von Bündeln zahlreicher dünner Zeichen umgeben, die anzeigen, daß die Menschen im Paläolithikum sich der Rolle des Mannes bei der Fortpflanzung durchaus bewußt waren.

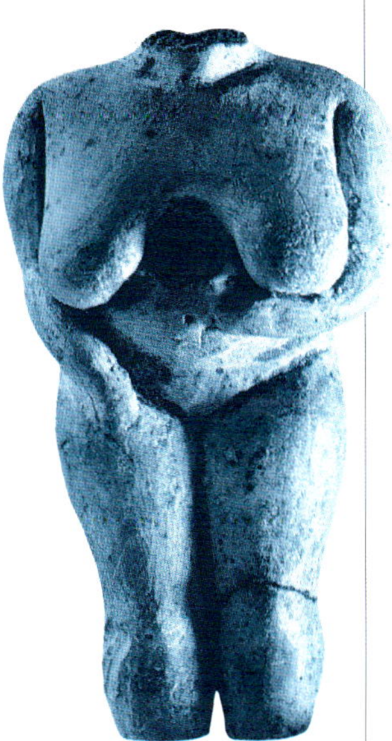

Die „Venus von Malta" aus Terrakotta, ca. 3400–3000 v. Chr. Die neolithischen Tempel von Malta wurden zwischen 4000 und 2500 v. Chr. von sizilianischen Siedlern errichtet. Sie sind aus Steinblöcken erbaut und dehnen sich um höhlenähnliche Gräber aus, die in das Gestein geschlagen wurden. Die Grundrisse der Tempel gleichen den Umrissen maltesischer Göttinnen-Figurinen und verweisen auf eine Gleichsetzung von Erde, Tempel und Gottheit. Mehrere Tempel sind mit Gemälden von Bäumen und Tieren aus rotem Ocker, darunter Fische, Stiere und säugende Schweine, verziert.

Männer als Frauen

Der rituelle Transvestitismus war ein Charakteristikum vieler alter Priesterschaften und ist auch heute noch bei einigen traditionellen Völkern anzutreffen. Die vielleicht bekanntesten Beispiele priesterlichen Transvestitentums bei den Alten sind die Priester der Kybele, die sich bei ihrer Initiation selbst kastrierten und danach nur mehr Frauenkleider trugen. Der römische Historiker Tacitus (ca. 60–120 n. Chr.) behauptete, daß sich bei den Germanen die Priester immer als Frauen kleideten. Er hätte auch nähere Beispiele finden können: Kybele war eine der in Rom am meisten verehrten

REGIONEN DER SCHÖPFUNGSMYTHEN MIT BISEXUELLEN WESEN

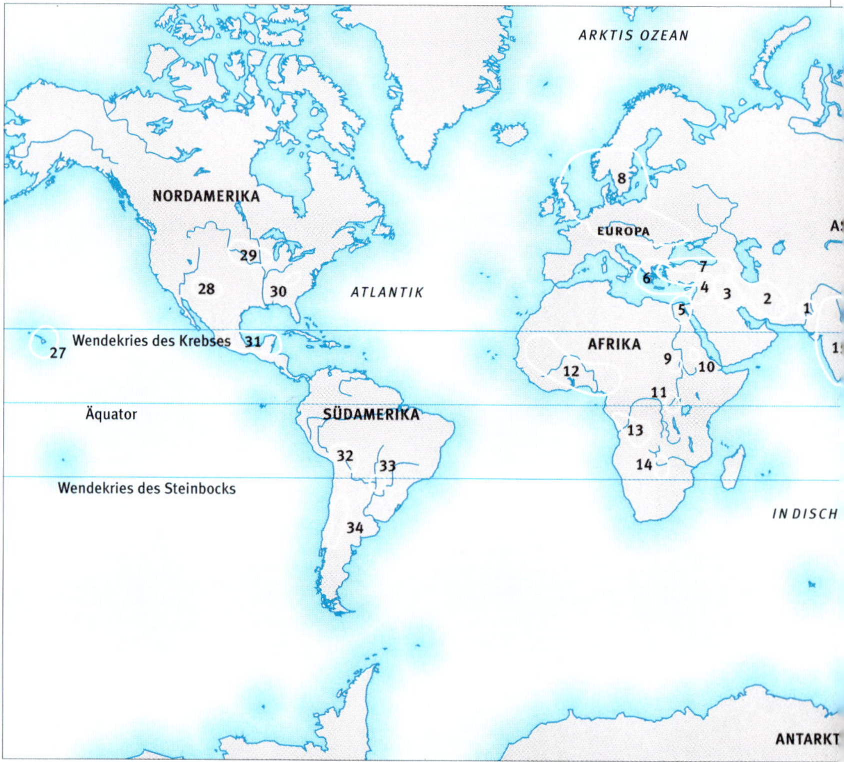

In vielen Mythen der Welt ist das ursprüngliche Schöpferwesen nicht männlich oder weiblich, sondern beides. Dieses bisexuelle Wesen kann aus sich selbst die Welt zeugen. Im Laufe der Entwicklung der Religionen wurde die bisexuelle Natur des Schöpfers allmählich verschleiert.

Gottheiten, und ritueller Transvestitismus war ein Kennzeichen römischer Kultfeste wie der Lupercalien, die jeden 15. Februar stattfanden, vermutlich zu Ehren der Wölfin, die Romulus und Remus säugte. Einer der Kirchenväter, der hl. Augustinus (354–430 n. Chr.), verurteilte Männer, die sich beim Janusfest als Frauen kleideten, und meinte, daß ihnen der Himmel verschlossen sei.

Der rituelle Transvestitismus überlebt meist in Kulturen, in deren Mythen bisexuelle Wesen an der Schöpfung der Welt beteiligt waren. Bei den Navajo z. B. ist *nadle* ein Mann, der

Schlüssel

Völker, in deren Mythen bisexuelle Schöpferwesen vorkommen:

1 Kultur des Industales
2 Persien
3 Sumer
4 Phönizier und andere alte semitische Völker
5 Ägypten
6 Ägäische Traditionen wie die Orphiker
7 Kleinasien
8 Germanische und baltische Völker und zahlreiche Ausprägungen europäischer Folklore und des Mystizismus
9 Altes Nubien vom Nil bis zur Libyschen Wüste
10 Kunama im östlichen Sudan
11 Hunde in Zaire
12 Dogon-Bambara in Mali
13 Stammesgruppen der Villi-Kongo, Luba, Lulua und Chokwe im Südwesten Angolas und Zaires
14 Tonga Lala in Botswana und Simbabwe
15 Vedische, hinduistische, tantrische und Shakti-verehrende Traditionen Indiens sowie lokale Gruppen wie die Musahar
16 Kochin, Naga, Abor und Khasi in Nordbirma und Assam
17 Taoistische und konfuzianische Traditionen Chinas
18 Se-Plakai in Malaysia
19 Gruppen auf Pulaua Nias
20 Dajak auf Borneo
21 Bali
22 Gruppen der Inseln zwischen Sumba und Aru
23 Aborigines in Nordaustralien
24 Widaro, Yatmul und andere Gruppen aus dem Norden Neuguineas, Neuirlands, der Admiralinseln und der Nachbarinseln
25 Maori Neuseelands
26 Tongainseln, Tahiti, Raiateans in Polynesien
27 Hawaii
28 Zuñi und Navajo
29 Sauk, Fox, Dakota und Omaha
30 Cherokee
31 Azteken und Maya Mittelamerikas
32 Aymaras der Zentralanden
33 Araukaner Chiles
34 Lenguas in Paraguay

im Traum vom Mond erfährt, daß er eine Frau wird; ähnlich werden die Schamanen der Dajak auf Borneo zu Transvestiten, nachdem sie spirituelle Anweisungen in ihren Träumen erhielten. Die rituelle Bisexualität stimmt jedoch nicht immer mit den Mythen um bisexuelle Schöpfer überein. Bei den Chukchi Sibiriens z. B. gibt es einen Schamanen namens „sanfter Mann", der sich wie eine Frau kleidet und benimmt und manchmal sogar einen Ehemann nimmt.

Es gibt zahlreiche Erklärungen für das Verhalten ritueller Transvestiten. Es ist möglich, daß sie – bewußt oder unbewußt – einen Status von Androgynie zu erlangen suchen, um einen höheren oder fast göttlichen Status zu erreichen. Manche Verfechter der höchsten Göttin meinen, daß – weil die Frauen einst alles religiöse und magische Wissen besaßen – sich die Männer, als sie später die religiöse Autorität übernehmen wollten, als Frauen verkleideten, um von den Geistern und Naturkräften eher akzeptiert zu werden. Die Befürworter dieser Theorie nennen die Kultur auf der Insel Celebes als Beispiel einer solchen, die nie den Übergang von einer weiblich zu einer männlich dominierten Religion kannte. Sie behaupten, daß die rituelle Macht trotz der Bemühungen einer aufkommenden männlichen Priesterschaft in den Händen der Frauen blieb, die jedoch die Assistenz männlicher Transvestitenpriester, der *tjalabai* („Frauennachahmer"), akzeptieren mußten.

Manche rituelle Transvestiten bekennen offen, eine Göttin nachzuahmen und ihr zu dienen. Die *hijras* des indischen Subkontinents, die teilweise an die Priester der Kybele erinnern, kastrieren sich, während sie ein Bild der Göttin Bahachura Mata betrachten und ihren Namen repetieren, um mit ihr identisch zu werden. Die Dajak rufen meist Geister im Namen einer großen Mutter – Ini – an. Der Religionshistoriker Mircea Eliade schrieb in „Shamanismus" (1964), daß die Religionspraxis der Dajak „deutliche Züge weiblicher Magie und einer matriarchalischen Mythologie aufweise". Andererseits ahmt der „sanfte Mann" der Chukchi keine Göttin nach. Ein männlicher Geist namens *ke'let*, der sein „Gemahl" wird, weist ihn an, sein Geschlecht zu wechseln. Diese männlichen Geister sind so mächtig und beschützend, daß die „sanften Männer" trotz ihrer schüchternen Art die gefürchtetsten Schamanen der Chukchi sind. Die männlichen Anhänger des Krishna-Kultes in Indien legen Frauenkleider an, um den *gopis* (Kuhhirtinnen) gleich zu werden, die von Krishna verführt wurden. Dies beinhaltet jedoch nicht die Existenz einer weiblichen göttlichen Macht, sondern beruht vielmehr darauf, daß „für Gott alle Seelen weiblich sind".

Die romantische Tradition

A Mon Seul Desir, *ein Wandteppich aus einer Serie, die auf dem Motiv der Dame mit dem Einhorn beruht; Brüssel, Ende des 15. Jh.s. Der Legende nach ließ sich das Einhorn, das sein Horn in den Schoß eines Mädchens legen wollte, nur von einer Jungfrau fangen. Die von Maria, der idealen Jungfrau, inspirierte christliche und romantische Ikonographie bezeichnete Christus in den Worten einer mittelalterlichen Hymne als „das wilde Einhorn, das die Jungfrau fing und zähmte".*

Die Lieder und Gedichte des 12. und 13. Jahrhunderts in Frankreich und Deutschland idealisieren Frauen als unerreichbare, vollkommene Wesen, die hingebungsvolle, wenngleich hoffnungslose Verehrung verdienen. Die frühen französischen Troubadoure und die deutschen Minnesänger betrachteten ihre Herrinnen als Göttinnen und verehrten sie mit einer Hingabe, die keine körperliche Erfüllung suchte. Obwohl in den frühen Gedichten kaum Hinweise auf Marienverehrung auftauchen, wurde die Gebieterin zu Beginn des 13. Jahrhunderts stets als „die Jungfrau" angesprochen. Auch war es üblich, daß ein Troubadour seine Verehrung für seine Gebieterin zum Ausdruck brachte, indem er sie als *midons* („Meine Göttin") besang.

Die romantische Literatur kreiste um Rittertum und Abenteuer und jene Heldentaten, die dem Mann die Aufmerksamkeit seiner Gebieterin einbrachten. Eines der einflußreichsten Werke der Ritterliteratur war *Perceval ou li Conte du Graal* von Chrétien de Troyes aus dem ausklingenden 12. Jahrhundert. Dieses Gedicht führte das Thema des Heiligen Grals in die europäische Literatur ein. Die Idee des Grals – eines Gefäßes, das Jugend und ewiges Leben versprach – nahm rasch die Legenden lokaler keltischer Göttinnen, die oft lebenspendende Kessel besaßen, in sich auf. Perceval (Parzival) wurde schließlich christianisiert, obwohl er ursprünglich ein typischer Sohn-Geliebter einer Göttin war (siehe S. 80–81). Seine eigentlichen Beinamen waren „der Grüne" und „der Sohn der Witwe".

Glossar

Aditi: alte persische Ur-Göttin und Mutter aller anderen Göttinnen und Himmelskörper. Auch bekannt als „Kuh des Lichts" und „Freiheit".

Amaterasu: japanische Sonnengöttin und höchste Gottheit des Shintoismus

Ana: siehe MORRIGAN

Anahita: Mond- und Fruchtbarkeitsgöttin in der alten persischen Religion des Zoroastrismus

Anath: kanaanitische Fruchtbarkeits- und Kriegsgöttin, die neben ihrem Bruder-Geliebten Baal verehrt wurde

Andromeda: Tochter von KASSIOPEIA. Sie wurde als Opfer angeboten, um den Meeresgott Poseidon zu beschwichtigen, nachdem Kassiopeia geprahlt hatte, daß sie und Andromeda schöner seien als die Nereiden. Andromeda wurde von dem Helden Perseus gerettet.

Anima: die weibliche Komponente der männlichen Persönlichkeit in der Jungschen Psychologie

Animus: die männliche Komponente der weiblichen Persönlichkeit in der Jungschen Psychologie; wird auch in der Bedeutung von Feindseligkeit oder Antriebskraft verwendet

Annapurna: Gebirgsmassiv im Himalaja und Göttin der Fülle

Aphrodite: griechische Göttin der Liebe

apotropäisch: Unheil abwehrend

Apsaras: indische Nymphen und himmlische Kurtisanen, insbesondere Indra

Archetyp: Urform eines Objekts oder Phänomens. In der Jungschen Psychologie Urbilder, die im kollektiven Unbewußten kodifiziert und über Generationen weitervererbt werden

Arinna: hethitische Sonnengöttin

Artemis: griechische Mondgöttin, am bekanntesten als jungfräuliche Jägerin

Ashera: kanaanitische Muttergöttin

Ashtoret: Schimpfname der ASTARTE

Astarte: kanaanitische und phönikische Göttin der Fruchtbarkeit, Liebe, Sexualität und des Meers. Sie entspricht der ANATH.

Athame: zeremonielles Hexenmesser

Athene: griechische Göttin des Krieges, der Künste und der Weisheit

Auchinalgu: Mondgöttin der Araukaner, eines Indianervolkes in Chile

Avatara: Aspekt oder Erscheinungsform einer hinduistischen Gottheit, fand weite Verbreitung als Manifestation eines göttlichen Wesens

Badb: siehe MORRIGAN

Barbara: katholische Heilige, die häufig mit OYA gleichgesetzt wird

Biman Chan: kambodschanische Mondgöttin

Boann: irisch-keltische Göttin, Schutzgöttin des Flusses Boyne

Branwen: keltisch-walisische Göttin der Liebe und des Mondes, Tochter des Meeresgottes Llyr

Brigit: irisch-keltische Göttin der Ärzte, der Kunstschmiede und der Fruchtbarkeit; später in der christlichen hl. Brigitta aufgegangen

Cailleach Bheur: Ahnengöttin in Gestalt eines alten Weibes, die im ganzen keltischen Britannien auftaucht und angeblich das Land gestaltete und den Lauf der Flüsse regulierte

Ceres: römische Entsprechung der Demeter

Chalchiuhtlicue: aztekische Wassergöttin

Coatlicue: Göttin der Blumen und Mutter des Sonnengottes bei den Azteken

Coyolxauhqui: Kriegs- und Mondgöttin der Azteken

Danu: irisch-keltische Mutter der Götter

Demeter: griechische Göttin der Erdfruchtbarkeit. Mutter der KORE (oder PERSEPHONE)

Devi: ursprünglich allgemeiner indischer Ausdruck für eine Göttin, nunmehr die höchste indische Göttin. Auch bekannt als SHAKTI.

Devi Sri: indonesische Reisgöttin

Diana: römische Mondgöttin

Dike: eine der drei Horen, der griechischen Dreiergruppe von Göttinnen; ihr Name bedeutet „Recht"

Diti: vedische Göttin, Mutter eines Geschlechts von Sturmgeistern und Unterwasserriesen

Durga: indische Kriegsgöttin

Epona: keltische Göttin, deren Bedeutung je nach Region schwankte. Wird oft mit Pferden in Verbindung gebracht.

Ereschkigal: mesopotamische Königin der Unterwelt

Erzulie: Voodoo-Göttin der Liebe

Eshara: mesopotamische Göttin der Fruchtbarkeit, Schutzpatronin der Landbesitzer

Eunomia: eine der drei Horen; ihr Name bedeutet „gute Ordnung"

Europa: Familiengöttin in Südgriechenland oder eine der Okeaniden (Meeresnymphen). Auch einer der Namen für Demeter in Lebadeia.

Eurynome: eine der griechischen Okeaniden. Auch

einer der Namen der Artemis in Phigaleia.
Flora: römische Frühlings- und Blumengöttin
Fortuna: römische Göttin des Glücks und des Glücksspiels
Freyja: Fruchtbarkeitsgöttin und Anführerin der Walküren
Gaia: griechische Erd- und Muttergöttin
Ganesh: hinduistischer Gott mit Elefantenkopf
Ganga: Personifikation des Flusses Ganges in Indien, Schwester der PARVATI
Gauri: hinduistische kosmische Kuh, Ursprung der Welt und Quelle der Fruchtbarkeit, wird mit GANESH bei Hochzeitszeremonien verehrt
Guanyin: chinesische Göttin der Barmherzigkeit
Hainuwele: Nahrungsgöttin von Neuguinea und Melanesien
Hathor: ägyptische Himmelsgöttin in Kuhgestalt
Hekate: griechische Titanin, eine mächtige Hexe, die mit ARTEMIS und Lucina sowie DEMETER und KORE Dreiergruppen bildet
Heket: siehe HEQUIT
Hequit: ägyptische Geburtsgöttin, die die Entbindung, besonders jene der Könige, leitet
Hera: Königin der olympischen Götter
Hierodule: sakrale Prostituierte
Hi'iaka: hawaiianische Wettergöttin, Schwester von PELE und Schutzgöttin des Hulatanzes
Hine: in ganz Polynesien verehrte Schöpferin
Hokhma: siehe SOPHIA
Husbishag: akkadische Göttin der Unterwelt, die die Todesstunde jedes Geschöpfes kennt
Imberombera: australische Ahnfrau, die die Menschheit erschuf und ihr Nahrung und die Sprache gab
Inanna: höchste Göttin der Sumerer
Indrani: vedische Göttin der Sinnesfreuden und Besitzerin des himmlischen Baumes, der alle, die ihn erblicken, verjüngt
Irene: eine der drei Horen; ihr Name bedeutet „Friede"
Ischtar: höchste Göttin Mesopotamiens
Isis: ägyptische Göttin des Nils, eine der populärsten Göttinnen des Römischen Reiches
ithyphallisch: mit erigiertem Phallus
Izanami: japanische Göttermutter
Juno: Königin des römischen Götterhimmels, entspricht der griechischen Göttin HERA
Kali: hinduistische Göttin der Ewigkeit und Todesbringerin
Kalwadi: nordaustralische Ahnfrau, die angeblich Knaben während der Pubertätsrituale verschluckt und als Männer wieder ausspuckt
Kassiopeia: griechische Königin, Mutter der ANDROMEDA und Göttin der Nacht und der Schönheit
Kirke: griechische Zauberin, die auf der Insel Aiaia lebte
Klu-rgyal-mo: tibetische Urschöpferin
Kore: Tochter der DEMETER
Kybele: anatolische Muttergöttin, die die beliebteste Gottheit des Römischen Reiches wurde
Lakshmi: populäre hinduistische Göttin des Reichtums und des Glücks
Lilith: sumerische Sturmgöttin, die in die hebräische Tradition als die erste Frau Adams einging
Lingam: der symbolische erigierte Penis des hinduistischen Gottes Shiva
Lueji: unfruchtbare Art eines afrikanischen Regenbogen-Pythons, der entweder Regen oder Trockenheit bringen kann und von den Völkern der Lunda und Bemba verehrt wird
Macha: siehe MORRIGAN
Machilottu: ländliche indische Göttin, die im Staat Kerala verehrt wird; Schutzpatronin verleumdeter Frauen
Mahadevi: höchstes Wesen der Hindus, auch bekannt als DEVI oder SHAKTI
Mahakali: Personifikation der KALI als Überträgerin der Cholera
Mahamaya: indische Bezeichnung der Göttin in ihrer Erscheinungsform als Weisheit; auch Name der Königin, die die Mutter Buddhas war
Mama Ocllo: Kaiserin der Inka und Mondgöttin, die im 12. Jahrhundert n. Chr. lebte
Matrone: siehe SOPHIA
Mawu Lisa: Schöpferwesen, das wahlweise in weiblicher, männlicher oder androgyner Gestalt angebetet wird
Maya: indische Göttin des Trugbilds
Mayi: alte australische Schwestern, die angeblich als die Plejaden in den Himmel aufstiegen
Menesis: baltische Mondgöttin
Metis: griechische Titanin, deren Name „Klugheit, Weisheit" bedeutet. Sie war die erste Gemahlin des Zeus, der sie verschluckte, um sich ihre Weisheit anzueignen.
Minerva: römische Göttin der Klugheit und des

militärischen Geschicks; Entsprechung der griechischen Göttin ATHENE

Miru: polynesische Göttin der drei tiefsten Unterwelten, deren Heim „das Tor zur Nacht" genannt wird

Morgan Le Fay: böse Zauberin in der Artussage

Morrigan: irisch-keltische Kriegsgöttin; Dreiergruppe aus ANA, BADB und MACHA

Nanda Devi: indische Göttin des Himalajamassivs

Nanshe: babylonische Göttin des Wassers, des Urteils, der Träume und des Fischens

Neith: ägyptische Schöpferin, Kuh-Göttin und Schutzgöttin der Toten, wurde zahlreichen anderen ägyptischen Göttinnen angeglichen

Nimue: walisischer Name für die Frau vom See, die Artus als König von England einsetzte

Ninlil: Schutzgöttin der mesopotamischen Stadt Nippur; ihr wurde von ERESCHKIGAL Gewalt angetan. Später der ISCHTAR angeglichen

Nuanet: siehe NEITH

Nü-kua: „Wiederherstellerin des kosmischen Gleichgewichts", frühe chinesische Schöpferin

Oba: nigerianische Göttin des Flusses Oba, Frau des Donnergottes und Beschützerin der Prostituierten

Omecithuatl: „Frau der Zweiheit", eine Hälfte des Wesens, das den Götterhimmel der Azteken gebar

Oshun: nigerianische Göttin des Flusses Oshun und Frau des Donnergottes, auch bekannt als Oxun

Oya: Göttin des Flusses Niger und Frau des Donnergottes, dem sie Macht über Blitz und Donner verlieh

Pachamama: peruanische Erdgöttin; wenn sie Erdbeben verursacht, wird sie als Drache dargestellt

Parvati: die Shakti des hinduistischen Gottes Shiva

Pele: hawaiianische Vulkangöttin

Persephone: Tochter der DEMETER

Radha: Gemahlin des hinduistischen Gottes Krishna und eine Ausprägung der LAKSHMI

Ran: skandinavische Meeresgöttin

Saci: siehe INDRANI

Sarama: indische Göttin der Haustiere, besonders der Hunde

Sarasvati: indische Göttin des Wissens und der Künste, von Hindus und Buddhisten verehrt

Satene: melanesische Göttin der Unterwelt, durch deren Arme die Toten zu schlüpfen versuchten. Jene, die durchkamen, wurden als Menschen wiedergeboren, die übrigen als Tiere.

Saule: baltische Sonnengöttin

Schakti: schöpferische weibliche Lebenskraft der männlichen hinduistischen Götter, insbesondere von Shiva; Muttergöttin des Alls

Schamane: traditioneller Zauberpriester, der mit den Geistern in Kontakt tritt

Sedna: arktische Herrin der Meerestiere

Sekhmet: ägyptische Göttin mit Löwenhaupt

Selene: griechische Mondgöttin

Shekhina: siehe SOPHIA

„Sich verändernde Bärin": Verkörperung des Bösen bei den Navajo Nordamerikas, auch bekannt als Tcikee Cac Nadleehe

„Sich verändernde Frau": Fruchtbarkeitsgestalt und Heldenmutter der Navajo mit vielen Namen

Sophia: Personifikation der Weisheit in den Religionen des Nahen Ostens und den gnostischen und jüdischen Philosophien. Auch bekannt als Shekhina, Hokhma und Matrone.

Spinnenfrau: Schöpferin bei den Ureinwohnern Nordamerikas

Styx: Wassernymphe, die in der griechischen Unterwelt den gleichnamigen Fluß bewohnt

Tara: indische und tibetische Göttin der Weisheit, der Sterne und der Sinne; fünf Erscheinungsformen: weiß, grün, blau, gelb und rot

Tethys: griechische Meeresgöttin, Tochter der GAIA

Tiamat: mesopotamische Göttin des Salzwassers, wird als Drachenmutter bezeichnet

Tonantzin: aztekische Göttin der Erde und des Getreides, die im mexikanischen Katholizismus als Jungfrau von Guadeloupe wiederkehrte

Tshilimbulu: verführerischer, fruchtbarer Aspekt der LUEJI

Venus: römische Göttin der Liebe

Vesta: römische Göttin des Staatsfeuers

Xochiquetzel: aztekische Göttin der Liebe, der Schönheit und der Blumen, die mit Geburt verbunden wird. Ihr Name bedeutet „Blumenfeder".

Yemonja: nigerianische Göttin des Salz- und Süßwassers, in Teilen Nigerias und Zentralamerikas auch als Yemanja bekannt, in Südamerika als Iamanje

Zarya: slawische Göttin des Heilwassers

Weiterführende Literatur

Allen, P.G. *The Sacred Hoop: Recovering the Feminine in American Indian Traditions*, Beacon Press, Boston, 1986

Apuleius, *Der Goldene Esel*, Insel, Frankfurt a.M., 1975, Artemis, Düsseldorf/Zürich, 1975, Manesse, Zürich (CH), 1994

Arthur, R.H. *The Wisdom Goddess: Feminine Motifs in Eight Nag Hammadi Documents*, University Press of America, Lanham, New York and London, 1984

Asad, T. (ed.) *Anthropology and the Colonial Encounter*, Ithaca Press, London, 1973

Ashe, G. *The Virgin, Mary's Cult and the Re-emergence of the Goddess*, Arkana, London and New York, 1988

Bachofen, J.J. *Das Mutterrecht* (Hrsg. Hans J.v. Heinrichs), Suhrkamp, Frankfurt a.M., 1975

Balz-Cochois, H. *Inanna: Wesensbild und Kult einer unmütterlichen Göttin*, Gütersloher Verlag, 1992

Baring, A. and Cashford, J. *The Myth of the Goddess: Evolution of an Image*, Viking Arkana, Harmondsworth, 1991

Begg, E. *Das Rätsel der schwarzen Madonna*, Reichl, St. Goar, 1992

Bennett, G. *Traditions of Belief: Women, Folklore and the Supernatural Today*, Penguin, Harmondsworth, 1987

Berger, P. *The Goddess Obscured: Transformation of the Grain Protectress from Goddess to Saint*, Beacon Press, Boston, 1985

Bishop, C. *Sex and Spirit*, Duncan Baird Publishers, London and New York, 1996

Bolen, J.S. *Göttinnen in jeder Frau – Psychologie einer neuen Weiblichkeit*, Hugendubel, München, 1995, 1996, Heyne, München, 1997

Bonnefoy, Y. and Doniger, W. (ed.) *Mythologies* (2 volumes), University of Chicago Press, Chicago and London, 1991

Branston, B. *The Lost Gods of England*, Book Club Associates, London, 1974

Brooks, D.R. *The Secret of the Three Cities: An Introduction to Hindu Sâkta Tantrism*, University of Chicago Press, Chicago and London, 1990

Bryant, P. *Native American Mythology*, Aquarian Press, London and San Francisco, 1991

Budapest, Z. *Herrin der Dunkelheit – Königin des Lichts. Das praktische Anleitungsbuch für die neuen Hexen*, Hermann Bauer Verlag, Freiburg, 1997

Caldecott, M. *Frauen in den keltischen Mythen*, Neue Erde, Saarbrücken, 1996

Caldwell, R.S. (trans.) *Hesiod's Theogony*, Focus Information Group, Cambridge, Massachusetts, 1987

Camp, C.V. *Wisdom and the Feminine in the Book of Proverbs*, Almond Press, Sheffield, 1985

Campbell, J. *Die Masken Gottes*, Bd. 1: Mythologie der Urvölker, Bd. 2: Mythologie des Ostens, Bd. 3: Mythologie des Westens, Bd. 4: Schöpferische Mythologie, dtv, München, 1996

Campbell, J. *The Masks of God: Creative Mythology*, Penguin, Harmondsworth, 1976

Campbell, J. *The Masks of God: Occidental Mythology*, Penguin, Harmondsworth, 1976

Campbell, J. *The Masks of God: Oriental Mythology*, Penguin, Harmondsworth, 1976

Campbell, J. *The Masks of God: Primitive Mythology*, Penguin, Harmondsworth, 1976

Campbell, J. and Musès, C. (ed.) *In All Her Names: Explorations of the Feminine in Divinity*, Harper, San Francisco, 1991

Caputi, J. *Gossips, Gorgons and Crones: The Fates of the Earth*, Bear & Company, Santa Fe, New Mexico, 1993

Cary, M. et al. (ed.) *The Oxford Classical Dictionary*, Clarendon Press, Oxford, 1949

Clark, E.E. *Indian Legends of the Pacific Northwest*, University of California Press, Berkeley, Los Angeles, London, 1953

Clark, R.T.R. *Myth and Symbol in Ancient Egypt*, Thames & Hudson, London, 1959

Clendinnen, I. *Aztecs: An Interpretation*, Cambridge University Press, Cambridge, 1991

Colum, P. *Legends of Hawaii*, Yale University Press, New Haven and London, 1937

Comay, J. *Who's Who in the Old Testament*, J. M. Dent, London, 1971

Connell, J.T. *Meetings with Mary: Visions of the Blessed Mother*, Virgin Books, London, 1995

Cott, C. *Isis and Osiris: Exploring the Goddess Myth*, Doubleday, New York, 1994

Crowley, V. *WICCA. Die alte Religion im neuen Zeitalter*, Edition Ananael, Bad Ischl (A), 1993

Curtis, V.S. *Persianische Mythen*, Reclam, Leipzig, 1994

Davies, O. and Bowie, F. (ed.) *Celtic Christian Spirituality*, SPCK, London, 1995

Derchain-Urtel, M. *Synkretismus in ägyptischer Ikonographie. Die Göttin Tjenenet*, Harrassowitz, 1979

Deren, M. *The Voodoo Gods*, Paladin, St Albans, 1975

Dowson, J. *A Classical Dictionary of Hindu Mythology and Religion*, Rupa, Calcutta, 1982

Durdin-Robertson, L. *The Year of the Goddess: A Perpetual Calendar of Festivals*, Aquarian Press, Wellingborough, 1990

Ehrenberg, M. *Die Frau in der Vorgeschichte*, München, 1992

Eisler, R. *Kelch und Schwert. Von der Herrschaft zur Partnerschaft. Weibliches und männliches Prinzip in der Geschichte*, Goldmann, München, 1993

Engelsman, J.C. *The Feminine Dimension of the Divine: A Study of Sophia and Feminine Images in Religion*, Chiron Publications, Wilmette, Illinois, 1994

Erndl, K.M. *Victory to the Mother: The Hindu Goddess of Northwest India in Myth, Ritual, and Symbol*, Oxford University Press, New York and Oxford, 1993

Farmer, P. (ed.) *Beginnings: Creation Myths of the World*, Chatto & Windus, London, 1978

Feldkeller, A. *Im Reich des Syrischen Göttin: Eine religiös plurale Kultur als Umwelt des frühen Christentums*, Güterloher Verlag, 1994

Fester, R./König M.E.P./Jonas, D. und David A. von *Weib und Macht. Fünf Millionen Jahre Urgeschichte der Frau*, Fischer TB Verlag, Frankfurt a.M., 1980

Franz, M.-L. von *Die Erlösung des Weiblichen im Manne. Der Goldene Esel des Apuleius in tiefenpsychologischer Sicht*, Walter Verlag, Zürich/Düsseldorf, 1997

Gaube, K./Pechmann A. *Magie, Matriarchat, Marienkult. Frauen und Religion. Versuch einer Bestandsaufnahme*, Rowohlt Verlag, Reinbek bei Hamburg, 1986

Geerdts, H.W. *Inanna*, Nieswand, Kiel, 1992

Getty A. *Göttin, Mutter des Lebens*, Kösel, München, 1993

Gimbutas, M. *Die Zivilisation der Göttin. Die Welt des Alten Europa*, Zweitausendeins, Frankfurt, **1996**

Gleason, J. *Oya: In Praise of an African Goddess*, Harper, San Francisco, 1992

Göttner-Abenroth, H. *Die tanzende Göttin. Prinzipien einer matriarchalen Ästhetik*, Frauenoffensive, München, 1982

Göttner-Abenroth, H. *Die Göttin und ihr Heros. Die matriarchalen Religionen in Mythos, Märchen und Dichtung*, Frauenoffensive, München, 1984

Göttner-Abenroth, H. *Für die Musen*, Zweitauseneins, Frankfurt a.M., 1988

Göttner-Abenroth, H. *Das Matriarchat I. Geschichte seiner Erforschung*, Kohlhammer, Stuttgart/Berlin/Köln, 1989

Göttner-Abenroth, H. *Das Matriarchat II. 1. Stammesgesellschaften in Ostasien, Indonesien, Ozeanien*, Kohlhammer, Stuttgart/Berlin/Köln, 1991

Grant, M. *Ancient History Atlas 1700 BC to AD 565*, Weidenfeld & Nicolson, London, 1989

Graves, R. *The White Goddess*, Faber & Faber, London, 1961

Graves, R. and Patai, R. *Hebrew Myths: The Book of Genesis*, Arena, London, 1989

Green, M. *Women and Goddesses in the Celtic World*, British Association for the Study of Religions, Leeds, 1991

Green, M. *Celtic Goddesses, Warriors, Virgins and Mothers*, British Museum Press, London, 1995

Green, M.J. *Dictionary of Celtic Myth and Legend*, Thames & Hudson, London, 1992

Grigson, G. *The Goddess of Love: The Birth, Triumph, Death and Return of Aphrodite*, Constable, London, 1976

Grimal, P. and Kershaw, S. (ed.), (trans. A.R. Maxwell-Hyslop), *The Concise Dictionary of Classical Mythology*, Basil Blackwell, Oxford, 1990

Guiley, R.E. *Harper's Encyclopedia of Mystical and Paranormal Experience*, Harper, San Francisco, 1991

Gustafson, F. *The Black Madonna*, Sigo Press, Boston, 1990

Harding, M.E. *The Way of All Women: A Psychological Interpretation*, Rider, London, 1971

Hart, G. *Ägyptische Mythen*, Reclam, Leipzig, 1993

Haskins, S. *Mary Magdalen: Myth and Metaphor*,

HarperCollins, London, 1994
Heaton, J. Meits, *Divinination, Psychotherapy and Cunning Intelligence*, The Company of Astrologers, London, 1990
Hillman, J. (ed.) *Facing the Gods*, Spring Publications, Dallas, 1980
Hollis, S.T., Pershing, L. and Young, M.J. (eds) *Feminist Theory and the Study of Folklore*, University of Illinois Press, Urbana and Chicago, 1993
Houston, J. *The Hero and the Goddess: The Odyssey as Mystery and Initiation*, Aquarian Press, London, 1993
Hurtado, L. (ed.) *Goddesses in Religions and Modern Debate*, Scholars Press, Atlanta, Georgia, 1990
Hussler, R. *Hera und Juno. Wandlungen und Beharrung einer Göttin*, Franz Steiner Verlag, 1995
Johnson, A.R. *Sacral Kingship in Ancient Israel*, University of Wales Press, Cardiff, 1967
Johnson, B. *Lady of the Beasts: Ancient Images of the Goddess and Her Sacred Animals*, Harper, San Francisco, 1988
Jones, K. *The Ancient British Goddess: Her Myths, Legends and Sacred Sites*, Ariadne Publications, Glastonbury, 1991
Jung, C. G. *Der Mensch und seine Symbole*, Walter-Verlag, Olten und Freiburg i. Br., 1982
Kemp, A. *Witchcraft and Paganism Today*, Brockhampton Press, London, 1993
Kerényi, C. (trans. M. Stein) *Goddesses of Sun and Moon*, Spring Publications, Dallas, 1979
Kerényi, C. (trans. N. Cameron) *The Gods of the Greeks*, Thames & Hudson, London, 1979
Kerényi, C. (trans. R. Mannheim) *Eleusis: Archetypal Image of Mother and Daughter*, Princeton University Press, Princeton, 1991
King, U. (ed.) *Religion and Gender*, Blackwell, Oxford and Cambridge, Massachusetts, 1995
Kinsley, D. *Hindu Goddesses: Visions of the Divine Feminine in the Hindu Religious Tradition*, Motilal Banarsidass, Delhi, 1987
Knapp, A.B. *The History and Culture of Ancient Western Asia and Egypt*, Wadsworth, Belmont, California, 1988
Koltuv, B.B. *The Book of Lilith*, Nicolas-Hays, York Beach, Maine, 1986
Koltuv, B.B. *Solomon and Sheba: Inner Marriage and Individuation*, Nicolas-Hays, York Beach, Maine, 1993
Kramer, S.N. (ed.) *Mythologies of the Ancient World*, Anchor Books, New York, 1961
Kramer, S.N. *The Sumerians: Their History, Culture, and Character*, University of Chicago Press, Chicago and London, 1963
Lanwerd, S. *Mythos, Mutterrecht und Magie. Zur Geschichte religionswissenschaftlicher Begriffe*, Dietrich Reimer, Berlin, 1993
Larrington, C. *Die mythische Frau. Ein kritischer Leitfaden durch die Überlieferungen*, Promedia, Wien (A), 1997
Layard, J. and Bosch, A.S. (ed.) *A Celtic Quest: Sexuality and Soul in Individuation*, Spring Publications, Dallas, 1975
Leeming, D. and Page, J. *Goddess: Myths of the Female Divine*, Oxford University Press, New York and Oxford, 1994
Leland, C.G. *Die Lehre der Hexen*, Trikont-Verlag, München, 1979
Lévi-Strauss, C. *Strukturale Anthropologie II*, Suhrkamp, Frankfurt a.M., 1975, 1992
Long, A.P. *In a Chariot Drawn by Lions: The Search for the Female in Deity*, The Crossing Press, Freedom, California, 1993
MacCormack, C. and Strathern, M. (ed.) *Nature, Culture and Gender*, Cambridge University Press, Cambridge, 1980
Mathiopoulos, E. *Zur Typologie der Göttin Athena im 5. Jahrhundert v. Chr.*, Habelt, Bonn, 1997
Matthews, C. (ed.) *Voices of the Goddess: A Chorus of Sibyls*, Aquarian Press, Wellingborough, 1990
Matthews, C. *Sophia – Göttin der Weisheit*, Walter Verlag, Zürich/Düsseldorf, 1993
McCall, H. *Mesopotamische Mythen*, Reclam, Leipzig, 1993
McCrickard, J. *Eclipse of the Sun: An Investigation into Sun and Moon Myths*, Gothic Image Publications, Glastonbury, 1990
McLean, A. *The Triple Goddess: An Exploration of the Archetypal Feminine*, Phanes Press, Grand Rapids, 1989
Meier-Seethaler, C. *Von der göttlichen Löwin zum Wahrzeichen männlicher Macht: Ursprung und Wandel großer Symbole*, Kreuz Verlag, Zürich, 1993
Miles, M.R. *Carnal Knowing: Female Nakedness*

and Religious Meaning in the Christian West, Burns & Oates, Tunbridge Wells, 1992

Monaghan, P. *Lexikon der Göttinnen*, Scherz, Bern (CH), 1997

Mookerjee, A. *Kali: The Feminine Force*, Thames & Hudson, London, 1988

Mulack, C. *Die Weiblichkeit Gottes. Matriarchale Voraussetzungen des Gottesbildes*, Kreuz Verlag, Stuttgart, 1983

Murray, M.A. *The Witch-Cult in Western Europe*, Oxford University Press, 1971

Neumann, E. *Die große Mutter. Eine Phänomenologie der weiblichen Gestaltung des Unbewußten*, Walter Verlag, Zürich-Düsseldorf, 1997

Nicholson, S. (ed.) *The Goddess Re-awakening: The Feminine Principle Today*, Quest Books, Wheaton, Illinois, 1989

O'Flaherty, W.D. (trans.) *Hindu Myths: A Sourcebook Translated from the Sanskrit*, Penguin, Harmondsworth, 1975

O'Flaherty, W.D. *Women, Androgynes, and Other Mythical Beasts*, University of Chicago Press, Chicago and London, 1980

O'Hogain, D. *Myth, Legend and Romance, An Encyclopædia of the Irish Folk Tradition*, Prentice Hall, New York, 1991

Owen, L. *Her Blood is Gold: Reclaiming the Power of Menstruation*, Aquarian Press, London and San Francisco, 1993

Page, R.I. *Nordische Mythen*, Reclam , Leipzig, 1993

Pagels, E. *The Gnostic Gospels*, Penguin, Harmondsworth, 1982

Patai, R. *The Hebrew Goddess*, Wayne State University Press, Detroit, 1990

Perera, S.B. *Der Weg zur Göttin der Tiefe. Die Erlösung der dunklen Schwester: eine Initiation für Frauen*, Ansata in Scherz, Bern (CH), 1990

Pintchman, T. *The Rise of the Goddess in the Hindu Tradition*, State University of New York Press, Albany, 1994

Qualls-Corbett, N. *The Sacred Prostitute: Eternal Aspect of the Feminine*, Inner City Books, Toronto, 1988

Redgrove, P. *The Black Goddess and the Sixth Sense*, Paladin, London, 1989

Rees, A. and Rees, B. *Celtic Heritage: Ancient Tradition in Ireland and Wales*, Thames & Hudson, London, 1961

Robinson, G. *Raven the Trickster: Legends of the North American Indians*, Chatto & Windus, London, 1981

Röder, B., Hummel J., Kunz B. *Göttinnendämmerung*, Droemer Knaur, München, 1996

Rodman, S. and Cleaver, C. *Spirits of the Night: The Voudun Gods of Haiti*, Spring Publications, Dallas, 1992

Spretnak, C. *Lost Goddesses of Early Greece: A Collection of Pre-Hellenic Myths*, Beacon Press, Boston, 1984

Sproul, B.C. *Schöpfungsmythen der östlichen Welt*, Diederichs, München, 1993

Sproul, B.C. *Schöpfungsmythen der westlichen Welt*, Diederichs, München, 1994

Starhawk, *Der Hexenkult als Ur-Religion der Großen Göttin*, Taschenbuch bei Goldmann Verlag, München, 1992

Stone, M. *When God was a Woman*, Barns & Noble, New York, 1976

Taube, K. *Aztekische und Maya-Mythen*, Reclam/Leipzig, 1994

Thomas, K. *Religion and the Decline of Magic*, Penguin, Harmondsworth, 1978

Uhlig, H. *Die große Göttin lebt: Eine Weltreligion des Weiblichen*, Lübbe, 1992

Voragine, J. de (trans. R. Sharman) *The Golden Legend: Readings on the Saints* (2 volumes), Princeton University Press, Princeton, 1993

Walker, B.G. *Die geheimen Symbole der Frauen. Lexikon der weiblichen Spiritualität*, Hugendubel, München, 1997

Weiler, G. *Das Matriarchat im Alten Israel*, Kohlhammer, Stuttgart, 1989

Weiler, G. *Ich brauche die Göttin. Zur Kulturgeschichte eines Symbols*, Ulrike Helmer-Verlag, Basel, 1990

Wesel, U. *Der Mythos vom Matriarchat. Über Bachofens Mutterrecht und die Stellung von Frauen in frühen Gesellschaften*, Suhrkamp, Frankfurt a.M., 1980

Wolkstein, D. and Kramer, S.N. *Inanna, Queen of Heaven and Earth: Her Stories and Hymns from Sumer*, Harper & Row, New York, 1983

Zinser, H. *Der Mythos des Mutterrechts. Verhandlungen von drei aktuellen Theorien des Geschlechterkampfes*, Lit Verlag, Münster, 1997

Register

Die Seitenzahlen beziehen sich auf den Haupttext, in einigen Fällen auf Kommentare oder Überschriften auf derselben Seite. Die *kursiven* Seitenzahlen beziehen sich auf Bildunterschriften und die **fett** gedruckten Seitenzahlen auf Textkästen.

A

B

G

N

O

P

Q

R

S

T

U

Bildnachweis

Der Verlag dankt den Fotografen, Agenturen und sonstigen Organisationen für die Abdruckerlaubnis:

Abkürzungen:
O = oben, **M** = Mitte, **U** = unten, **L** = links, **R** = rechts

AAA: Ancient Art and Architecture Collection
AKG: AKG, London
BAL: Bridgeman Art Library
ETA: e.t. archive
RHPL: Robert Harding Picture Library
WFA: Werner Forman Archive

1 Tony Stone; **2** ETA; **6O** C.M. Dixon; **6UL** RHPL; **6–7** Michael Holford; **7UL** ETA; **7UR** Trip; **8–9** Panos/Penny Tweedy; **10** AAA; **11** BAL; **12** Fortean Picture Library; **13** C.M. Dixon; **14** C.M. Dixon; **15** Michael Holford; **16** Museum of Modern Art, New York. Gift of Nelson A. Rockefeller; **19L** WFA; **19R** BAL; **20–21** Pepita Seth; **22O** Sachwalter des British Museum; **22U** WFA; **23** ETA; **24** BAL; **25** RHPL; **26** WFA; **27** WFA; **28** WFA; **29** Sue Cunningham; **30** Trip; **31** WFA; **32** AKG; **33** ETA; **34** Paul Watts; **35O** C.M. Dixon; **35U** WFA; **36** WFA; **38O** und **M** AAA; **39** AAA; **40** Hutchison Library; **41** Hutchison Library; **42–3** WFA; **44–5** Hutchison Library; **45** WFA; **46O** C.M. Dixon; **46U** Sue Cunningham; **47** BAL; **48O** WFA; **48U** Sue Cunningham; **49** Hutchison Library; **50** ETA; **51** C.M. Dixon; **52** Michael Holford; **53L** C.M. Dixon; **53R** AAA; **54** Fortean Picture Library; **55O** ETA; **55U** WFA; **56–7** RHPL; **58** Wheelwright Museum of the American Indian; **59** WFA; **60** AAA; **61** Michael Holford; **62** Fortean Picture Library; **63** WFA; **64** ETA; **65U** WFA; **67** WFA; **68** WFA; **69** ETA; **70** C.M. Dixon; **71O** Michael Holford; **71U** ETA; **72** ETA; **73** BAL; **74–5** WFA; **76** Michael Holford; **77** Michael Holford; **78O** AAA; **79** Fortean Picture Library; **80** AKG; **81** C.M. Dixon; **82** WFA; **83** AAA; **84** AAA; **86** WFA; **87** ETA; **88** ETA; **89** ETA; **90R** ETA; **91** Bodleian Library, Oxford; **92–3** Sachwalter des British Museum; **94** Michael Holford; **95** WFA; **96O** WFA; **96U** Fortean Picture Library; **97** WFA; **98** AAA; **99O** ETA; **99U** Images of India; **100** ETA; **101L** Michael Holford; **101R** ETA; **102** ETA; **103** C.M. Dixon; **104** WFA; **105** AKG; **106** BAL; **107** BAL; **108–9** Stephen Trimble; **110** RHPL; **111** ETA; **112–3** Stephen Trimble; **114U** AAA; **115** WFA; **116O** ETA; **117** BAL; **118** AKG; **119** AAA; **120** AAA; **121** Michael Holford; **122** AKG; **123** ETA; **124** BAL; **125** Fortean Picture Library; **126** BAL; **127O** ETA; **127U** WFA; **128–9** Fine Arts Museum of San Francisco, Gift of Peter F. Young; **130** BAL; **131** BAL; **132** AKG; **133** Pepita Seth; **134O** BAL; **134U** WFA; **135** BAL; **136–7** RHPL; **138** Michael Holford; **139O** AAA; **139U** Sachwalter des British Museum; **140** WFA; **141** AKG; **142** BAL; **144** Wheelwright Museum of the American Indian; **145** Michael Holford; **147** Ann und Bury Peerless; **148–9** Sue Cunningham; **150** Mary Beth Edelson; **151** Stuart Littlejohn; **153** Stephen Trimble; **154** BAL; **155** Harper Collins, San Francisco; **157** Arks Gallery/Gogisaroj Pal; **158O** ETA; **159** Network; **160** BAL; **163** ETA; **167** C.M. Dixon

Auftragswerke:
66, 78U, 114O Hannah Fermin
37, 162, 164–5 Russell Bell

TITELBILD: *Ceres* von Baldassare Peruzzi (1481–1536).